모든 죄와 모든 율법의 저주를 끊은 보혈의 능력

예수님의 보혈의 능력

모든 죄와 모든 율법의 저주를 끊은 보혈의 능력

박 요 셉 지음

하늘빛출판사

서_문

#1

얼마 전 주일 새벽에 새벽 기도회를 인도하려고 강단에 서서 찬송하려고 하는데 문득 강대상 왼쪽에 시선이 머물렀습니다. 그곳에는 주님께서 쓰게 하신 책 『주님 오시리 곧 오시리』와 『16명의 성도들이 보고 온 천국과 지옥』이라는 책이 놓여 있었는데, 그 책 위에 다른 책이 또 한 권 놓여 있었습니다. '무슨 책이지?' 하고 그 책을 보는데, 그 책의 제목은 『예수님의 보혈의 능력』이라고 되어 있었습니다. 『예수님의 보혈의 능력』? 이것이 무슨 책이지?' 그 책에 대하여 궁금했으나 우선 당장은 새벽 기도회를 인도해야 했기 때문에 새벽 기도회에 집중하고 마친 뒤, 개인 기도할 때 이 책에 대하여 기도하며 생각했습니다. 그런데 『예수님의 보혈의 능력』이라는 책은 실제로 출판된 책이 아니라 환상 가운데 보인 책이었습니다. '왜 내게 그런 환상이 보였지?' 가만히 묵상해보니 하나님께서 저에게 '예수님의 보혈의 능력'에 대하여 책을 쓰길 원하시며, 책의 제목을 『예수님의 보혈의 능력』으로 하라고 말씀하시는 듯하였습니다. 그런데 저는 그 당시에, 예수님 오실 때가 가까웠으므로, 성도들로 하여금 주님 맞을 준비하는데 가장 중요한 '하나님의 인과 신부 예복'에 대하여 책을 쓰려고 구체적으로 작은 소제목들까지 거의 정해놓은 상태였는데 갑자기 '예수님의 보혈의 능력'에 대하여 책을 쓰라고 하시는 것 같았기 때문에 주님의 뜻을 확실히 알고자 기도했습니다.

"하나님, 제가 '예수님의 보혈의 능력'에 대하여 책을 쓰는 것이 하나님의 뜻입니까?" 그랬더니 주님께서 말씀하셨습니다. "〈하나님의 인〉과 〈신부 예복〉에 대하여 쓰지 말고 먼저 '예수님의 보혈의 능력'에 대하여 책을 써서 성도들이 보혈의 언약과 능력 안에 거하도록 하라. 나는 나의 자녀들이 보혈의 언약과 능력 가운데 사는 것을 원한다. 특별히 지금은 마지막 때이므로 보혈 안에 거하는 것은 대단히 중요하다"고 말씀하셨습니다.

사실 '예수님의 보혈'에 대한 말씀은 제가 해외에 가서 신학생들이나 사역자들에게 말씀을 가르칠 때 가장 중요하게 여기고, 가장 먼저 전하는 내용이었습니다. 왜냐하면 '예수님의 보혈'을 알아야 '예수 그리스도의 복음'에 대하여 온전히 알 수 있기 때문입니다. '예수님의 보혈'에 대하여 알지 못하면 '예수 그리스도의 복음'을 온전히 알 수 없습니다. '예수님의 보혈'에서 '예수 그리스도의 복음'이 나오기 때문입니다. 언젠가 C국에서 사역하시는 ○○선교사님이 운영하는 신학교에 가서 '예수님의 보혈'에 대하여 강의를 하자 그 선교사님이 "목사님이 전하신 '예수님의 보혈'에 대하여 더 많은 사역자들이 들었으면 좋겠습니다. 제가 전국에서 신학생들과 사역자들 500여 명을 모을테니 그들에게 이 강의를 해주십시오"라고 말씀하기도 하였습니다.

지금은 공중에 강림하실 예수님께서 오실 임박한 때인데, 예수님께서 공중에 강림하실 때 들림 받아서(살전4:16-17), 예수님께서 앉으신 보좌에 함께 앉기(계3:21) 위해서는 반드시 이기는 자가 되어야 하는데, 이기는 자 반열에 들기 위해서는 '예수님의 보혈의 능력'에 대하여 확실히 아는 것은 아주 중요합니다. 왜냐하면 '어린 양의 피로써 이긴다'라고 말씀하고 있기 때문입니다.

계12:11 또 우리 형제들이 어린 양의 피와 자기들이 증언하는 말씀으로써 그를 이겼으니 그들은 죽기까지 자기들의 생명을 아끼지 아니하였도다

#2
저와 가까이 지내는 목사님 가운데는 기도를 많이 하셔서 영안이 열려, 꿈과 환상, 영적인 것들을 많이 보시고, 하나님께서 여러 가지 은사-특별히 치유와 예언-로 기름 부으셔서 많은 교회를 다니며 집회를 하는 분이 계시는데, 어느 날 제가 섬기는 교회에 오셨습니다. 저는 그 목사님을 통하여 하나님께서 저에게 말씀하시는 것을 듣고자 그 목사님께 기도해달라고 하였습니다. 그 목사님은 저를 위해서 기도를 하시더니 갑자기 "목사님, 책을 또 쓰세요?"라고 물으셨습니다. 그 목사님은 제가 전에 『16명의 성도들이 보고 온 천국과 지옥』이라는 책을 쓸 때에도, 제가 책을 쓰고 있다는 말을 한마디도 안했음에도 불구하고 "목사님, 책을 쓰고 계세요?"라고 묻더니 "하나님께서 그 책을 통하여 영광을 받으신다고 합니다"고 말씀하신 적이 있었습니다. 그런데 이번에 책을 쓰고 있다는 것을 전혀 말하지 않았음에도 불구하고 "또 책을 쓰느냐?"고 물으니 놀라운 일 아닌가요? 그 목사님의 질문에 제가 책을 쓰게 된 계기를 말

하니까 "하나님께서 그러시는데, 그 책 마무리를 잘하시래요~"라고 하였습니다.

저는 그 목사님의 말씀을 통하여 『예수님의 보혈의 능력』이라는 제목으로 책을 쓰는 것이 하나님의 뜻임을 다시 한 번 확인하였습니다. 할렐루야!

#3

하나님께서 부족한 저의 영안을 열어서 천사를 몇 번 보게 해주셨는데, 이제까지 본 천사 가운데 가장 큰 천사는 조슈아 밀즈 목사님이 인도하시는 집회에서 강사 목사님을 통하여 기름 부음 기도를 받은 뒤 의자에 돌아와서 기도를 하는데 갑자기 영안이 열려서 3m 정도나 된 큰 천사가 제게 기름을 붓는 것을 본 적이 있었습니다.

그런데 영적으로 아주 깊은 ○○목사님을 모시고 교회에서 집회했는데, 그 목사님께서 집회 도중에 "이 교회에는 강단 좌우에 아주 큰 천사 둘이 지키고 있습니다"고 말씀하신 뒤 "그런데 이 교회에는 예수님께서 장대같이 높이 들린 십자가에 달려 계시는 것이 보입니다. 예수님께서 왜 그런 모습으로 계신지는 기도를 해봐야겠어요"라고 말씀하셨습니다.

저는 그 말을 듣고 가슴이 철렁하며 '혹시 우리 교회가 예수님을 십자가에 못을 박고 있다는 말인가'하는 생각이 들었습니다. 그래서 기도할 때 걱정 반 두려움 반 가운데 주님께 물었습니다. "예수님, 예수님께서 장대같이 높이 있는 십자가에 달려 계신 이유가 무엇인가요?" 그러자 주님께서 말씀하셨습니다. "이 교회는 내가 십자가에서 흘린 보혈에 대한 찬양을 많이 하고, 보혈에 대하여 가장 많이 설교하기 때문에 내가 십자가에서 흘린 보혈이 계속 흐르고 있는 교회라는 의미니라. 그래서 내가 네게 『예수님의 보혈의 능력』이라는 책도 쓰라고 하지 않았느냐…"라고 말씀하셨습니다. 나는 주님의 음성을 듣고서야 안도의 숨을 쉬었습니다.

그렇습니다! 제가 설교할 때마다 보혈의 권세와 능력에 대하여 계속하여 외치니 우리 교회에 보혈의 권세와 능력이 흐르는 것은, 어쩌면 당연할 것입니다.

원하옵기는 이 책을 읽는 모든 분들이 '예수님의 보혈의 권세와 능력'에 대하여 온전히 깨닫고, 이 마지막 때에 계12:11 말씀대로 보혈의 권세와 능력으로 이기는 자 반열에 들 뿐만 아니라, 보혈의 권세와 능력이 온 땅을 덮어 각 나라와 족속과 백성과 방언에서 아무도 능히 셀 수 없는 큰 무리가 흰 옷을 입고 손에 종려 가지를 들고 보좌 앞과 어린 양 앞에서 주님을 높이기를 바라며(계7:9-10), 귀한 보혈을 흘려주셔서 우리를 모든 죄와 저주에서 건져주신 주님께 찬송과 존귀와 영광과 능력이 세세토록 있기를 원합니다.

할렐루야!

2024. 8. 24

모든 죄와 모든 율법의 저주에서
우리들을 속량하기 위하여
귀한 보혈을 흘리신 예수님께 이 책을 드립니다.

박 요 셉 목사

차례

차례

차례

제1장
율법의 저주에 묶여 있는 모든 인간들

공동체로 사는 인간은 서로 '관계'를 맺고 삽니다. 혼자 살면 관계가 필요 없으나 두 사람 이상이 공동체를 이루고 살기 때문에 '관계'가 존재합니다. 가정에는 남편과 아내와의 관계, 부모와 자식과의 관계, 직장에 가면 상사와 부하와의 관계, 학교에 가면 선생님과 학생의 관계, 혹은 학생들 서로의 관계, 마트에 가면 상점 주인과 고객과의 관계, 교회에 가면 목회자와 성도와의 관계, 혹은 성도들과 성도들 서로의 관계 등이 존재합니다.

그런데 이러한 관계들 사이에는 서로가 지켜야 할 도리가 있습니다. 이 도리가 잘 지켜지면 관계는 깨어지지 않지만, 지켜야 할 도리가 깨지면 관계도 깨지게 되고, 질서도 깨지게 되어 무질서하게 됩니다. 서로 간에 지켜야 할 도리를 '법'이라고 합니다. 국어사전에서, '법이란 인간 사회에서 반드시 지켜야 할 도리'이며, 이 법을 어겼을 때 받는 법적인 처벌을 '형벌'이라고 정의하고 있습니다.

그래서 '사회가 있는 곳에 법이 있다'라는 말이 있습니다. 제레미 레프킨은 엔트로피의 법칙을 이야기하며 "존재하는 모든 것들은 그대로 두면 스스로 질서가 파괴되는 방식으로 존재한다."라고 말합니다. 비단 물질뿐 아니라, 사람의 마음과 정신상태도 자유가 주어질수록 방임에서 방관이 되면서 삶의 질서가 무너지기도 합니다. 그래서 법이 있어야 한다고 말합니다.[1]

그러므로 인간 사회에는 반드시 지켜야 할 도리인 '법'이 꼭 필요하며, 법을 어겼을 경우에 받는 '형벌'도 반드시 있어야 합니다. 만약 법을 어겼을 때 받는 '형벌'이 없다면 법은 유명무실하게 될 것이기 때문입니다.

하나님과 인간과의 관계에서도 마찬가지입니다. 아담이 하나님의 형상으로 지음을 받았다 하더라도 피조물인 아담이 창조주 하나님께 반드시 지켜야 할 '도리'가 있기에 '법'이 있어야 하며, 아담이 법을 지키지 않았을 때는 반드시 '형벌'도 있어야 합니다.

1. 율법이란?

하나님께서 인간에게 주신 법을 성경은 '율법'이라고 말합니다. '율법'을 히브리어로 '토라'라고 하는데 '지시', '가르침', '훈계', '계명', '법령' 등을 의미합니다. 성경에서 최초로 '율법(토라)'이라는 단어가 나온 곳은 출13:9 말씀입니다.

> **출13:9 이것으로 네 손의 기호와 네 미간의 표를 삼고 여호와의 '율법(토라)'이 네 입에 있게 하라 이는 여호와께서 강하신 손으로 너를 애굽에서 인도하여 내셨음이니**

---

[1] https://brunch.co.kr/@minnation/3798

출13:9에서 말하고 있는 '율법(토라)'은 하나님께서 모세에게 말씀하신 '무교절과 초태생(출13:1-8)'에 관한 규례입니다. 이처럼 문자화되지 않았어도 하나님께서 말씀하신 '지시', '가르침', '훈계', '계명', '규례' 등이 '율법(토라)'입니다.

2. 하나님이 주신 '최초'의 율법(토라)

위에서 말씀드린 것과 같이 '하나님께서 주신 계명'이 '율법(토라)'입니다. 그러면 하나님께서 주신 '최초의 율법(토라)'은 무엇일까요?

그것은 하나님께서 아담에게 주신, '선악을 알게 하는 나무의 열매는 먹지 말라'는 계명(율법)이며, 만약 이 계명(율법)을 어겼을 경우에 '반드시 죽게 된다'라는 형벌이 있음을 말씀하셨습니다.

> **창2:17** 선악을 알게 하는 나무의 열매는 먹지 말라 네가 먹는 날에는 반드시 죽으리라 하시니라

우리나라의 '형벌'에는 사형, 징역, 금고, 자격상실, 자격정지, 벌금, 구류, 과료, 몰수 등 모두 9가지가 있는데 형벌 중에서 최고의 형벌은 '사형'입니다. '사형'은 가장 큰 죄를 지었을 경우에 내리는 형벌입니다. 하나님께서는 아담이 선악을 알게 하는 나무의 열매(일명 선악과)를 따 먹으면 '벌금'을 낼 것이라고 말씀하지 않으셨습니다. '징역'을 살게 될 것이라고도 말씀하지 않으셨습니다. 반드시 '사형'의 형벌을 받게 될 것이라고 말씀하셨습니다. 그 말은 하나님께서 주신 계명(율법)을 반드시 지켜야 한다'는 말씀입니다.

하나님께서 여러 가지의 계명(율법)을 주신 것이 아니었습니다. 단

'한 가지' 계명(율법)만을 주셨습니다. 그런데 하와와 아담은 안타깝게도, 마귀의 유혹을 받아서, 하나님께서 주신 단 '한 가지' 율법을 지키지 못하여 하나님이 경고하신 대로 '죽음'이라는 형벌을 받게 되었습니다.

3. 하나님이 내리신 최초의 형벌 : '죽음'

여러분, '죽음'이라는 것이 무슨 의미일까요? '죽음'이 '소멸'을 의미할까요? 그래서 사람이 '죽으면' 사람이 '소멸'될까요? 아닙니다. '죽음'이란 '분리'를 의미합니다. 영과 혼과 육으로 된 사람(살전2:23)이 '죽으면' 육체와 영혼으로 '분리'됩니다. 그래서 흙으로 만들어진 육체(창 2:7)는 땅속에 묻혀서 흙으로 돌아가게 되고, 하나님께로부터 온 영혼은 하나님께 돌아가서 이 세상에서 지은 모든 죄에 대하여 심판을 받는 것입니다(히9:27). 하나님께서 선악과를 따먹으면 반드시 '죽는다'라고 하신 말씀은 선악과를 따먹으면 반드시 '(하나님과) 분리된다'는 의미입니다. 그런데 아담과 하와는 '하나님과 분리된다'는 것이 얼마나 무서운 말씀인지 알지 못하였습니다.

4. '죽음(분리)'이라는 형벌의 결과 : '저주'

아담과 하와가 하나님의 율법(계명)을 범하자 그들에게 '죽음'이라는 형벌이 내려졌는데, '죽음'이라는 형벌로 인해서 그들은 하나님과 '분리'되어 살게 되었고, 하나님과 '분리'된 그들의 삶에 구체적으로 나타난 형벌들이 '저주'입니다.

성경에서 말하는 '저주'란 '하나님이 주신 율법(계명)을 지키지 않아서 죄를 지은 사람 본인과 그 후손에 내리시는 하나님의 형벌'을 의미합니다. 이러한 저주를 갈3:13[2)에서는 '율법의 저주'라고 하는데, 아담과 하와가 하나님께서 주신 율법인 '선악과를 따먹지 말라'는 말씀을 범하자, 하나님께서 아담과 하와, 그리고 그 후손들에게 내리신 형벌'을 의미합니다. '저주'의 원인이 '죄'인 것입니다.

5. 하나님과 '분리(죽음)'됨으로써 나타난 저주들

프리즘을 통과한 햇빛이 빨/주/노/초/파/남/보 등 무지개 색깔로 나누어지듯이, 하나님께서 내리신 '죽음'의 형벌이 5가지 형태로 나타났음을 말씀드리려고 합니다. 다시 말씀드리면 갈3:13에서 말하는 '율법의 저주'를 구체적으로 말씀드리면 5가지입니다.

1) 율법의 저주 1 : '질병'의 저주

창3:14 여호와 하나님이 뱀에게 이르시되 네가 이렇게 하였으니 네가 모든 가축과 들의 모든 짐승보다 더욱 저주를 받아 배로 다니고 살아 있는 동안 흙을 먹을지니라

하나님께서는 천지를 창조하셨을 때 보시기에 '좋았더라'고 하셨으며, 모든 창조를 마치신 후에는 보시기에 '심히 좋았더라'고 하셨습니다.

---

2) 갈3:13 그리스도께서 우리를 위하여 저주를 받은 바 되사 율법의 저주에서 우리를 속량하셨으니 기록된 바 나무에 달린 자마다 저주 아래에 있는 자라 하였음이라

창1:10 하나님이 뭍을 땅이라 부르시고 모인 물을 바다라 부르시니 하나님이 보시기에 <u>좋았더라</u>

창1:12 땅이 풀과 각기 종류대로 씨 맺는 채소와 각기 종류대로 씨 가진 열매 맺는 나무를 내니 하나님이 보시기에 <u>좋았더라</u>

창1:18 낮과 밤을 주관하게 하시고 빛과 어둠을 나뉘게 하시니 하나님이 보시기에 <u>좋았더라</u>

창1:21 하나님이 큰 바다 짐승들과 물에서 번성하여 움직이는 모든 생물을 그 종류대로, 날개 있는 모든 새를 그 종류대로 창조하시니 하나님이 보시기에 <u>좋았더라</u>

창1:25 하나님이 땅의 짐승을 그 종류대로, 가축을 그 종류대로, 땅에 기는 모든 것을 그 종류대로 만드시니 하나님이 보시기에 <u>좋았더라</u>

창1:31 하나님이 지으신 그 모든 것을 보시니 보시기에 심히 <u>좋았더라</u> 저녁이 되고 아침이 되니 이는 여섯째 날이니라

위의 말씀들에서 '좋았더라'라는 단어의 히브리어 원어는 '토브'인데, 이 단어는 '좋은, 선한, 즐거운, 선, 번영' 등을 의미합니다. 그리고 이 '토브'라는 단어와 반대의 의미를 가진 단어는 '라'인데 이 단어는 '나쁜, 악한, 악, 악한 것'을 의미할 뿐 아니라 '질병'을 나타내기도 합니다.

신7:15 여호와께서 또 모든 '질병'을 네게서 멀리하사 너희가 아는 애굽의 악('라')질에 걸리지 않게 하시고 너를 미워하는 모든 자에게 걸리게 하실 것이라

욥2:7 사탄이 이에 여호와 앞에서 물러가서 욥을 쳐서 그의 발바닥에서 정수리까지 종기('라')가 나게 한지라

그러므로 하나님 보시기에 좋은('토브') 상태로 창조된 아담과 하와는 건강한 몸으로 창조되었음을 알 수 있습니다. 그런데 아담과 하와가 범죄하자 하나님께서는 뱀에게 '흙을 먹으라'는 저주를 내리셨습니다.

> **창3:14** 여호와 하나님이 뱀에게 이르시되 네가 이렇게 하였으니 네가 모든 가축과 들의 모든 짐승보다 더욱 저주를 받아 배로 다니고 살아 있는 동안 <u>흙을 먹을지니라</u>

여러분, 뱀이 흙을 먹고 사는가요? 그렇지 않습니다. 뱀은 주로 쥐나 개구리 등을 먹고 삽니다. 그런데 하나님께서 뱀에게 '흙을 먹을지니라'고 말씀하신 것은 영적으로 무슨 의미일까요?

여기서 '뱀'은 영적으로 '사탄, 마귀'를 상징합니다.

> **계12:9** 큰 용이 내쫓기니 '<u>옛 뱀</u>' 곧 '<u>마귀</u>'라고도 하고 '<u>사탄</u>'이라고도 하며 온 천하를 꾀는 자라 그가 땅으로 내쫓기니 그의 사자들도 그와 함께 내쫓기니라

그러면 사탄, 마귀에게 '흙을 먹으라'는 말씀은 무슨 의미일까요? 여기서 말하는 '흙을'의 히브리어 원어는 '아파르'로서 '마른 흙', '먼지', '티끌'을 의미합니다. 이 히브리 원어 '아파르'가 창2:7에도 사용되었습니다.

> **창2:7** 여호와 하나님이 땅의 <u>흙으로</u>('아파르') 사람을 지으시고 생기를 그 코에 불어넣으시니 사람이 생령이 되니라

그러므로 '뱀'에게 '흙을 먹을지니라'는 말씀은 '사탄, 마귀와 그의 수하들인 귀신들'에게 '흙으로 만들어진 인간을 먹으라'는 의미입니다. 사탄, 마귀와 그의 수하들인 귀신들이 흙으로 만들어진 인간을 잡아먹기 위해 인간의 '몸 안'에 들어오게 되었으며, 그 결과로 인간들에게 '질병'이 발생하게 되었습니다. 그래서 인간들은 귀신들이 주는 질병들로 인해서 고통을 당하기도 하고, 죽기도 합니다.

그러므로 율법을 범함으로써 받은 첫 번째 저주는 '질병의 저주'인 것입니다. 모든 질병이 귀신들에 의한 것은 아니지만, 많은 질병이 마귀와 그의 부하들인 귀신들의 역사에 의하여 발생하는 것입니다.

질병 그 자체는 죄로 인해서 온 저주입니다. 아담과 하와가 범죄하기 전에는 질병이 없었습니다. 질병으로 인한 고통 가운데 있다가 예수님을 구주로 영접한 성도들이 많이 있습니다. 건강할 때는 예수님을 믿지 않고 살았지만, 질병으로 인해서 회개하고 예수님을 믿은 성도들에게 있어서 질병은 하나님을 만나게 하는 축복의 통로가 될 수도 있습니다. 그러나 분명한 것은 질병 그 자체는, 축복이 아니고, 죄로 인해서 온 저주입니다. 그래서 축복과 저주에 대하여 자세히 말하고 있는 신명기 28장에서 하나님의 말씀에 '불순종'하여 죄를 지었을 때 받는 '대표적인 저주가 질병'이라고 말하고 있습니다.

신28:15 네가 만일 네 하나님 여호와의 말씀을 순종하지 아니하여 내가 오늘 네게 명령하는 그의 모든 명령과 규례를 지켜 행하지 아니하면 이 모든 저주가 네게 임하며 네게 이를 것이니

신28:21 여호와께서 네 몸에 염병이 들게 하사 네가 들어가 차지할 땅에서 마침내 너를 멸하실 것이며

신28:22 여호와께서 폐병과 열병과 염증과 학질과 한재와 풍재와 썩는 재

앙으로 너를 치시리니 이 재앙들이 너를 따라서 너를 진멸하게 할 것이라

신28:27 여호와께서 애굽의 종기와 치질과 괴혈병과 피부병으로 너를 치시리니 네가 치유 받지 못할 것이며

신28:28 여호와께서 또 너를 미치는 것과 눈 머는 것과 정신병으로 치시리니

신28:32 네 자녀를 다른 민족에게 빼앗기고 종일 생각하고 찾음으로 눈이 피곤하여지나 네 손에 힘이 없을 것이며

신28:34 이러므로 네 눈에 보이는 일로 말미암아 네가 미치리라

신28:35 여호와께서 네 무릎과 다리를 쳐서 고치지 못할 심한 종기를 생기게 하여 발바닥에서부터 정수리까지 이르게 하시리라

신28:58 네가 만일 이 책에 기록한 이 율법의 모든 말씀을 지켜 행하지 아니하고 네 하나님 여호와라 하는 영화롭고 두려운 이름을 경외하지 아니하면

신28:59 여호와께서 네 재앙과 네 자손의 재앙을 극렬하게 하시리니 그 재앙이 크고 오래고 그 질병이 중하고 오랠 것이라

신28:60 여호와께서 네가 두려워하던 애굽의 모든 질병을 네게로 가져다가 네 몸에 들어붙게 하실 것이며

신28:61 또 이 율법책에 기록하지 아니한 모든 질병과 모든 재앙을 네가 멸망하기까지 여호와께서 네게 내리실 것이니

신28:65 그 여러 민족 중에서 네가 평안함을 얻지 못하며 네 발바닥이 쉴 곳도 얻지 못하고 여호와께서 거기에서 네 마음을 떨게 하고 눈을 쇠하게 하고 정신을 산란하게 하시리니

하나님 말씀에 불순종함으로써 받는 저주의 질병들이 염병(흑사병), 폐병(결핵), 열병, 염증, 학질(말라리아), 종기(종기, 부스럼, 염증), 치질, 괴혈병(비타민C 결핍으로 인해 나타나는 병으로서 만성피로, 피부 건조, 관절 변형, 내출혈, 각혈, 혈뇨, 혈변, 타박상 등의

증상이 나타남), 피부병(가려움증이나 개선충이라는 피부 기생충에 의해 발생하는 옴 질병), 미치는 것(미침, 광기, 정신착란), 눈이 머는 것(눈이 멀어 무력하게 되는 것), 정신병(정신산란,불안,우울,울화증, 강박증,폭력성,충동호흡 불안 등의 정서 행동 장애인 경심증 등) 등이라고 말하고 있습니다.

그러므로 범죄한 아담의 후손으로 태어난 모든 인간들의 '율법의 저주'는 첫 번째는 '질병의 저주'이며, 이 땅에 사는 동안 수많은 질병으로 인하여 고통을 당하며 살게 되었습니다.

2) 율법의 저주 2 : '가난'의 저주

아담을 창조하신 하나님께서는 풍성한 물질의 복을 주셨습니다.

> **창1:29** 하나님이 이르시되 내가 온 지면의 씨 맺는 모든 채소와 씨 가진 열매 맺는 모든 나무를 너희에게 주노니 너희의 먹을거리가 되리라

하나님께서는 '씨 맺는 모든 채소', '씨 가진 열매 맺는 모든 나무'를 먹을거리로 주셨습니다. 하나님께서는 '선악과'외에는 모든 것을 먹을 수 있도록 하셨습니다. 그런데 아담과 하와가 범죄하자 하나님께서는 '땅'이 저주를 받아서 '가시덤불과 엉겅퀴'를 내도록 하셨습니다.

> **창3:17** 아담에게 이르시되 네가 네 아내의 말을 듣고 내가 네게 먹지 말라 한 나무의 열매를 먹었은즉 땅은 너로 말미암아 저주를 받고 너는 네 평생에 수고하여야 그 소산을 먹으리라

창3:18 땅이 네게 <u>가시덤불과 엉겅퀴를 낼 것이라</u> 네가 먹을 것은 밭의 채
소인즉

아담은 밭의 채소를 먹고 살아야 하므로 농사를 짓고 살아야 하는
데 땅에서 '가시덤불과 엉겅퀴'가 나오면 어떻게 될까요? '가시덤불
과 엉겅퀴'가 땅의 양분을 흡수하며 채소들이 잘 자랄 수 없게 하여
밭의 소산이 줄어들게 되면 물질적인 어려움이 생겨서 결국은 가난
하게 만들 것입니다. 그러므로 '가시덤불과 엉겅퀴'는 영적으로 '가
난의 저주'를 상징합니다.

가인이 아벨을 죽이자 하나님께서는 땅에 저주를 내리셔서 가인이
밭을 갈아도 땅이 효력을 주지 않게 하심으로써 범죄한 가인에게 '가
난의 저주'가 임하도록 하셨습니다.

창4:11 땅이 그 입을 벌려 네 손에서부터 네 아우의 피를 받았은즉 <u>네가 땅에
서 저주를 받으리니</u>

창4:12 네가 밭을 갈아도 땅이 다시는 그 <u>효력을 네게 주지 아니할 것이요</u> 너
는 땅에서 피하며 유리하는 자가 되리라
(네가 아무리 애써 땅을 갈아도 이 <u>땅은 더 이상 소출을 내지
않을 것이다</u>/공동 번역)

또한 이스라엘 백성들이 죄를 지었을 때 하나님께서는 비가 내리지
않게 하심으로써 농작물들이 말라 죽게 하시거나 메뚜기들이 토산을
먹게 하심으로써 '가난의 저주'가 임하도록 하신다고 말씀하셨으며,
철저히 회개하고 죄에서 떠나야 땅을 고쳐주신다고 말씀하셨습니다.

대하7:13 혹 내가 하늘을 닫고 비를 내리지 아니하거나 혹 메뚜기들에게 토
　　　산을 먹게 하거나 혹 전염병이 내 백성 가운데에 유행하게 할 때에
대하7:14 내 이름으로 일컫는 내 백성이 그들의 악한 길에서 떠나 스스로 낮
　　　추고 기도하여 내 얼굴을 찾으면 내가 하늘에서 듣고 그들의 죄를
　　　사하고 그들의 땅을 고칠지라

　그리고 축복과 저주에 대하여 자세히 말하고 있는 신명기 28장은
하나님의 말씀에 불순종하여 죄를 지었을 때 받는 대표적인 저주 두
가지를 말하고 있는데 첫 번째는 '질병'의 저주요, 두 번째는 '가난'
의 저주라고 말합니다.

신28:15 네가 만일 네 하나님 여호와의 말씀을 순종하지 아니하여 내가 오늘
　　　네게 명령하는 그의 모든 명령과 규례를 지켜 행하지 아니하면 이 모
　　　든 저주가 네게 임하며 네게 이를 것이니
신28:16 네가 성읍에서도 저주를 받으며 들에서도 저주를 받을 것이요
신28:17 또 네 광주리와 떡 반죽 그릇이 저주를 받을 것이요
신28:18 네 몸의 소생과 네 토지의 소산과 네 소와 양의 새끼가 저주를 받
　　　을 것이며
신28:19 네가 들어와도 저주를 받고 나가도 저주를 받으리라
신28:20 네가 악을 행하여 그를 잊으므로 네 손으로 하는 모든 일에 여호와
　　　께서 저주와 혼란과 책망을 내리사 망하며 속히 파멸하게 하실 것
　　　이며
신28:38 밭에 씨를 아무리 많이 뿌려도 메뚜기떼가 먹어버려 거둘 것이 얼
　　　마 되지 아니하겠고,
신28:39 아무리 애써서 포도원을 가꾸고 심어도 벌레가 갉아먹어, 마실 포도
　　　주도 저장해 둘 포도주도 없으리라.
신28:40 또 너희 온 지경 안에 올리브 나무들이 있어도 그 열매가 떨어져서

몸에 바를 기름이 없으리라.

신28:42 너희가 가꾸는 나무나 밭에 익은 곡식은 해충이 모조리 갉아먹으리라. (공동 번역)

그러므로 범죄한 아담의 후손으로 태어난 모든 인간들에게 있는 '율법의 저주' 두 번째는 '가난'의 저주이며, '가난의 저주' 아래 태어난 인간들은 가난으로 인하여 많은 고통 가운데 살게 되었습니다.

3) 율법의 저주 3 : '왕권 상실'과 '마귀의 종'이 된 저주

하나님께서는 '하나님의 형상'을 따라서 '하나님의 모양'으로 만드신 아담에게 '바다의 물고기들과 공중의 새들과 육축(가축)과 땅의 모든 것들과 땅에 기는 모든 것들을 다스리라'고 말씀하셨습니다.

창1:26 하나님이 이르시되 우리의 형상을 따라 우리의 모양대로 우리가 사람을 만들고 그들로 바다의 물고기와 하늘의 새와 가축과 온 땅과 땅에 기는 모든 것을 다스리게 하자 하시고

창1:27 하나님이 자기 형상 곧 하나님의 형상대로 사람을 창조하시되 남자와 여자를 창조하시고

창1:28 하나님이 그들에게 복을 주시며 하나님이 그들에게 이르시되 생육하고 번성하여 땅에 충만하라, 땅을 정복하라, 바다의 물고기와 하늘의 새와 땅에 움직이는 모든 생물을 다스리라 하시니라

창1:26과 1:28의 '다스리게 하자', '다스리라'의 히브리 원어는 '라다'인데 '밟다', '다스리다', '지배하다'라는 의미입니다. 이 '라다'라는 단어는 시110:2에서도 사용되었습니다.

시110:2 여호와께서 시온에서부터 주의 권능의 규를 내보내시리니 주는 원수들 중에서 '다스리소서(라다)'

그런데 '다스리소서(라다)'를 공동 번역에서는 '왕권을 행사하여라'로 번역하였습니다.

시110:2 야훼가 시온에서 너에게 권능의 왕장을 내려주리니, 네 원수들 가운데서 왕권을 행사하여라.

그러므로 '라다' = '다스리다' = '왕권을 행사하다' = '밟다', '지배하다'라는 의미가 되므로 아담과 하와는 이 세상을 다스리고 통치하는 '왕으로서의 권세'를 받았습니다. 그런데 아담과 하와가 마귀의 유혹을 받아서 범죄함으로써 이 세상을 다스리고 통치하는 왕의 권세를 마귀에게 빼앗기게 되었고, '마귀의 종'이 되어서 '죄의 종노릇'을 하며 사는 존재가 되고 말았습니다.

눅4:5 마귀가 또 예수를 이끌고 올라가서 순식간에 천하 만국을 보이며
눅4:6 이르되 이 모든 권위와 그 영광을 내가 네게 주리라 이것은 내게 넘겨준 것이므로 내가 원하는 자에게 주노라

요8:44 너희는 너희 아비 마귀에게서 났으니 너희 아비의 욕심대로 너희도 행하고자 하느니라 그는 처음부터 살인한 자요 진리가 그 속에 없으므로 진리에 서지 못하고 거짓을 말할 때마다 제 것으로 말하나니 이는 그가 거짓말쟁이요 거짓의 아비가 되었음이라
요일3:8 죄를 짓는 자는 마귀에게 속하나니 마귀는 처음부터 범죄함이라

그러므로 율법의 저주 세 번째는 이 세상을 다스리고 통치하는 '왕권'을 마귀에게 빼앗기고, '마귀의 종'이 되어서 일평생 '죄의 종노릇'을 하며 사는 저주입니다.

4) 율법의 저주 4 : 하나님께서 '떠난' 저주

하나님의 형상으로 지음을 받은 인간은 하나님과 '함께' 살도록 창조되었습니다. 그래서 하담과 하와가 살았던 에덴동산에 하나님께서도 에덴동산에 거니시면서 아담과 하와와 '함께' 하셨습니다.

창3:8 그들이 그날 바람이 불 때 <u>동산에 거니시는 여호와 하나님</u>…

위의 말씀에서 "거니시는"이라는 히브리어 원어는 "할라크"인데 이 단어는 "가다, 오다, 걷다"라는 의미로서, 에녹이 므두셀라를 낳은 후 삼백 년을 거룩하신 하나님과 '동행하는' 삶을 살다가 산 채로 들림받았을 때 사용된 단어와 같습니다.

창5:22 므두셀라를 낳은 후 삼백 년을 하나님과 <u>동행하며</u>('할라크') 자녀들을 낳았으며
창5:24 에녹이 하나님과 <u>동행하더니</u>('할라크') 하나님이 그를 데려가시므로 세상에 있지 아니하였더라

아담과 하와가 죄를 짓기 전에는 하나님과 '동행'하면서 에덴동산에서 살았습니다. 70인 역본에서는 '에덴'을 '기쁨'이라는 의미의 '아단'에서 유래한 것으로 보았습니다. 그러므로 아담과 하와가 하나님과 '동행'하며 '기쁨' 가운데 살았다는 의미입니다. 사랑하는 아담과 하와와 함께 '동행'하셨던 하나님께도 '기쁨'이었고, 자신들을 창조하신 하나님과 동행하는 것도 아담과 하와에게는 '기쁨'이었고, 뼈 중의 뼈요, 살 중의 살과 같은 하와와 함께 하는 것도 '기쁨'이었고, 자신을 사랑해주는 아담과 함께 하는 것도 하와에게는 '기쁨'이었습니다.

하나님께서 주신 가장 큰 복은 하나님께서 '동행'해 주시는 복입니다. 만복의 근원이신 하나님께서 '동행'해 주시기만 하면 모든 축복도 함께 하기 때문입니다.

그런데 아담과 하와가 죄를 짓게 되자 그들은 더 이상 거룩하신 하나님과 동행할 수 없게 되었습니다. 거룩하신 하나님과 동행하는 유일한 방법은 거룩하게 사는 것인데, 죄를 지음으로써 '거룩'을 상실했기 때문에 하나님께서는 어쩔 수 없이 그들을 에덴동산에서 쫓아내셨고, 하나님께서는 하늘로 가셨습니다.

창3:24 이같이 하나님이 그 사람을 쫓아내시고 에덴동산 동쪽에 그룹들과 두루 도는 불 칼을 두어 생명 나무의 길을 지키게 하시니라

아담과 하와가 죄를 지음으로써 에덴동산에서 쫓겨나고, 동산에 거니셨던 하나님께서는 아담과 하와를 떠나가심으로써 아담과 하와는 하나님과 '분리'되어 살게 되었습니다. 서로 사랑하는 남녀에게 있어서 가장 큰 고통은 무엇일까요? 그것은 사랑하는 사람과 함께 하지 못하고 떠나는 것일 것입니다. 사랑하는 아담과 하와를 이 세상에 두고 떠나가시는 하나님의 마음에 큰 아픔과 고통이 있을 것이고, 아담과 하와에게도 큰 아픔과 고통이 있을 것입니다. 하나님과 인간이 서로 '분리'된 것을 '영적 죽음'이라고 말합니다. '죽음'은 없어지는 것이 아니라 '분리'되는 것입니다. 하나님께서는 아담에게 '선악을 알게 하는 나무의 열매를 먹는 날에는 정녕 죽으리라'고 말씀하신 것은 아담이 선악을 알게 하는 나무의 열매를 먹는 날에는 하나님과 인간이 '분리'된다는 의미였습니다.

하나님께서 인간을 떠나심으로써 인간이 하나님과 '분리'되면 어떤 일이 생기게 될까요?

성경을 통해서 보면 인간이 하나님과 분리되어 하나님 없이 산다는 것이 얼마나 끔찍한 일인지 알 수 있습니다.

① 사울 왕 : 악령에게 괴로움을 당함

삼상16:14 여호와의 영이 사울에게서 떠나고 여호와께서 부리시는 악령이 그를 번뇌하게 한지라

삼상16:15 사울의 신하들이 그에게 이르되 보소서 하나님께서 부리시는 악령이 왕을 번뇌하게 하온즉

사울 왕이 하나님의 말씀에 불순종하는 죄를 짓고도 회개하지 않자 하나님께서는 사울 왕을 떠나가셨습니다. 사울 왕의 모든 비극적인 삶은 하나님께서 사울 왕을 떠나신 이후부터 시작되었습니다. 하나님께서 떠나시자 악한 영이 즉시 사울에게 임하였으며, 그 결과 사울 왕은 번뇌와 불안과 같은 정신적인 문제로 고통을 당하게 되었습니다.

악령이 자신과 함께 하는 것을 좋아하는 사람이 있을까요? 그런데 하나님께서 인간과 함께 계시지 않으면 악령이 함께하게 되니 하나님 없이 산다는 것이 얼마나 끔찍한 일이겠습니까? 오늘날에도 번뇌

와 불안과 같은 정신적인 문제는 하나님께서 함께하지 않으시기 때문에 나타나는 것입니다.

② 사울 왕 : 악령에 사로잡혀 다윗을 죽이려고 함

삼상18:10 그 이튿날 하나님께서 부리시는 악령이 사울에게 힘 있게 내리매 그가 집 안에서 정신없이 떠들어대므로 다윗이 평일과 같이 손으로 수금을 타는데 그 때에 사울의 손에 창이 있는지라

삼상18:11 그가 스스로 이르기를 내가 다윗을 벽에 박으리라 하고 사울이 그 창을 던졌으나 다윗이 그의 앞에서 두 번 피하였더라

하나님께서 떠나시자 사울 왕은 악령에게 사로잡히게 되었고, 그런 사울 왕을 치유하기 위하여 다윗이 수금을 타자 사울 왕은 악령에 사로잡혀서 다윗을 죽이려고 창을 던졌습니다. 이처럼 하나님이 떠나게 되면 사람이 악령에 사로잡히게 됩니다. 그리고 사람을 죽이려고까지 하는 무서운 행동을 하게 됩니다. 오늘날에도 하나님께서 함께하지 않으시기 때문에 많은 사람들이 악령에게 사로잡혀서 사람을 죽이는 것입니다.

③ 사울 왕 : 놉의 제사장들을 죽임

삼상22:18 왕이 도엑에게 이르되 너는 돌아가서 제사장들을 죽이라 하매 에돔 사람 도엑이 돌아가서 제사장들을 쳐서 그 날에 세마포 에봇 입은 자 팔십오 명을 죽였고

삼상22:19 제사장들의 성읍 놉의 남녀와 아이들과 젖 먹는 자들과 소와 나귀와 양을 칼로 쳤더라

제사장 아히멜렉이 다윗에게 음식을 주고 골리앗의 칼도 주고 하나님께 기도도 해주었는데(삼상22:10), 이 소식을 들은 사울 왕은 화가 나서 도엑으로 하여금 제사장 85명을 죽이고 놉에 사는 남녀와 아이들과 젖 먹는 자들과 소와 나귀와 양을 죽이도록 했습니다. 하나님께서 사울 왕을 떠나시자 악령에 사로잡힌 사울 왕은 이처럼 악한 일을 서슴지 않고 행합니다. 한때는 성령이 충만했지만, 죄를 짓고 회개하지 않음으로써 하나님께서 떠나버리시면 이처럼 악하게 되는 것입니다.

④ 사울 왕 : 기도해도 응답받지 못함
삼상28:4 블레셋 사람들이 모여 수넴에 이르러 진 치매 사울이 온 이스라엘을 모아 길보아에 진 쳤더니
삼상28:5 사울이 블레셋 사람들의 군대를 보고 두려워서 그의 마음이 크게 떨린지라
삼상28:6 사울이 여호와께 묻자오되 여호와께서 꿈으로도, 우림으로도, 선지자로도 그에게 대답하지 아니하시므로

블레셋 사람들이 이스라엘을 침략하기 위하여 수넴에 진을 치자 사울 왕은 길보아에 진을 쳤습니다. 그런데 블레셋 군대를 본 사울 왕은 블레셋의 많은 군대를 보고 두려움에 떨었고, 하나님께서 전쟁을 이기게 하실지 궁금해서 하나님께 여쭈었으나 이미 사울 왕을 떠나신 하나님께서는 사울 왕이 아무리 기도해도 응답해주시지 않으셨습니다. 이처럼 죄로 인해 하나님께서 떠나가시면 아무리 기도해도 응답받지 못하게 됩니다.

사59:1 여호와의 손이 짧아 구원하지 못하심도 아니요 귀가 둔하여 듣지 못
하심도 아니라

사59:2 오직 너희 죄악이 너희와 너희 하나님 사이를 갈라 놓았고 너희 죄가
그의 얼굴을 가리어서 너희에게서 듣지 않으시게 함이니라

⑤ 사울 왕 : 신접한 여인을 찾음

삼상28:7 사울이 그의 신하들에게 이르되 나를 위하여 신접한 여인을 찾으
라 내가 그리로 가서 그에게 물으리라 하니 그의 신하들이 그에게
이르되 보소서 엔돌에 신접한 여인이 있나이다

삼상28:8 사울이 다른 옷을 입어 변장하고 두 사람과 함께 갈새 그들이 밤에
그 여인에게 이르러서는 사울이 이르되 청하노니 나를 위하여 신
접한 술법으로 내가 네게 말하는 사람을 불러 올리라 하니

삼상28:9 여인이 그에게 이르되 네가 사울이 행한 일 곧 그가 신접한 자와 박
수를 이 땅에서 멸절시켰음을 아나니 네가 어찌하여 내 생명에 올
무를 놓아 나를 죽게 하려느냐 하는지라

삼상28:10 사울이 여호와의 이름으로 그에게 맹세하여 이르되 여호와께서
살아 계심을 두고 맹세하노니 네가 이 일로는 벌을 당하지 아니
하리라 하니

삼상28:11 여인이 이르되 내가 누구를 네게로 불러 올리랴 하니 사울이 이르
되 사무엘을 불러 올리라 하는지라

블레셋과의 전쟁에서 하나님의 응답이 없자 답답한 사울 왕은 신접
한 여인(점쟁이, 혹은 무당)을 찾아가기까지 합니다. '신접한 자'란 '강
신술사'를 의미하며 히브리어로 '오브'라고 합니다. 하나님께서 이런
강신술사를 돌로 쳐 죽이라고 하셨는데도 귀신에게 붙잡혀서 점을 치
는 신접한 여인을 찾아간 것입니다.

레20:6 접신('오브')한 자와 박수무당을 음란하게 따르는 자에게는 내가 진노하여 그를 그의 백성 중에서 끊으리니

레20:27 남자나 여자가 접신하거나('오브') 박수무당이 되거든 반드시 죽일지니 곧 돌로 그를 치라 그들의 피가 자기들에게로 돌아가리라

하나님께서 사울 왕을 떠나시자, 하나님을 믿고 의지하던 사울 왕이 이제는 귀신을 의지하는 사람이 되고 만 것입니다. 하나님께서 떠나가시면 인간은 이처럼 귀신을 의지하며 사는 것입니다.

며칠 전에 어느 목사님께서 유튜브에서 말씀하시는 것을 보았는데 어느 날 점쟁이가 교회에 왔더랍니다. 그 점쟁이가 "목사님, 제게 교회 권사님들이 많이 옵니다"라고 말하더랍니다. 세상에... 교회의 '권사'라면 교회의 '믿음의 어머니'인데 점쟁이를 찾아가서 점을 치다니요. 교회 권사라고 해도 하나님이 떠나면 귀신을 의지하고 귀신의 도움으로 살려고 점집에 가기도 하는 것을 봅니다.

⑥ 사울 왕 : 전쟁에서 패배함

삼상31:3 사울이 패전하매 활 쏘는 자가 따라잡으니 사울이 그 활 쏘는 자에게 중상을 입은지라

하나님께서 사울 왕과 함께 하셨을 때 사울왕은 아말렉과의 전투에서 승리할 수 있었습니다(삼상15:1-8). 하나님께서 다윗과 함께 하실 때 다윗은 어디로 가든지 이기는 자가 되었습니다.

대상18:13 다윗이 에돔에 수비대를 두매 에돔 사람이 다 다윗의 종이 되니라 다윗이 어디로 가든지 여호와께서 이기게 하셨더라

이처럼 하나님께서 함께하실 때 모든 전쟁에서 이기는 자가 됩니다. 그러나 하나님께서 떠나가시자 사울 왕은 블레셋과의 전쟁에서 패하였고 중상을 입기까지 하였습니다.

이처럼 하나님께서 떠나시면 모든 전쟁에 패배하게 됩니다. 하나님께서 떠나시면 인생의 패배자가 됩니다. 일시적으로 승리할 수 있으나 결국은 패배자가 됩니다.

⑦ 사울 왕 : 결국은 자살함

삼상31:4 그가 무기를 든 자에게 이르되 네 칼을 빼어 그것으로 나를 찌르라 할례 받지 않은 자들이 와서 나를 찌르고 모욕할까 두려워하노라 하나 무기를 든 자가 심히 두려워하여 감히 행하지 아니하는지라 이에 사울이 자기의 칼을 뽑아서 그 위에 엎드러지매

하나님께서 떠난 사울 왕은, 전쟁에서 하나님의 보호하심을 받지 못하여 부상을 당하게 되었고, 결국은 비참하게 자살로써 그의 삶을 마감하였습니다.

OECD 국가의 하루 평균 자살률은 10.6명인데, 한국의 하루 자살률은 무려 36명으로 OECD 국가에서 19년 동안 계속 1위라고 합니다. 그 많은 사람들이 자살을 하는 이유는 하나님께서 함께하시지 않기 때문에 그렇게 되는 것입니다. 겉으로는 하나님을 믿는다고 하는 성도라 할지라도 하나님께서 함께하지 않는 사람들은 사울 왕처럼 자살로 자신의 삶을 끝내기도 합니다.

이처럼 하나님께서 인간을 떠나가심으로써 인간이 하나님 없이 산

다는 것은 인간에게 '가장 큰' 저주입니다. 율법의 저주 네 번째는 '하나님께서 떠나신' 저주입니다.

5) 율법의 저주 5 : '심판' 받아서 '지옥'에 가는 저주

성경은 모든 사람에게 '심판'이 있으며, 죄에 대하여 심판받아 '영원한 불'에 들어가는 '저주'가 있다고 말합니다.

> 히9:27 한번 죽는 것은 사람에게 정해진 것이요 그 후에는 심판이 있으리니

> 마25:41 또 왼편에 있는 자들에게 이르시되 '저주'를 받은 자들아 나를 떠나 마귀와 그 사자들을 위하여 예비된 '영원한 불'에 들어가라

이 '영원한 불'은 계21:8에서 '불과 유황으로 타는 못', 계20:14에서는 '불못'이라고 말하고 있습니다.

> 계21:8 그러나 두려워하는 자들과 믿지 아니하는 자들과 흉악한 자들과 살인자들과 음행하는 자들과 점술가들과 우상 숭배자들과 거짓말하는 모든 자들은 '불과 유황으로 타는 못'에 던져지리니 이것이 둘째 사망이라

> 계20:13 바다가 그 가운데에서 죽은 자들을 내주고 또 사망과 음부도 그 가운데에서 죽은 자들을 내주매 각 사람이 '자기의 행위대로 심판을 받고'

> 계20:14 사망과 음부도 불못에 던져지니 이것은 둘째 사망 곧 '불못'이라

'영원한 불', '불과 유황으로 타는 못', '불못' 등은 모두 '지옥'을 말합니다.

마5:22 나는 너희에게 이르노니 형제에게 노하는 자마다 심판을 받게 되고 형제를 대하여 라가라 하는 자는 공회에 잡혀가게 되고 미련한 놈이라 하는 자는 '지옥 불'에 들어가게 되리라

마18:8 만일 네 손이나 네 발이 너를 범죄하게 하거든 찍어 내버리라 장애인이나 다리 저는 자로 영생에 들어가는 것이 두 손과 두 발을 가지고 '영원한 불'에 던져지는 것보다 나으니라

마18:9 만일 네 눈이 너를 범죄하게 하거든 빼어 내버리라 한 눈으로 영생에 들어가는 것이 두 눈을 가지고 '지옥 불'에 던져지는 것보다 나으니라

막9:43 만일 네 손이 너를 범죄하게 하거든 찍어버리라 장애인으로 영생에 들어가는 것이 두 손을 가지고 '지옥 곧 꺼지지 않는 불'에 들어가는 것보다 나으니라

사람이 죽으면 모든 것이 끝나는 것이 아닙니다. 세상에서 지은, 모든 죄에 대한 '심판'을 받아야 합니다. 다행히 예수님을 믿어서 죄 사함을 받았으면 지옥에 가지 않지만, 만약에 예수님을 믿지 않았으면 심판을 받아서 지옥에 가서 뜨거운 불 못에서 죽지도 못하고 영원토록 고통을 받아야 합니다.

이처럼 아담의 후손으로 태어난 모든 인간들은 이제까지 말씀드린 다섯 가지 '율법의 저주'에 묶여 있습니다.

① '질병'의 저주

② '가난'의 저주

③ '왕권 상실'과 '마귀의 종' 된 저주

④ '하나님이 떠난' 저주

⑤ 죄의 심판받아 '지옥'에 가는 저주

이 다섯 가지 '저주'는 공의로우신 하나님께서 내리신 '저주'이기 때문에, 모든 시대의 모든 인간이 이 '저주' 아래에 놓여 있습니다.

제2장

율법의 저주에서 우리를 속량(구원)하신 예수 그리스도

범죄한 아담 안에서 태어난 모든 인간들은 다음과 같은 5가지 저주에 묶여 있습니다.

① '질병'의 저주
② '가난'의 저주
③ '왕권 상실'과 '마귀의 종' 된 저주
④ '하나님이 떠난' 저주
⑤ 죄의 심판받아 '지옥'에 가는 저주

그런데 하나님께서는 갈3:13 말씀을 통하여 예수 그리스도께서 '율법의 저주에서 우리들을 속량(구원)하셨다'고 말씀하셨습니다. 할렐루야!

갈3:13 그리스도께서 우리를 위하여 저주를 받은 바 되사 율법의 저주에서 우리를 속량하셨으니 기록된 바 나무에 달린 자마다 저주 아래에 있는 자라 하였음이라

갈3:13 … 그리스도께서는 우리를 위하여 십자가에 달려 저주받은 자가 되셔서 <u>우리를 율법의 저주에서 구원해 내셨습니다.</u> (공동 번역)

그러면 예수 그리스도께서 '어떻게', '어떤 방법'으로 우리를 율법의 저주에서 구원하셨을까요? 그리스도께서 우리를 '대신하여 저주를 받으심으로써' 율법의 저주에서 구원하였다고 말하고 있습니다.

갈3:13 그리스도께서는 율법이 우리에게 씌운 저주를 거두어 가셨습니다. <u>그리스도께서 우리를 대신해서 저주를 받으셨습니다.</u> (쉬운 성경)

우리가 받아야 할 저주를 예수 그리스도께서 우리를 '대신하여' 저주받으셨습니다. 예수님은 죄가 없는 분이셨지만 십자가에 달리심으로써 저주를 '대신' 받으셨습니다. 왜냐하면 신21:23에서 '십자가에 달리신 것'은 하나님께 '저주'받은 것이라고 말하였기 때문입니다.

갈3:13 그리스도께서 우리를 위하여 저주를 받은 바 되사 <u>율법의 저주에서 우리를 속량하셨으니</u> 기록된 바 <u>나무에 달린 자마다 저주 아래에 있는 자라 하였음이라</u>

신21:23 … 나무에 달린 자는 하나님께 저주를 받았음이니라

죄를 지은 사람이 저주받는 것은 당연합니다. 그런데 공의로우신 하나님께서 전혀 죄가 없는 예수님이 '대신' 저주받도록 하셨습니다.

그 이유는 우리를 '사랑하셔서' 우리가 받아야 할 저주를 예수님께서 대신 받게 하신 것입니다.

> **고후 5:14** 그리스도의 사랑이 우리를 강권하시는도다 우리가 생각하건대 한 사람이 모든 사람을 '대신하여' 죽었은즉 모든 사람이 죽은 것이라

그러므로 예수 그리스도를 구주로 영접하는 모든 사람들은 죄사함을 받아서 모든 '율법의 저주'에서 자유케 된 것입니다. 할렐루야!

갈3:13에서 그리스도께서 우리를 율법의 저주에서 '속량하셨으니'라는 단어에 대하여 호크마 주석에서는 다음과 같이 설명하면서 '그리스도께서 치르신 대가는 십자가의 피였다'고 말하고 있습니다.

'속량하셨으니'라는 단어의 헬라어 '엑세고라센'은 '값을 치르고 사다', '되돌려 사다' 등의 의미를 가진다. 본절에서 이 말은 율법의 노예가 된 우리를 그리스도께서 값을 치르고 사셨다는 의미로 사용되었다. '그리스도께서 치르신 대가는 십자가의 피'였다. 죄 없으신 그리스도의 죽음은 속전(贖錢)의 개념에서 해석되며(출 21:30) 아들을 나무에 달리게 하는 저주(신 21:23)까지 받게 하신 것은 성부 하나님의 사랑에 기인한다(사53:6).[3]

죄가 전혀 없는 예수 그리스도께서 우리들을 사랑하사 우리를 대신하여 십자가에 달리셔서 저주를 받으셨으며, 그 결과 우리들이 율법의 저주에서 속량(구원) 받은 것입니다.

그러므로 갈3:13 말씀을 다음과 같이 번역해도 좋을 듯합니다.

---

3) 『호크마 종합 주석, 신약7』, 기독 지혜사, 1992, p.619

갈3:13 그리스도께서 우리를 위하여 '십자가에서 피를 흘리사' 율법의 저주에서 우리를 속량하셨으니 기록된 바 나무에 달린 자마다 저주 아래에 있는 자라 하였음이라

우리들이 율법의 저주에서 구원받은 것은 '예수 그리스도의 보혈' 덕분입니다. **예수님께서 흘리신 보혈은 우리들을 율법의 모든 저주에서 구원하는 능력이 있습니다.** 할렐루야!

예수님께서는 '채찍에 맞으실 때' 피를 흘리셨으며, '손이 십자가에 못 박혔을 때' 피를 흘리셨으며, '발이 십자가에 못 박히셨을 때' 피를 흘리셨으며, '머리에 가시 면류관을 쓰셨을 때' 피를 흘리셨으며, '옆구리가 창에 찔리셨을 때' 피를 흘리셨습니다.

예수님께서 피를 흘리신 것에는 각각 영적 의미가 있으며, 예수님께서 피를 흘리신 사건 하나하나가 복음과 관련이 있습니다.

원하옵기는 이 책을 읽을 때 성령님께서 지혜와 총명과 계시의 영으로 기름부으셔서 예수 그리스도의 보혈의 권세와 능력을 깨닫게 하셔서 이기는 자가 되게 해주시길 기도합니다.

제3장
손에 못 박히셨을 때 흘리신 보혈의 능력

1. 손에 못 박히신 '여호와' 하나님

하나님께서는 모세에게 당신의 이름이 '여호와'라고 말씀하셨습니다.

출6:3 내가 아브라함과 이삭과 야곱에게 전능의 하나님으로 나타났으나 나의 이름을 '여호와'로는 그들에게 알리지 아니하였고

'여호와(יהוה)'라고 부르는 하나님 명칭은 히브리어 '요드, 헤, 와우, 헤(YHWH)'라는 히브리어 알파벳으로 이루어졌는데, '요드(י)'는 '손'을 의미하고, '헤(ה)'는 '보라'라는 의미이며, '와우(ו)'는 '못'을 의미하고 '헤(ה)'는 '보라'라는 의미이므로, 이 네 가지 히브리어 알파벳을 연결하면 '손을 보라, 못을 보라'라는 의미로서 '손을 보라, 못을 보라 그분은 여호와이시다'는 의미로서 십자가에 달리셔서 손에 못 박히신 예수님이 구약에서 말하는 '여호와(יהוה)' 하나님이심을 알 수 있습니다. 특히 '여호와(יהוה)'라는 하나님 명칭은 구약에서 6,000여 회 나타나는데 '십자가에 달려서 손에 못 박히신 예수님은 여호와(יהוה) 하나님이시다'라고 6,000여 번이나 반복해서 말씀하심으로써 창세기부터 말라기까지의 모든 구약 성경이 인류의 죄를 용서하시기 위하여 오실 예수님에 대하여 말하고 있음을 알 수 있습니다.

2. 손에 못 박히신 '창조주' 하나님

엘리야 선지자가 갈멜산에서 기도하자 하늘에서 불이 내려서 번제물과 나무와 돌과 흙을 태우고 또 도랑의 물을 핥은 것(왕상18:38)을 본 이스라엘 백성들이 '여호와 그는 하나님이시로다'라고 외쳤습니다.

왕상18:39 모든 백성이 보고 엎드려 말하되 <u>여호와 그는 하나님이시로다 여호와 그는 하나님이시로다</u> 하니

'여호와(יהוה)'라는 명칭은 위에서 말씀드린 대로 '십자가에 달리셔서 손에 못 박히실 그는 여호와이시다'라는 것입니다. 그런데 왕상18:39 말씀에서 '하나님'이라는 단어의 히브리어는 '엘로힘'이며, 이 단어는 창1:1 말씀에도 나옵니다.

창1:1 태초에 <u>하나님</u>이 천지를 창조하시니라

창1:1 말씀에서 천지를 창조하신 '하나님'이라는 단어의 히브리어는 '엘로힘'입니다. '엘로힘'이라는 단어는 창조와 관련해서 창세기 1장에서만 32번이나 사용되었습니다. 그러므로 '여호와 그는 하나님이시로다'는 말씀은 '십자가에 달리셔서 손에 못 박히신 예수님은 창

조주 하나님이시다'는 말씀입니다. 성경의 많은 곳에서 '여호와(יהוה)'이신 예수'께서 '엘로힘', 즉 창조주 하나님이라고 말하고 있습니다.

시88:1 여호와(יהוה) 내 구원의 하나님(엘로힘)이여 내가 주야로 주 앞에서 부르짖었사오니

신6:4 이스라엘아 들으라 우리 하나님(엘로힘) 여호와(יהוה)는 오직 유일한 여호와(יהוה)이시니

그러므로 십자가에 달리셔서 손에 못 박히신 예수님은 '여호와(יהוה)하나님'이요, '창조주 하나님'이심을 알 수 있습니다.

3. 구약에 계시된 메시야의 이름 : '예슈아'

우리가 보는 한글 개정 개역 성경에는 우리의 죄를 용서하시기 위하여 이 땅에 오신 구원자의 이름을 '예수'라고 말하고 있습니다.

마1:21 아들을 낳으리니 이름을 '예수'라 하라 이는 그가 자기 백성을 그들의 죄에서 구원할 자이심이라 하니라

그런데 〈말씀의 집〉에서 발행한 『히브리어/헬라어 직역 성경』에서는 구원자의 이름을 '예슈아'라고 번역하였으며, 신약 성경에 나오는 '예수'라는 이름을 모두 '예슈아'로 표기했습니다.

마1:21 아들을 낳으리니 이름을 '예슈아'라 하라 이는 그가 자기 백성을 그들의 죄에서 구원할 자이심이라 하니라

그렇다면 『히브리어/헬라어 직역 성경』에서는 왜 '예수'라는 이름을 '예슈아'로 했을까요?

그 이유는 하나님께서 구약 성경을 통해서 계시하신 메시야의 이름이 '예슈아'라고 말씀하셨기 때문입니다. '예슈아'라는 단어는 '구원'이라는 의미이며, '예슈아'라는 단어가 최초로 나온 곳은 창49:19입니다.

창49:18 여호와여 나는 '주의 구원'을 기다리나이다

창49:18 말씀에서 '주의 구원을'의 히브리어 원어는 '예슈아'입니다. 그러므로 창49:18 말씀을 다음과 같이 바꿔 말할 수 있을 것입니다.

창49:18 여호와여 나는 '예슈아'를 기다리나이다

창49:18 말씀은 구약의 이스라엘 백성들이 이 땅에 오실 메시야를 수천 년 동안 사모하며 기다리는 염원을 담은 말씀인데, 야곱 자신이 죽을 때가 가까워진 것을 알고 열두 아들을 불러서 축복하며 기도해 주는 가운데 '단'을 위하여 기도하는 중에 나온 말씀입니다.

창49:16 단은 이스라엘의 한 지파 같이 그의 백성을 심판하리로다
창49:17 단은 길섶의 뱀이요 샛길의 독사로다 말굽을 물어서 그 탄 자를 뒤로 떨어지게 하리로다
창49:18 여호와여 나는 '주의 구원'을 기다리나이다

그런데 야곱이 단을 위하여 기도해주는데 '단은 길섶의 뱀이요 샛길의 독사로다'라고 말합니다. 아니, 자신의 아들 단이 '뱀'이고, '독사'라니… 이 말씀은 '축복'이 아니라 '저주' 아닌가요?

'길섶'이라는 단어는 히브리어 '데레크'로서 '길가'라는 의미입니다. 그러므로 '단은 길가의 뱀이고 샛길의 독사가 될 것이다'라는 말씀입니다. 어떻게 자신의 아들 '단'을 위하여 축복 기도를 해주는데 '단'이 '뱀'이고 '독사'라고 말할 수 있단 말입니까?

야곱이 열두 아들을 위하여 말한 기도는, 단순한 기도가 아니라, 그들의 미래를 향한 '예언'입니다. 다시 말씀드리면 야곱 자신이 자신의 마음과 의지로 축복해주는 기도가 아니라 성령님께서 야곱의 입술을 통하여 예언하게 하신 말씀이라는 것입니다. 다시 말씀드리면 "단은 길섶의 뱀이요 샛길의 독사가 될 것이다"라는 말씀입니다.

1) '단'은 '뱀'이 될 것이다.

창49:17 말씀에서 말하는 '뱀'의 히브리 원어는 '나하쉬(5175)'[4]로서 '나하쉬(5172)'에서 유래했는데, '나하쉬(5172)'는 '점을 치다'라는 의미이며, '뱀'은 영적으로 '사탄, 마귀'를 상징합니다.

계12:9 큰 용이 내쫓기니 옛 '뱀' 곧 '마귀'라고도 하고 '사탄'이라고도 하며 온 천하를 꾀는 자라 그가 땅으로 내쫓기니 그의 사자들도 그와 함께 내 쫓기니라

그러므로 '뱀' = '용' = '마귀' = '사탄' = '나하쉬' = '사람들로 하여금 점을 치게 하는 존재'로서, 인간들이 점을 치는 모든 행위에는 '뱀' 마귀가 역사하고 있고, 점을 치는 모든 점쟁이, 무당 등은 '뱀' 마귀에게 사로잡혀서 점을 친다는 것을 알 수 있으며, 창49:17 말씀을 다시 표

---

4) 이 숫자는 '스트롱 코드'라고 하는데, 성경의 원문인 히브리어/헬라어를 모르더라도 원어의 의미를 알 수 있도록 '히브리어/헬라어 성경 사전'에 나오는 단어의 숫자이다.

현하면 '단은 미래에 뱀 마귀에게 복을 빌며 점을 치는 지파가 될 것이다'라는 의미가 됩니다.

그렇다면 야곱의 예언적 기도대로 단(지파)이 뱀 마귀에게 점을 치며 복을 비는 지파가 되었을까요?

① 12지파 가운데 우상 숭배를 한 '단' 지파

사사기 18장에 보면, '단' 지파는 그들이 거주할 땅을 구하기 위해서 다섯 명의 사람들을 보내서 땅을 살펴보도록 했습니다(삿18:1-2). 땅을 살펴보러 다니던 다섯 명의 사람들이 에브라임 산지에 있는 미가의 집에 머물게 되는데, 미가가 자신의 집에 에봇과 드라빔과 새긴 신상과 부어 만든 신상을 두고 자신을 위한 제사장을 세워서 점을 치며 복을 빌게 하는 것을 보았습니다. '단' 지파로 돌아간 그들이 자신의 부족에게 이러한 사실을 보고하자 단 지파 600명이 미가의 집에 가서 새긴 신상과 에봇과 드라빔과 부어 만든 신상을 가지고 나오면서 미가의 제사장으로 하여금 '단' 지파의 제사장이 되도록 합니다.

> 삿18:18 그 다섯 사람이 미가의 집에 들어가서 그 새긴 신상과 에봇과 드라빔과 부어 만든 신상을 가지고 나오매 그 제사장이 그들에게 묻되 너희가 무엇을 하느냐 하니
> 삿18:19 그들이 그에게 이르되 잠잠하라 네 손을 입에 대라 우리와 함께 가서 우리의 아버지와 제사장이 되라 네가 한 사람의 집의 제사장이 되는 것과 이스라엘의 한 지파 한 족속의 제사장이 되는 것 중에서 어느 것이 낫겠느냐 하는지라
> 삿18:20 그 제사장이 마음에 기뻐하여 에봇과 드라빔과 새긴 우상을 받아 가지고 그 백성 가운데로 들어가니라

미가의 집에 있던 우상들과 제사장을 빼앗아 간 '단' 지파는 '라이스'라는 성읍을 점령하고, 그들의 조상 '단'의 이름을 따라 그 성읍의 이름을 '단'이라고 하고, 그곳에 신상을 세우고 우상 숭배하였습니다.

삿18:27 단 자손이 미가가 만든 것과 그 제사장을 취하여 라이스에 이르러 한가하고 걱정 없이 사는 백성을 만나 칼날로 그들을 치며 그 성읍을 불사르되

삿18:28 그들을 구원할 자가 없었으니 그 성읍이 베드르홉 가까운 골짜기에 있어서 시돈과 거리가 멀고 상종하는 사람도 없음이었더라 단 자손이 성읍을 세우고 거기 거주하면서

삿18:29 이스라엘에게서 태어난 그들의 조상 단의 이름을 따라 그 성읍을 단이라 하니라 그 성읍의 본 이름은 라이스였더라

삿18:30 단 자손이 자기들을 위하여 그 새긴 신상을 세웠고 모세의 손자요 게르솜의 아들인 요나단과 그의 자손은 단 지파의 제사장이 되어 그 땅 백성이 사로잡히는 날까지 이르렀더라

삿18:31 하나님의 집이 실로에 있을 동안에 미가가 만든 바 새긴 신상이 단 자손에게 있었더라

미가가 개인적으로 한 제사장을 세워서 우상 숭배하며 점을 치게 했다면, '단' 지파는 12지파 가운데 최초로 우상 숭배하며 점을 친 '뱀' 지파가 됨으로써 야곱이 창49:17에 '단은 길섶의 뱀이 될 것이다'라는 예언이 성취되었습니다.

② 단에 세워진 송아지 우상

하나님께서는 유월절(무교절), 오순절, 수장절(초막절)에 이스라엘의 남자들이 반드시 예루살렘 성전에 가서 절기를 지내도록 하셨습니다.

출23:14 너는 매년 세 번 내게 절기를 지킬지니라
출23:17 네 모든 남자는 매년 세 번씩 주 여호와께 보일지니라

솔로몬 왕이 죽은 뒤 이스라엘은 북이스라엘과 남 유다, 두 나라로 나누어지게 되는데, 북이스라엘의 왕이 된 여로보암은 큰 고민을 하게 됩니다. 왜냐하면 그 당시 성전이 남 유다의 수도인 예루살렘에 있었기 때문에, 북이스라엘에 있는 모든 남자들이 일 년에 세 번씩 예루살렘에 갔다 오게 되면 북이스라엘에 있는 남자들의 마음이 남 유다를 향하게 될 것이고, 그렇게 되면 자신이 왕으로 있는 북이스라엘이 무너지게 될 것이기 때문입니다. 고민하던 여로보암은 북이스라엘의 남자들이 남 유다로 가지 못하도록 금송아지 우상을 만들고 '벧엘'과 '단', 두 곳에 제단을 세워서 북이스라엘로 하여금 '뱀' 마귀를 섬기게 했습니다.

왕상12:25 여로보암이 에브라임 산지에 세겜을 건축하고 거기서 살며 또 거기서 나가서 부느엘을 건축하고

왕상12:26 그의 마음에 스스로 이르기를 나라가 이제 다윗의 집으로 돌아가리로다

왕상12:27 만일 이 백성이 예루살렘에 있는 여호와의 성전에 제사를 드리고자 하여 올라가면 이 백성의 마음이 유다 왕 된 그들의 주 르호보암에게로 돌아가서 나를 죽이고 유다의 왕 르호보암에게로 돌아가리로다 하고

왕상12:28 이에 계획하고 두 금송아지를 만들고 무리에게 말하기를 너희가 다시는 예루살렘에 올라갈 것이 없도다 이스라엘아 이는 너희를 애굽 땅에서 인도하여 올린 너희의 신들이라 하고

왕상12:29 하나는 벧엘에 두고 하나는 단에 둔지라

왕상12:30 이 일이 죄가 되었으니 이는 백성들이 단까지 가서 그 하나에게
경배함이더라

'벧엘'은 과거 아브라함이 제단을 쌓고 여호와의 이름을 불렀던 곳
이며(창12:8;13:3), 사사 시대에는 언약궤가 오랫동안 이곳에 있었
던(삿20:26) 신성한 곳이기 때문에 제단을 쌓았고, '단'은 그 성읍에
신당과 제사장이 있었던 곳이기 때문에 제단을 쌓은 것이었습니다.

창12:7 여호와께서 아브람에게 나타나 이르시되 내가 이 땅을 네 자손에게
주리라 하신지라 자기에게 나타나신 여호와께 그가 그 곳에서 제단
을 쌓고
창12:8 거기서 벧엘 동쪽 산으로 옮겨 장막을 치니 서쪽은 벧엘이요 동쪽은
아이라 그가 그 곳에서 여호와께 제단을 쌓고 여호와의 이름을 부르
더니

삿20:26 이에 온 이스라엘 자손 모든 백성이 올라가 벧엘에 이르러 울며 거
기서 여호와 앞에 앉아서 그 날이 저물도록 금식하고 번제와 화목
제를 여호와 앞에 드리고
삿20:27 이스라엘 자손이 여호와께 물으니라 그 때에는 하나님의 언약궤가
거기 있고

결국 '단' 지파는 이스라엘 12지파 가운데 최초로 우상 숭배하는 제
단을 쌓고 '뱀' 마귀를 섬겼던 지파이며, 북이스라엘의 우상 숭배의
중심지가 된 성읍이 됨으로써 야곱이 창49:17에 '단은 길섶의 뱀이
된다'는 예언이 성취되었습니다.

2) '단'은 샛길의 독사로다

창49:17 단은 길섶의 뱀이요 샛길의 독사로다 말굽을 물어서 그 탄 자를 뒤로 떨어지게 하리로다

단에 대한 야곱의 두 번째 예언은 '샛길의 독사'가 된다는 것입니다. 여기에서 '독사'라는 단어의 히브리어 원어는 '셰피폰'인데 '뿔 달린 뱀'이라는 의미입니다. '뿔 달린 뱀'이라… 뱀에 뿔이 있는가요? 이 세상에 뿔 달린 뱀은 없습니다. 그런데 성경에는 있습니다.

계12:1 하늘에 큰 이적이 보이니 해를 옷 입은 한 여자가 있는데 그 발 아래에는 달이 있고 그 머리에는 열두 별의 관을 썼더라
계12:2 이 여자가 아이를 배어 해산하게 되매 아파서 애를 쓰며 부르짖더라
계12:3 하늘에 또 다른 이적이 보이니 보라 한 큰 붉은 용이 있어 머리가 일곱이요 뿔이 열이라 그 여러 머리에 일곱 왕관이 있는데
계12:4 그 꼬리가 하늘의 별 삼분의 일을 끌어다가 땅에 던지더라 용이 해산하려는 여자 앞에서 그가 해산하면 그 아이를 삼키고자 하더니

계12:1 말씀에 나오는 '해를 옷 입은 한 여자'는 '이스라엘'을 상징하고 이 여자가 해산하려는 아이는 '예수 그리스도'를 상징합니다. 그런데 이스라엘이 예수 그리스도를 해산하려고 하자 '한 큰 붉은 용'이 그 아이를 삼키려고 하였습니다. 이 말씀은, 예수 그리스도가 태어났을 때 마귀가 예수 그리스도를 죽이려고 헤롯을 통하여 두 살 이하의 모든 아기들을 죽인 사건을 말하고 있습니다.

마2:16 이에 헤롯이 박사들에게 속은 줄 알고 심히 노하여 사람을 보내어 베들레헴과 그 모든 지경 안에 있는 사내아이를 박사들에게 자세히 알아본 그 때를 기준하여 두 살부터 그 아래로 다 죽이니

헤롯이 예수 그리스도를 죽이려고 한 것은 헤롯 자신이 한 것이 아니라 '큰 붉은 용'마귀가 헤롯으로 하여금 그렇게 하도록 한 것입니다. 그런데 이 '큰 붉은 용'은 '머리가 일곱이요 뿔이 열이다'고 말하고 있습니다.

계12:3 하늘에 또 다른 이적이 보이니 보라 한 큰 붉은 용이 있어 머리가 일곱이요 뿔이 열이라 그 여러 머리에 일곱 왕관이 있는데

그런데 '큰 용'은 곧 '뱀'이며, '마귀'요 '사탄'입니다.

계12:9 큰 용이 내쫓기니 옛 뱀 곧 마귀라고도 하고 사탄이라고도 하며 온 천하를 꾀는 자라 그가 땅으로 내쫓기니 그의 사자들도 그와 함께 내쫓기니라

그러므로 '뱀' = '큰 용' = '머리가 일곱이요 뿔이 열인 용' = '뿔 달린 뱀' = '셰피폰'입니다.

그런데 '뿔 달린 뱀'인 '큰 붉은 용'이 하는 일은 첫째로 예수 그리스도가 태어나지 못하게 하려는 것이었고, 둘째로는 대환난 때 해를 옷 입은 한 여자(이스라엘)를 핍박하는 것입니다. '큰 붉은 용'이 여자(이스라엘)를 핍박하자 이스라엘이 광야로 도망가게 됩니다.

계12:6 그 여자가 광야로 도망하매 거기서 천이백육십 일 동안 그를 양육하기 위하여 하나님께서 예비하신 곳이 있더라

단 지파가 '샛길의 독사'라는 야곱의 예언은 '뿔 달린 뱀 마귀', 즉 '큰 붉은 용'이 단 지파에 들어가서 이스라엘을 대적하고 핍박한다는 말씀입니다. 야곱은 창49:16 말씀을 통하여 이 사실을 예언하고 있습니다.

창49:16 단은 이스라엘의 한 지파 같이 그의 백성을 심판하리로다

위의 말씀에서 '심판하리로다'의 히브리어는 '딘(1777)'인데 '심판하다'는 의미도 있지만 '다투다'는 의미도 있습니다. 그러므로 '단은 이스라엘의 한 지파로서 그의 백성과 다투리로다' 즉, '단 지파가 이스라엘의 다른 지파들을 핍박하게 될 것이다'는 의미가 됩니다.

이처럼 '단'이 '사단'을 상징하는 '뱀'에 비유되고, '뿔 달린 뱀'인 '용'에 비유되며, 이스라엘을 핍박하게 될 것이라는 야곱의 예언을 근거로 하여 초대교회 교부들은 마지막 때 나타나는 '적그리스도'가 아마도 '단' 지파에서 나올 것으로 믿었습니다. 초대 교회 교부들이 '적그리스도'가 '단' 지파에서 나올 것으로 믿는 또 다른 근거 중 하나는, 여섯 째 인이 떼어진 후에 '하나님의 인'을 받은 이스라엘의 12지파 가운데 '단 지파'가 없기 때문입니다.

계7:1 이 일 후에 내가 네 천사가 땅 네 모퉁이에 선 것을 보니 땅의 사방의 바람을 붙잡아 바람으로 하여금 땅에나 바다에나 각종 나무에 불지 못하게 하더라

계7:2 또 보매 다른 천사가 살아 계신 하나님의 인을 가지고 해 돋는 데로부터 올라와서 땅과 바다를 해롭게 할 권세를 받은 네 천사를 향하여 큰 소리로 외쳐

계7:3 이르되 우리가 우리 하나님의 종들의 이마에 인치기까지 땅이나 바다
　　　나 나무들을 해하지 말라 하더라

계7:4 내가 인침을 받은 자의 수를 들으니 이스라엘 자손의 각 지파 중에서
　　　인침을 받은 자들이 십사만 사천이니

계7:5 유다 지파 중에 인침을 받은 자가 일만 이천이요 르우벤 지파 중에 일
　　　만 이천이요 갓 지파 중에 일만 이천이요

계7:6 아셀 지파 중에 일만 이천이요 납달리 지파 중에 일만 이천이요 므낫세
　　　지파 중에 일만 이천이요

계7:7 시므온 지파 중에 일만 이천이요 레위 지파 중에 일만 이천이요 잇사갈
　　　지파 중에 일만 이천이요

계7:8 스불론 지파 중에 일만 이천이요 요셉 지파 중에 일만 이천이요 베냐민
　　　지파 중에 인침을 받은 자가 일만 이천이라

'하나님의 인'을 받는 이스라엘의 지파들의 이름과 숫자가 열거되
는데 '단' 지파가 빠진 것을 볼 때 '적그리스도'가 아마도 '단' 지파에
서 나올 것으로 추측합니다.[5]

3) '단'은 말굽을 물어서 그 탄 자를 뒤로 떨어지게 하리로다

창49:17 단은 길섶의 뱀이요 샛길의 독사로다 말굽을 물어서 그 탄 자를 뒤
로 떨어지게 하리로다

단에 대한 야곱의 셋째 예언은 '단이 말굽을 물어서 그 탄 자를 뒤
로 떨어지게 하리로다'라는 것입니다. 이 말씀에서 '말 탄 자'는 누구
를 의미할까요? 요한계시록 6장에 보면 말을 탄 자들에 대한 말씀이
여러 번 나옵니다.

---

5) 성경은 '단 지파에서 적그리스도가 나온다'고 확정적으로 말하고 있지 않기 때문에 '추
　측'일 따름입니다.

계6:1 내가 보매 어린 양이 일곱 인 중의 하나를 떼시는데 그 때에 내가 들으니 네 생물 중의 하나가 우렛소리 같이 말하되 오라 하기로

계6:2 이에 내가 보니 흰 말이 있는데 그 탄 자가 활을 가졌고 면류관을 받고 나아가서 이기고 또 이기려고 하더라

계6:3 둘째 인을 떼실 때에 내가 들으니 둘째 생물이 말하되 오라 하니

계6:4 이에 다른 붉은 말이 나오더라 그 탄 자가 허락을 받아 땅에서 화평을 제하여 버리며 서로 죽이게 하고 또 큰 칼을 받았더라

계6:5 셋째 인을 떼실 때에 내가 들으니 셋째 생물이 말하되 오라 하기로 내가 보니 검은 말이 나오는데 그 탄 자가 손에 저울을 가졌더라

계6:6 내가 네 생물 사이로부터 나는 듯한 음성을 들으니 이르되 한 데나리온에 밀 한 되요 한 데나리온에 보리 석 되로다 또 감람유와 포도주는 해치지 말라 하더라

계6:7 넷째 인을 떼실 때에 내가 넷째 생물의 음성을 들으니 말하되 오라 하기로

계6:8 내가 보매 청황색 말이 나오는데 그 탄 자의 이름은 사망이니 음부가 그 뒤를 따르더라 그들이 땅 사분의 일의 권세를 얻어 검과 흉년과 사망과 땅의 짐승들로써 죽이더라

어린 양이 첫째 인을 떼었을 때 '흰 말과 탄 자'가 나왔으며, 둘째 인을 떼었을 때는 '붉은 말과 탄 자'가 나왔고, 셋째 인을 떼었을 때 '검은 말과 탄 자'가 나왔고, 넷째 인을 떼었을 때 '청황색 말과 탄 자'가 나왔습니다. 여기에서 '말 탄 자들'은 모두 하나님의 명령을 받아서 일하는 천사들입니다. 그런데 창49:17 말씀에서는 '말 탄 자'가, 복수가 아닌, 단수로 표현된 것을 볼 때 천사들을 의미하는 것은 아님을 알 수 있습니다. 그런데 계19:11-13 말씀을 보면 또 '말 탄 자'가 나옵니다.

계19:11 또 내가 하늘이 열린 것을 보니 보라 '백마와 그것을 탄 자'가 있으니
　　그 이름은 충신과 진실이라 그가 공의로 심판하며 싸우더라
계19:12 그 눈은 불꽃 같고 그 머리에는 많은 관들이 있고 또 이름 쓴 것 하나
　　가 있으니 자기밖에 아는 자가 없고
계19:13 또 그가 피 뿌린 옷을 입었는데 그 이름은 하나님의 말씀이라 칭하
　　더라

　위의 말씀에서 말하는 '백마 탄 자'는 누구를 의미할까요? 호크마
주석에서는,

　"'백마와 탄 자'는, 첫째 인을 뗄 때 나타난 말과 기수를 가리키는 것
이 아니라(6:1-2), '그리스도'를 가리킨다(Ladd, Johnson, Mounce).
왜냐하면 이어서 언급되는 그의 이름들과 모습은 본서 내에서 계속
적으로 그리스도를 나타내기 때문이다(Morris)"[6]라고 말하며 '백마
탄 자'를 '예수 그리스도'라고 말하고 있습니다. 그러므로 창49:17에
서 말하는 '말 탄 자'는 '예수 그리스도'를 의미한다고 할 수 있습니다.
　그런데 '단'은 '예수 그리스도께서 타신 말의 말굽을 물어서 예수
그리스도가 뒤로 떨어지게 할 것이다'고 예언하고 있습니다. 이 말씀
에서 말굽의 '굽'은 히브리어 원어로 '아케브'인데, 이 히브리 원어 '아
케브'가 창세기 3:15에도 나옵니다.

　창3:15 내가 너로 여자와 원수가 되게 하고 네 후손도 여자의 후손과 원수가
　　되게 하리니 여자의 후손은 네 머리를 상하게 할 것이요 너는 그의 '발
　　꿈치'를 상하게 할 것이니라 하시고

---

6) 강병도, 「호크마 종합주석10(요한일서-요한계시록)」, 기독지혜사, 1993

창3:15 말씀은 마귀의 상징인 '뱀'에게 하신 저주인데, 이 말씀은 '원시 복음'이라고 불리는 말씀으로서, '여자의 후손'은 '마리아를 통하여 성령으로 잉태되실 예수 그리스도'를 상징하고, '너는 그의 발꿈치를 상하게 할 것이니라'는 말씀은 '마귀가 예수님을 십자가에 못 박아 죽게 하실 것이다'라는 의미이며, '여자의 후손이 네 머리를 상하게 할 것이다'라는 말씀은 '예수 그리스도께서 부활하셔서 뱀(마귀)의 권세를 깨뜨리실 것'을 의미하는 말씀입니다.

다시 말하면 '그의 발꿈치를 상하게 할 것' = '약간의 상처' = '십자가에서 죽게 함'을 의미하며, '네 머리를 상하게 할 것' = '치명적인 상처' = '마귀의 권세를 깨뜨림'이라고 말할 수 있습니다.

그런데 '뱀(사탄)'이 예수 그리스도의 발꿈치를 (물어서) 상하게 한다'는 말씀의 '발꿈치'라는 단어의 히브리어가 바로 창49:17 말씀에 나오는 '굽'이라는 히브리 원어와 같은 '아케브'입니다.

그러므로 '뱀(사탄)'이 예수 그리스도의 발꿈치(아케브)를 (상하게 하듯이 샛길의 뱀인 '단'이 말의 굽(아케브)을 물 것이고, 뱀에게 물린 말이 깜짝 놀라서 앞발을 들자 그 '말을 탄 자(예수 그리스도)가 말에서 떨어져 상하게 될 것이다'라는 야곱의 예언입니다.

하나님께서 창3:15에서 말씀하신 예언이 약 2천여 년 후 야곱이 '단'에게 한 예언을 통하여 또 반복되는 것을 보게 됩니다.

4) 여호와여 나는 '예슈아'를 기다리나이다

창49:18 여호와여 나는 '예슈아'를 기다리나이다

이 세상의 임금이 된 마귀는 '단'지파를 통해서 이스라엘이 우상숭배를 하도록 미혹하였으며, 마지막 때에는 온 세상을 다스리는 '적그리스도'를 통하여 이스라엘을 핍박하는 도구가 되도록 하려는 때 이들을 구원할 수 있는 분은 오직 '메시야이신 예수', 즉 '예슈아'밖에 없으므로 "여호와여 나는 '예슈아'를 기다리나이다"라고 고백을 하는 것입니다.

'예슈아(יֵשׁוּעַ)'라는 단어가 앞에서 말씀드린 대로 '요드(י), 쉰(שׁ), 봐브(וּ), 아인(עַ)'이라는 히브리어 알파벳으로 구성되어 있고, '요드(י)'='손', '쉰(שׁ)'='전능자', '봐브(וּ)'='못', '아인(עַ)'='보라'라는 의미이므로 이 단어들의 의미를 모두 합하면, '전능자의 손에 박힌 못을 보라. 그분이 구원자이시다'라는 의미가 되어 '십자가에 달리셔서 손에 못 박히신 예수님이 우리의 구원자(메시야)이시다'라는 말이 되는 것입니다. 할렐루야!

5) 우리의 죄의 짐을 지신 '예슈아'

시68:19에서 구원의 하나님께서는 '매일 우리의 짐을 지시는 분'이라고 말하고 있습니다.

> **시68:19 날마다 우리 짐을 지시는 주 곧 우리의 구원이신 하나님을 찬송할지로다 (셀라)**

그런데 우리가 지고 있는 짐은 무슨 짐일까요?

찬송가 369장 1절을 보면 우리가 지고 있는 짐은 '죄의 짐'이요, 여러 가지 '근심 걱정의 짐'이라고 말하고 있습니다.

1. 죄짐 맡은 우리 구주 어찌 좋은 친군지 걱정 근심 무거운 짐 우리 주께 맡기세
주께 고함 없는 고로 복을 받지 못하네 사람들이 어찌하여 아뢸 줄을 모를까

위 말씀에서 '구원이신'의 히브리어는 '예슈아'입니다. 그러므로 시 68:19을 '날마다 우리 죄의 짐을 지시는 주 곧 우리의 예슈아 하나님을 찬송할지로다'라고 말할 수 있습니다.

그런데 예수님께서는 수고하고 무거운 짐 진 자들을 오라고 하셨습니다.

마11:28 수고하고 무거운 짐 진 자들아 다 내게로 오라 내가 너희를 쉬게 하리라

그러므로 구약에 계시된 구원자(메시야)의 이름이 '예슈아'이며, 예수님께서 구약 성경에서 예언한 메시야(구원자)이심을 알 수 있습니다.

4. 성경에서 '손'의 의미

성경에서 '손'은 '인간의 행위'를 상징합니다. 시24:3-4에서는 여호와의 산에 올라가서 거룩하신 하나님을 만날 수 있는 사람은 '손이 깨끗한 사람'이라고 말합니다.

시24:3-4 여호와의 산에 오를 자 누구며 그 거룩한 곳에 설 자가 누군고 4곧 <u>손이 깨끗하며</u> 마음이 청결하며 뜻을 허탄한 데 두지 아니하며 거짓 맹세치 아니하는 자로다

시24:4에서 말하는 '손'은, '육체적인 손'을 의미하는 것이 아니라, 영적으로 '인간의 행위'를 상징합니다. 거룩하신 하나님을 만나기 위한 조건은 '손'이 깨끗한 사람, 즉 '행위'가 깨끗한 사람, 다시 말하면 하나님께서 주신 '계명을 범하지 않은 사람이어야 한다'라고 말하고 있습니다. 그래서 하나님께서 주신 계명을 범하지 않은 사람은 손이 깨끗한 사람이며, 하나님께서 주신 계명을 범함으로써 죄를 지은 사람은 손이 더러워진 사람입니다.

인류 최초로 죄를 지은 사람은 하와입니다. 그런데 하와가 죄를 지을 때 자신의 '손'을 사용하였습니다. 자신의 '손'으로 선악을 알게 하는 나무의 실과(이후부터는 편의상 '선악과'라고 칭함)를 따서 먹었으며, 아담을 죄짓게 할 때도 선악과를 자신의 '손'으로 아담에게 주었습니다. 하와가 죄를 짓기 전에는 '손'이 깨끗하였었지만, '손'이 죄를 짓는 도구로 쓰임 받았기 때문에 '손'이 더러워지게 된 것입니다. 그래서 '손이 깨끗하다'는 말은 '하나님과 사람들에게 죄를 짓지 않은 상태'를 의미하며, '손이 더러워졌다'는 것은 '하나님과 사람들에게 죄를 지은 상태'를 의미합니다.

또한 가인이 아벨을 죽이는 죄를 지을 때에도 자신의 '손'을 사용하여 손으로 '때려서' 죽였습니다.

창4:8 가인이 그의 아우 아벨에게 말하고 그들이 들에 있을 때에 가인이 그의 아우 아벨을 쳐죽이니라

이처럼 사람들이 죄를 지을 때에 사용하는 것이 '손'이기 때문에 '손'은 '인간의 행동'을 상징하며, '손이 깨끗하다'라는 말은 '죄를 짓지 않았음'을 의미하고, '손이 더럽다'라는 말은 '죄를 지었다는 것'을 말합니다.

예를 들어 어떤 사람이 다른 사람들과 같이 남의 집에 가서 도둑질 하다가 잡혀서 교도소에 갔습니다. 교도소에 간 그 사람은 자신의 죄를 철저히 뉘우치고 회개하고 다시는 도둑질을 하지 않기로 결단했습니다. 그 사람이 만기가 되어서 출소하자 같이 도둑질했던 동료들이 그를 마중나왔습니다. 그리고 그 사람에게 "크게 한 건 하자"고 말하자 그는 이렇게 말합니다.

"나 손 씻었어."

이 말은 과거에 도둑질함으로써 더러워진 손을 회개함으로써 손을 깨끗이 씻었으며, '도둑질하는 죄에서 떠났다'라는 의미입니다. 과거에 도박했던 사람이 "나 손 씻었어"라고 말한다면, '도박이라는 죄에서 떠났다'라는 의미이며, 소매치기를 했던 사람이 "나 손 씻었어"라고 말한다면, '과거의 소매치기라는 죄에서 떠났다'라는 의미입니다.

이런 의미로 빌라도가 사람들이 보는 앞에서 손을 씻은 것입니다.

마27:24 빌라도가 아무 효험도 없이 도리어 민란이 나려는 것을 보고 물을 가 져다가 무리 앞에서 손을 씻으며 가로되 이 사람의 피에 대하여 나 는 무죄하니 너희가 당하라

그는 물을 가져다가 무리 앞에서 손을 씻으면서 "나는 손이 깨끗하다", 즉 자신은 '무죄한 예수님을 죽이는 죄와 아무 상관 없다'는 의미로 손을 씻은 것입니다. 물론 빌라도가 그렇게 한다고 해서 빌라도의 죄가 씻어지는 것은 아니지만 자신은 그런 의미로 사람들 앞에서 손을 씻은 것입니다.

그래서 사59:3에서는 '모든 사람의 손이 더러워졌다'라고 말합니다.

사59:3 이는 너희 손이 피에, 너희 손가락이 죄악에 더러워졌으며 너희 입술은 거짓을 말하며 너희 혀는 악독을 냄이라

5. 예수님의 손에서 흘리신 보혈의 능력

히9:22 말씀에서 '피는 정결하게 하는 능력이 있다'고 말합니다.

히9:22 율법을 따라 거의 모든 물건이 피로써 정결하게 되나니 피흘림이 없은즉 사함이 없느니라

예수님께서는 채찍에 맞으셨을 때 피를 흘리셨고, 두 손이 십자가에 못 박히셨을 때 손에서 피를 흘리셨고, 가시 면류관을 쓰셨을 때 머리에서 피를 흘리셨고, 두 발이 십자가에 못 박히셨을 때 발에서 피흘리셨고, 군병이 창으로 찔렀을 때 옆구리에서 피를 흘리셨는데, 예수님이 십자가에 못 박히셨을 때 '손'에서 흘리신 피는, 죄를 지음으로써 손(인간의 행위)이 깨끗하지 않은, 인간의 죄를 씻어서 정결하게 하시기 위해서 흘리신 피입니다.

다시 말씀드리면 예수님의 '손'에서 흘리신 피는 우리를 구원하시는 능력이 있으며(엡1:7), 죄를 지음으로써 더러워진 우리를 모든 죄에서 깨끗하게 하시는(요일1:7) 능력이 있습니다. 할렐루야!

1) 예수님의 피는 죄 사함의 능력이 있습니다.

엡1:7 우리가 그리스도 안에서 그의 은혜의 풍성함을 따라 그의 피로 말미암아 구속 곧 죄 사함을 받았으니

과학기술처 장관을 두 번이나 역임했던 정** 박사님의 아버님은 오랜 시간 동안 초등학교 교감 생활을 하신 뒤 어느 초등학교 교장이 되셨습니다. 그런데 어느 날 학생 한 명이 청소 시간에 유리창을 닦다가 그만 실족하여 죽는 사건이 발생하였습니다. 교장으로서 책임을 느낀 정** 박사의 아버님은 그 아이의 부모를 찾아가 자신이 잘못하여 그랬노라고 아주 깊은 사죄를 하였습니다. 그런데 그 후부터 그분은 '내가 조금만 주의했더라면 사고가 나지 않았을 텐데…'라고 하시면서 큰 죄책감 가운데 자신을 자책하셨고, 괴로움으로 인해 술을 마시기 시작하였습니다. 그렇게 하루하루를 보내시던 그분은 죄책감으로 인해 마음의 병을 얻으셨고, 폭주로 인하여 몸의 건강도 잃어버리게 되었고, 남은 일생을 고통 가운데 사시다가 결국 돌아가셨습니다. 만약에 그분이 예수 그리스도를 믿었더라면 죄 사함을 받아서 그렇게 죄책감 가운데 살지 않아도 되고, 폭주로 인해 건강을 잃지도 않았을 텐데 참으로 안타까운 일이었습니다.

오늘날에도 수많은 사람들이 죄로 인한 죄책감 가운데에서 자신을 정죄하고, 그 괴로움을 이기지 못해서 술을 마시며 고통 가운데 있으며, 심지어 양심의 가책을 받아서 자신의 생명을 해치는 사람들도 있습니다.

예수 그리스도께서 우리의 모든 죄를 사하시기 위하여 '손'에서 피를 흘리셨으므로, 예수님을 믿음으로 '죄 사함'을 받고, 더 나아가 '죄책감'에서 해방되어서 하나님께서 주시는 평안함 가운데 살아야 합니다.

2) 예수님의 피는 모든 죄를 씻어 정결하게 하는 능력이 있습니다.

요일1:7 그가 빛 가운데 계신 것 같이 우리도 빛 가운데 행하면 우리가 서로 사귐이 있고 그 아들 <u>예수의 피가 우리를 모든 죄에서 깨끗하게 하실 것</u>이요

예수님을 마음에 영접하여 하나님의 자녀가 되었다고 해서 죄를 안 짓고 사는 것은 아닙니다. 우리는 이 세상 임금인 마귀가 다스리고 있는 세상에서 여전히 살고 있는 '연약한' 존재이므로 언제든지 죄를 지을 수 있습니다. 물론 죄를 지었다고 해서 당장 구원이 무효 되는 것은 아니지만, 계속해서 죄 가운데 있게 되면 마음은 더러워지고, 양심은 죄책감으로 인해서 하나님 앞에 나아가지 못하게 되어 하나님과의 교제는 끊어지게 되고, 나중에는 데마와 같이 다시 세상으로 돌아가서(딤후4:10) 구원을 잃어버릴 수도 있기 때문에, 마음을 정결하게 하는 것은 대단히 중요하며, 죄를 지었을 때에는 반드시 죄에 대한 '자백', 더 나아가 죄의 뿌리를 뽑고 죄에서 완전히 돌이키는 '회개'가 대단히 중요합니다. (신학적으로 '회개'란 죄와 세상을 향하여 가던 사람이 가던 길을 돌이켜 하나님과 의의 길로 가는 것으로서 '회개'란 일생에 한 번 있는 것을 의미하지만, 신앙적인 측면에서 '자백'-은 죄를 지었음을 고백하는 것을 의미하고, '회개란 고백한 죄를 뿌리 뽑아 그 죄를 반복하지 않는 것을 의미합니다.)

요일1:9 만일 우리가 우리 죄를 자백하면 저는 미쁘시고 의로우사 우리 죄를 사하시며 모든 불의에서 우리를 깨끗게 하실 것이요
요일 1:7 … 그 아들 '예수의 피가 우리를 모든 죄에서 깨끗하게 하실 것'이요

그래서 찬송가 252장에서는 '우리들의 죄를 씻는 것은 예수님의 피밖에 없다'고 말하고 있습니다.

1. 나의 죄를 씻기는 예수의 피밖에 없네 다시 정케 하기도 예수의 피밖에 없네
2. 나를 정케 하기는 예수의 피밖에 없네 사죄하는 증거도 예수의 피밖에 없네
3. 나의 죄 속하기는 예수의 피밖에 업네 나는 공로 없으니 예수의 피밖에 없네
   (후렴) 예수의 흘린 피 날 희게 하오니 귀하고 귀하다 예수의 피밖에 없네

어린 자녀들이 밖에서 놀다가 더러워지면 엄마들은 자기 손으로 자녀들의 더러워진 몸을 깨끗이 씻어줍니다. 마찬가지로 이 세상에 살면서 죄로 인해 더러워졌을 때 예수님께서는 당신의 '손'에서 흘리신 보혈로 우리들의 더러운 죄를 깨끗하게 씻어주시고 정결하게 해 주십니다.
그러므로 예수님의 '손'에서 흘리신 피는 모든 죄를 씻어주는 능력의 피입니다.

3) 예수님의 '손'에서 흘리신 보혈에서 '죄 사함'의 복음이 나왔습니다.

이 땅에 구원자로 오신 예수님께서 '손'에서 피를 흘리신 이유는 우리들의 더러운 '손'을 씻어주시기 위함입니다. '손'은 영적으로 '인간의 행위'를 상징하므로, 예수님의 '손'에서 흘린 피는 우리들의 모든 '죄'를 씻기 위한 피입니다. 예수님께서는 죄로 인해서 더러워진 우리들을 당신의 '손'에서 흘린 피로 '죄' 씻어주시는 것입니다.

그러므로 예수님의 '손'에서 흘리신 보혈에서 '죄 사함'의 복음이 나왔습니다. 예수님께서는 당신의 거룩하신 '손'에서 흘리신 피로 우리의 죄를 사해주시고 우리를 정결하게 해주십니다. 예수님을 믿기만 하면 이 세상에서 용서받지 못할 죄는 아무것도 없습니다. 왜냐하면 예수님의 피가 모든 죄를 속하기(용서하기) 때문입니다.

> 레17:11 육체의 생명은 피에 있음이라 내가 이 피를 너희에게 주어 단에 뿌려 너희의 생명을 위하여 속하게 하였나니 생명이 피에 있으므로 피가 죄를 속하느니라

> 히9:22 율법을 좇아 거의 모든 물건이 피로써 정결케 되나니 피흘림이 없은즉 사함이 없느니라

그러므로 누구든지 예수님을 구주로 영접하면 모든 죄를 사함 받게 됩니다. 죄 사함을 받아 하나님의 자녀 된 성도들이 죄를 정직하게 '자백'하면 모든 죄를 용서해주시고 마음을 정결하게 씻어주십니다. 나의 죄를 사하는 것은 예수님의 피밖에 없습니다. 나의 죄를 씻

는 것도 예수님의 피밖에 없습니다. 예수님께서 십자가에 못 박히셨을 때 두 손에서 흘리신 피가 모든 죄를 사하고, 모든 죄를 씻어주므로 죄에 대한 '심판'이 없습니다.

> **요5:24** 내가 진실로 진실로 너희에게 이르노니 내 말을 듣고 또 나 보내신 이를 믿는 자는 영생을 얻었고 <u>심판에 이르지 아니하나니</u> 사망에서 생명으로 옮겼느니라

저는 Lena S. Lawrence가 작곡한 〈심판이 나에겐 없네〉라는 곡을 좋아하는데, 그 곡의 가사는 다음과 같습니다.

심판이 나에겐 없네. 주의 피는 내 죄 가리네
예수님 날 위해 돌아가셨으니 심판에 나에겐 없네.

God's judgment can not fall on me.
I am sheltered by the blood, you see;
Jesus died on the tree, and His blood covers me,
God's judgment can not fall on me.

이 가사를 좀 더 풀어서 말하면 다음과 같습니다.
예수님께서 십자가에서 죽으셨으므로,
예수님의 피는 내 죄를 가리고,
예수님의 피가 나를 보호하므로,
하나님의 심판이 나에겐 결코 없습니다.

모든 사람이 죄를 범하였으므로(롬3:23), 이 세상에서 죽은 후에는 지은 죄에 대하여 하나님께 심판받아(히9:27) 불과 유황이 타는 못에 던져져서 영원한 고통 가운데 있어야 하지만(계21:8), 예수님을 구주로 영접한 성도들(요1:12)은 예수님께서 흘리신 보혈로 말미암아 죄 사함을 받았으므로 심판에 이르지 않는 것입니다(요5:24). 할렐루야!

귀한 보혈을 흘려 주셔서 우리의 모든 죄를 사하시고, 우리를 심판의 저주에서 속량(구원)하신 주님을 찬양합니다. 할렐루야!

6. 철저히 회개하여 예수님의 피로 정결함을 받아야 하는 이유

1) 철저히 회개하여 정결하게 된 성도들만 하나님의 나라를 유업으로 받기 때문입니다

(정결하지 않은 성도들은 하나님의 나라를 유업으로 받지 못합니다)

고전6:9-10을 보면 다음과 같은 죄들을 끊지 않은 '불의한 성도들은 하나님의 나라를 유업으로 받지 못한다'고 말하고 있습니다.

고전6:9 불의한 자가 하나님의 나라를 유업으로 받지 못할 줄을 알지 못하느냐 미혹을 받지 말라 음행하는 자나 우상 숭배하는 자나 간음하는 자나 탐색하는 자나 남색하는 자나
고전6:10 도적이나 탐욕을 부리는 자나 술 취하는 자나 모욕하는 자나 속여 빼앗는 자들은 하나님의 나라를 유업으로 받지 못하리라

고전6:9 사악한 자는 하나님의 나라를 차지하지 못하리라는 것을

모르십니까? 잘못 생각하면 안 됩니다. 음란한 자나 우상을 숭배하는 자나 간음하는 자나 여색을 탐하는 자나 남색하는 자나

　고전6:10 도둑질하는 자나 탐욕을 부리는 자나 술주정꾼이나 비방하는 자나 약탈하는 자들은 하나님의 나라를 차지하지 못합니다.(공동 번역)

　고전6:9에서 말하는 '불의한 자'는 예수님을 믿지 않는 불신자들을 말하는 것이 아닙니다. 고린도전서는 고린도에 있는 교회의 성도들에게 쓴 서신입니다(고전1:2). 예수님을 믿지 않는 모든 사람들이 '불의한 자'인 것은 분명합니다만, 고전6:9에서 말하는 '불의한 자'는 고린도 교회에 소속된 성도들 가운데서 '음행', '우상숭배', '간음', '탐색', '남색', '도적질', '탐욕', '술 취함', '남을 모욕', '사기' 등의 죄 가운데 거하는 사람들을 말합니다.

　음행, 간음, 탐색, 남색 등은 모두 '성'적인 죄들로서 포르노를 보는 것, 불륜, 이성을 탐하는 것, 동성애 등을 포함하고 있으며, 우상숭배, 도둑질, 술 취함, 탐심, 남을 비방하는 죄들을 철저히 회개하여 예수님의 피로 정결함을 받지 않으면 '하나님의 나라를 유업으로 받을 수 없다'는 말입니다.

　'하나님의 나라를 유업으로 받지 못한다'는 말은 '이긴 자'들만 들어갈 수 있는 '거룩한 새 예루살렘 성' 안에 들어가지 못한다는 의미입니다.

　왜냐하면 고전6:9의 '유업으로 받다'라는 말씀의 헬라어 원어는 '클레로노메오'로서 '상속 받다'라는 의미인데, 이 단어가 계21:7에서 '상속으로 받으리라'라는 말씀으로 사용되었습니다.

계21:7 이기는 자는 이것들을 <u>상속으로 받으리라</u>('클레로노메오') 나는 그의 하나님이 되고 그는 내 아들이 되리라

계21:7에서 말하는 '이것들'이란 계21:1-6까지 나와 있는 말씀을 의미합니다.

계21:1 또 내가 새 하늘과 새 땅을 보니 처음 하늘과 처음 땅이 없어졌고 바다도 다시 있지 않더라

계21:2 또 내가 보매 거룩한 성 새 예루살렘이 하나님께로부터 하늘에서 내려오니 그 준비한 것이 신부가 남편을 위하여 단장한 것 같더라

계21:3 내가 들으니 보좌에서 큰 음성이 나서 이르되 보라 하나님의 장막이 사람들과 함께 있으매 하나님이 그들과 함께 계시리니 그들은 하나님의 백성이 되고 하나님은 친히 그들과 함께 계셔서

계21:4 모든 눈물을 그 눈에서 닦아 주시니 다시는 사망이 없고 애통하는 것이나 곡하는 것이나 아픈 것이 다시 있지 아니하리니 처음 것들이 다 지나갔음이러라

계21:5 보좌에 앉으신 이가 이르시되 보라 내가 만물을 새롭게 하노라 하시고 또 이르시되 이 말은 신실하고 참되니 기록하라 하시고

계21:6 또 내게 말씀하시되 이루었도다 나는 알파와 오메가요 처음과 마지막이라 내가 생명수 샘물을 목마른 자에게 값없이 주리니

계21:1-6의 말씀은 '새 하늘과 새 땅(=영원 천국)'에 있는 '새 예루살렘 성'에 대한 설명인데, 이 성은 그리스도의 신부 된 성도들이 거하는 곳(계21:2)인데 이긴 자들(계21:7)만 들어갈 수 있다고 말합니다. 음행, 간음, 탐색, 남색 등의 '성'적인 죄들, 우상숭배, 도둑질, 술 취함, 탐심, 남을 비방하는 죄 가운데 거하는 성도들은 결코 '이긴 자'

들이 될 수 없습니다. 이런 죄들을 철저히 회개하고 예수님의 보혈로 정결함을 받은 성도들만이 '이긴 자'가 될 수 있습니다.

예수 그리스도께서 사도 요한을 통하여 아시아의 일곱 교회들에게 주신 말씀들을 보면, '이긴 자'에게 주시는 축복들에 관하여 말씀하면서, 모두 이긴 자가 되어야 한다는 말씀입니다.

계 2:7 … 이기는 그에게는 내가 하나님의 낙원에 있는 생명나무의 열매를 주어 먹게 하리라

계 2:11 … 이기는 자는 둘째 사망의 해를 받지 아니하리라

계 2:17 … 이기는 그에게는 내가 감추었던 만나를 주고 또 흰 돌을 줄 터인데 그 돌 위에 새 이름을 기록한 것이 있나니 받는 자 밖에는 그 이름을 알 사람이 없느니라

계 2:26 이기는 자와 끝까지 내 일을 지키는 그에게 만국을 다스리는 권세를 주리니

계 3:5 이기는 자는 이와 같이 흰 옷을 입을 것이요 내가 그 이름을 생명책에서 결코 지우지 아니하고 그 이름을 내 아버지 앞과 그의 천사들 앞에서 시인하리라

계 3:12 이기는 자는 내 하나님 성전에 기둥이 되게 하리니 그가 결코 다시 나가지 아니하리라 내가 하나님의 이름과 하나님의 성 곧 하늘에서 내 하나님께로부터 내려오는 새 예루살렘의 이름과 나의 새 이름을 그이 위에 기록하리라

계 3:21 이기는 그에게는 내가 내 보좌에 함께 앉게 하여 주기를 내가 이기고 아버지 보좌에 함께 앉은 것과 같이 하리라

그러므로 '이긴 자'가 되어서 '새 예루살렘 성' 안에 들어가 '하나님의 나라를 상속'받으려면 '음란/우상 숭배/간음/여색을 탐하는 것/

동성연애/도둑질/탐욕/남을 비방하는' 죄 등을 철저히 회개하고 예수님의 보혈로 정결함을 받아야 합니다.

2) 철저히 회개하여 정결하게 된 성도들만 '새 예루살렘 성' 안에 들어갈 수 있기 때문입니다.

  (정결하지 않은 성도들은 '성 안'에 들어갈 수 없습니다)

계22:14-15을 보면 두 종류의 성도들이 있습니다.

계22:14 자기 두루마기를 빠는 자들은 복이 있으니 이는 그들이 생명나무에 나아가며 문들을 통하여 성에 들어갈 권세를 받으려 함이로다

계22:15 개들과 점술가들과 음행하는 자들과 살인자들과 우상 숭배자들과 및 거짓말을 좋아하며 지어내는 자는 다 성 밖에 있으리라

① '성 안'에 들어갈 권세를 받은 성도들
② '성 안'에 들어가지 못하고 '성 밖'에 거하는 성도들
  계22:15에서 말하는 '성 밖'을 대부분의 사람들은 '지옥'이라고 말을 하는데, '성 밖'은 지옥이 아닙니다.
  '성 밖'이 지옥이 아닌 이유는,
  첫째, 성경에서 지옥을 말할 때는 항상 공통적으로 사용하는 단어가 있는데 그것은 '불'입니다.
  다음 성경 구절들을 보면 예수님께서 지옥에 대하여 말씀하실 때 '지옥 = 불'이라고 하셨음을 알 수 있습니다.

마5:22 나는 너희에게 이르노니 형제에게 노하는 자마다 심판을 받게 되고 형제를 대하여 라가라 하는 자는 공회에 잡혀가게 되고 미련한 놈이라 하는 자는 지옥 불에 들어가게 되리라

마18:8 만일 네 손이나 네 발이 너를 범죄하게 하거든 찍어 내버리라 장애인이나 다리 저는 자로 영생에 들어가는 것이 두 손과 두 발을 가지고 영원한 불에 던져지는 것보다 나으니라

마 18:9 만일 네 눈이 너를 범죄하게 하거든 빼어 내버리라 한 눈으로 영생에 들어가는 것이 두 눈을 가지고 지옥 불에 던져지는 것보다 나으니라

야고보서에서도 지옥에 대하여 말할 때 '지옥 = 불'이라고 합니다.

약3:6 혀는 곧 불이요 불의의 세계라 혀는 우리 지체 중에서 온 몸을 더럽히고 삶의 수레바퀴를 불사르나니 그 사르는 것이 지옥 불에서 나느니라

그리고 요한계시록에서도 '지옥=불'이라고 말합니다.

계20:15 누구든지 생명책에 기록되지 못한 자는 불못에 던져지더라

계21:8 그러나 두려워하는 자들과 믿지 아니하는 자들과 흉악한 자들과 살인자들과 음행하는 자들과 점술가들과 우상 숭배자들과 거짓말하는 모든 자들은 불과 유황으로 타는 못에 던져지리니 이것이 둘째 사망이라

둘째, 계21:1-2 말씀을 보면 '새 하늘과 새 땅(=영원 천국)'에 '새 예루살렘 성'이 내려왔다고 했습니다.

계21:1 또 내가 새 하늘과 새 땅을 보니 처음 하늘과 처음 땅이 없어졌고 바다도 다시 있지 않더라

계21:2 또 내가 보매 거룩한 성 새 예루살렘이 하나님께로부터 하늘에서 내려오니 그 준비한 것이 신부가 남편을 위하여 단장한 것 같더라

'새 예루살렘 성'이 '영원 천국(새 하늘과 새 땅)'에 내려왔습니다. 그러므로 '성 안'도 천국 안에 있고, '성 밖'도 천국 안에 있습니다. 그런데 모든 성도들이 '성 안'에 들어가는 것은 아니고 '두루마기를 빠는'자들은 성에 들어갈 '권세'를 받고, 개들, 점술가들, 음행하는 자들, 살인자들, 우상 숭배자들, 거짓말을 좋아하며 지어내는 자들은, 새 예루살렘 성에 들어가지 못하고, 성 밖으로 간다고 말하고 있습니다.

다시 말씀드리면 예수님을 믿고 구원을 받은 후 개와 같이 다른 사람들을 공격하며 물어뜯는 것을 철저히 회개하고 뿌리 뽑은 성도들, 점과 관련된 모든 종류의 죄를 철저히 회개하고 뿌리 뽑은 성도들, 음행과 관련된 모든 종류의 죄를 철저히 회개하고 뿌리 뽑은 성도들, 살인(미움)과 관련된 모든 종류의 죄를 철저히 회개하고 뿌리 뽑은 성도들, 우상숭배(탐심 포함)와 관련된 모든 종류의 죄를 철저히 회개하고 뿌리 뽑은 성도들, 거짓말과 관련된 모든 종류의 죄를 철저히 회개하고 뿌리 뽑은 성도들이 '두루마기를 빠는'자들에게 속하여 '새 예루살렘 성'에 들어가지만, 나름대로 회개를 하지만 개와 같이 다른 사람들을 공격하며 물어뜯는 죄들, 점치는 것과 관련된 모든 죄들, 음행과 관련된 모든 죄들, 살인(미움 포함)과 관련된 모든 죄들, 우상숭배와 관련된 모든 죄들, 거짓말과 관련된 모든 죄들을 끊지 못한 성도들은 '성 밖'으로 간다는 말씀입니다.

그렇다면 '성 밖'으로 간 성도들은 어떻게 될까요? '성 밖'에 대하여 알아보겠습니다.

(1) '성 밖'에 대하여 말하고 있는 성경 구절들

계22:15 개들과 점술가들과 음행하는 자들과 살인자들과 우상 숭배자들과 및 거짓말을 좋아하며 지어내는 자는 다 성 밖(outside)에 있으리라

계22:15 Outside are the dogs, those who practice magic arts, the sexually immoral, the murderers, the idolaters and everyone who loves and practices falsehood.(NIV)

마22:12 이르되 친구여 어찌하여 예복을 입지 않고 여기 들어왔느냐 하니 그가 아무 말도 못하거늘

마 22:13 임금이 사환들에게 말하되 그 손발을 묶어 바깥(outside) 어두운 데에 내던지라 거기서 슬피 울며 이를 갈게 되리라 하니라

마25:30 이 무익한 종을 바깥(outside) 어두운 데로 내쫓으라 거기서 슬피 울며 이를 갈리라 하니라

마24:48 만일 그 악한 종이 마음에 생각하기를 주인이 더디 오리라 하여

마24:49 동료들을 때리며 술친구들과 더불어 먹고 마시게 되면

마24:50 생각하지 않은 날 알지 못하는 시각에 그 종의 주인이 이르러

마24:51 엄히 때리고 외식하는 자가 받는 벌에 처하리니 거기서(outside) 슬피 울며 이를 갈리라

위와 같이 성경 여러 곳에서 '성 밖(outside)'에 대하여 말하고 있음을 알 수 있습니다.

(2) '성 밖'에는 어떤 성도들이 가는가?

① 자기 두루마기를 빨지 않는 자들, 즉 철저히 회개하지 않은 성도들이 가는 곳

계22:14 자기 두루마기를 빠는 자들은 복이 있으니 이는 그들이 생명나무에 나아가며 문들을 통하여 성에 들어갈 권세를 받으려 함이로다

'두루마기를 빤다'는 말은 철저한 회개를 통해서 죄로 더러워진 구원의 옷, 죄로 더러워진 심령을 예수님의 피로 정결하게 한다는 의미입니다. 이 마지막 때 성도들이 받아야 할 복은 물질 축복의 복도 아니고, 세상 성공의 복도 아니고, 하나님께서 작고 사소한 죄까지 깨닫게 해주셔서 철저히 회개함으로써 영혼이 정결하게 되어 '새 예루살렘 성' 안에 들어가는 복입니다.

② 개와 같은 성도들과 점술/음행/살인/우상 숭배/거짓말 등의 죄를 끊지 못한 성도들이 가는 곳
계22:15 개들과 점술가들과 음행하는 자들과 살인자들과 우상 숭배자들과 및 거짓말을 좋아하며 지어내는 자는 다 성 밖에 있으리라

③ (신부)예복을 입지 못한 성도들이 가는 곳
마22:12 이르되 친구여 어찌하여 예복을 입지 않고 여기 들어왔느냐 하니 그가 아무 말도 못하거늘
마22:13 임금이 사환들에게 말하되 그 손발을 묶어 바깥 어두운 데에 내던지라 거기서 슬피 울며 이를 갈게 되리라 하니라

④ 한 달란트 받았으나 일하지 않은, 게으른 종들이 가는 곳
마25:30 이 무익한 종을 바깥 어두운 데로 내쫓으라 거기서 슬피 울며 이를 갈리라 하니라

⑤ 예수님이 더디 오리라고 생각하여 세상의 즐거움에 취해 영적으로 깨어 있지 않았던 악한 종들이 가는 곳
마24:48 만일 그 악한 종이 마음에 생각하기를 주인이 더디 오리라 하여
마24:49 동료들을 때리며 술친구들과 더불어 먹고 마시게 되면

마24:50 생각하지 않은 날 알지 못하는 시각에 그 종의 주인이 이르러

마24:51 엄히 때리고 외식하는 자가 받는 벌에 처하리니 거기서 슬피 울며 이를 갈리라

위와 같은 성도들이 '성 밖(outside)'으로 가게 됩니다. 그러면 '성 밖(outside)'은 어떤 곳일까요?

(3) '성 밖'의 모습
① '어두움이 있는' 곳입니다

마22:13 임금이 사환들에게 말하되 그 손발을 묶어 바깥 어두운 데에 내던지라 거기서 슬피 울며 이를 갈게 되리라 하니라

마8:12 그 나라의 본 자손들은 바깥 어두운 데 쫓겨나 거기서 울며 이를 갈게 되리라

마25:30 이 무익한 종을 바깥 어두운 데로 내쫓으라 거기서 슬피 울며 이를 갈리라 하니라

새 예루살렘 '성 안'에는 하나님께서 계시고, 하나님의 영광이 비추는 곳이기 때문에 어두움이 없으나, '성 밖'에는 어두움이 있는 곳입니다.

계21:23 그 성은 해나 달의 비침이 쓸 데 없으니 이는 하나님의 영광이 비치고 어린 양이 그 등불이 되심이라

계21:25 낮에 성문들을 도무지 닫지 아니하리니 거기에는 밤이 없음이라

계22:5 다시 밤이 없겠고 등불과 햇빛이 쓸 데 없으니 이는 주 하나님이 그들에게 비치심이라 그들이 세세토록 왕 노릇 하리로다

② '슬피 우는' 곳(=가슴을 치며 통곡하는 곳)입니다.

마22:13 임금이 사환들에게 말하되 그 손발을 묶어 바깥 어두운 데에 내던지라 거기서 슬피 울며 이를 갈게 되리라 하니라

마8:12 그 나라의 본 자손들은 바깥 어두운 데 쫓겨나 거기서 울며 이를 갈게 되리라

마25:30 이 무익한 종을 바깥 어두운 데로 내쫓으라 거기서 슬피 울며 이를 갈리라 하니라

마24:51 엄히 때리고 외식하는 자가 받는 벌에 처하리니 거기서 슬피 울며 이를 갈리라

마22:13 … '거기서 가슴을 치며 통곡할 것이다.' 하고 말하였다. (공동번역)

마8:12 … "땅을 치며 통곡할 것이다." (공동번역)

마25:30 … "거기에서 가슴을 치며 통곡할 것이다." (공동번역)

마24:51 … "가슴을 치며 통곡할 것이다." (공동번역)

'새 예루살렘 성' 안에는 눈물도, 애통하는 것도 없으나, '성 밖'에 거하는 성도들은 가슴을 치며 통곡하고 있는 곳입니다. '성 밖'에 거하는 성도들이 왜 가슴을 치며 통곡을 하고 있을까요? 아마도 자신은 예수님을 믿었기 때문에 당연히 천국에 들어갈 줄 알았는데, '성 밖'이란 곳이 있음을 듣지도 못했고, '성 밖'에 거하리라고는 상상도 못했기 때문에 가슴을 치며 통곡하고 있을 것입니다.

③ '이를 가는' 곳입니다.

마22:13 임금이 사환들에게 말하되 그 손발을 묶어 바깥 어두운 데에 내던지라 거기서 슬피 울며 이를 갈게 되리라 하니라

마8:12 그 나라의 본 자손들은 바깥 어두운 데 쫓겨나 거기서 울며 이를 갈

게 되리라

마25:30 이 무익한 종을 바깥 어두운 데로 내쫓으라 거기서 슬피 울며 이를
갈리라 하니라

마24:51 엄히 때리고 외식하는 자가 받는 벌에 처하리니 거기서 슬피 울며
이를 갈리라

'성 안'에 거하는 성도들은 이를 가는 일이 없이 주님께 감사와 찬
양을 드리며 거하지만, '성 밖'에 거하는 성도들은 분노로 이를 갈며
있습니다. 왜 이를 갈며 있을까요?

자기 나름대로 예수님을 열심히 믿으며 신앙생활을 해서 천국에 가
면 주님께서 큰 상급을 주실 줄 알았는데 자신이 바깥 어두운 곳에 가
게 되어서 억울하여 이를 갈고 있을 것입니다.

④ 심지어 '매를 맞고 벌을 받는' 곳입니다.

마24:51 엄히 때리고 외식하는 자가 받는 벌에 처하리니 거기서 슬피 울며
이를 갈리라

마24:51 주인은 그 종을 자르고 위선자들이 벌 받는 곳으로 보낼
것이다. 거기에서 그는 가슴을 치며 통곡할 것이다."(공동번역)

예수님을 믿고 구원을 받았는데 매를 맞다니, 누가 상상이나 했겠
습니까? 그러나 예수님을 믿고 신앙생활을 했어도 계22:15 말씀에
나오는 죄들이 끊어지지 않아서 그런 죄들 가운데 살았기 때문에 매
를 맞는 것입니다.

(4) '성 밖'에 대하여 증언하는 사람들

① 제시카 윤 목사

제시카 윤 목사님이 쓴 『잠근 동산』이라는 책(p.233-235)을 보면 암으로 돌아가신 어떤 교회의 권사님 이야기가 나옵니다. 그 권사님은 비록 크리스천이었지만 연약한 믿음으로 말미암아 자신의 임박한 죽음에 대한 공포로 무서워하였는데 제시카 윤 목사님과 상담하며 자신의 신앙을 점검하고 재결신의 기도를 올려드린 후 소천하셨습니다. 그 권사님이 임종하신 다음 날 제시카 윤 목사님이 예수님과 대화한 이야기가 나옵니다.

제시카 : 예수님, 그 권사님은 어디로 갔나요?

예수님 : 성 밖으로 갔단다. 그러나 유황 불못은 아니다. (주님은 침울하고 슬프게 말씀하셨다).

제시카 : 주님 저는 그분께 반드시 온전하고 철저한 회개를 하고 또 그 회개에 합당한 열매를 즉시 맺어야만 한다고 했어요. 권사님께 그렇게 전했어요.

예수님 : 내가 안다. 너는 내가 그녀에게 보낸 마지막에 광야에서 외치는 회개의 기회의 소리였단다. 그러나 그녀는 겉으로 그때만 했을 뿐, 아무런 진정한 회개도 하지 않았고 어떠한 회개의 열매도 맺지 않았었구나. 그나마 그날 밤에 너랑 했었던 재결신의 기도 때문에 유황 불못은 면한 것이다. 그 전에는 구원에 대한 강한 확신조차 잃어버린 상태였단다. 그래서 내가 너를 그녀에게 보낸 것이다. 너는 그날 밤에 그녀의 돌밭 같은 마음에 내 깃발을 꽂고 온 것이다.

제시카 윤 목사님과 예수님과의 대화를 보면, 예수님께서는 그 권사님이 구원을 받았기 때문에 지옥인 '유황 불못'은 가지 않았지만, 온전히 회개를 하지 않아서 '성 밖'으로 갔다고 하셨습니다. 그 권사님이 구원을 못 받았다면 지옥인 '유황 불못'에 가셨을 것이지만, 재결신을 하였기 때문에 지옥인 '유황 불못'에 가지 않았으나, 온전히 회개하지도 않았기 때문에 천국 '성 안'에 들어가지 못하고 '성 밖'으로 갈 수밖에 없었던 것입니다.

② 박소리 목사

박소리 목사님은 77일간 천국을 20번 다녀오고 나서『주님 오시리 구름 타고 오시리』라는 책을 쓰셨는데, 그 책 p.100-102에 보면 '성 밖'에 계시는 어머니를 만난 간증이 나옵니다.

"네게 보여줄 곳이 저곳이니라"

예수님 곁에 앉아 언덕 오른쪽 아래를 내려다보았다. 천국의 다른 집들과는 달리 좀 허름해 보이는 작고 나지막한 집들이 줄지어 무리져 있었다. 마치 재개발 지역 단지에 있는 연립 주택들을 보고 있는 느낌이었다. 그곳은 다른 지역과는 달리 빛이 환하지 않았다. 그렇다고 컴컴하지도 않은 흐릿한 날씨 속에 놓인 것처럼 보였다.

천국에 이런 곳이 있다는 것이 너무 의아스럽고 생소하게 느껴졌다. 여지껏 내가 보아온 천국은 빛나고 화려하고 아름다운 곳들이었는데 그곳들과는 너무도 대조적인 이곳이었다.

예수님께서 말씀하셨다.

"저곳이 네 엄마가 사는 곳이란다."

헉… 엄마가 저런 곳에…! 내가 본 나의 집과는 사뭇 달랐다. 놀라는 나를 보시며 예수님께서 말씀하셨다.

"그렇다. 엄마는 죽기 직전에 나를 영접했다. 그러므로 저런 곳에 살게 된 것이다. 저곳에 살게 되면 행동에 제약을 받게 된다. <u>천국의 아름다운 모든 것을 영원토록 누리지 못하게 되는 것이다.</u> 또한 그들은 그들 스스로 부끄러움을 느껴 늘 겸손히 자신을 낮추고 영원히 지내게 되는 것이다."

'예수님은 우리가 천국의 모든 것을 누리며 살기를 원하시는구나! 마음껏 주님을 찬양하며 활보하며 영원토록 밝고 아름다운 곳에서 살기를 원하시는구나! 그것이 안타까워 오늘 나에게 이것을 보여주시는구나!'

예수님의 그 마음이 내게 전달되어져 왔다.

"그럼 저는 저곳을 방문할 수 있나요?"

"물론 너는 어디든 갈 수 있다. <u>네가 가서 엄마를 방문하는 것은 가능하나 엄마가 너의 집이 있는 새 예루살렘으로는 들어올 수 없다.</u> 그리고 지금은 네가 육체를 가지고 있으므로 엄마에 대한 안타까움이 있을 것이나 천국에 오게 되면 그런 마음이 사라질 것이다. 천국에서는 엄마와 딸이라는 관계를 넘어 더 아름다운 관계, 즉 성도의 관계로서 영원히 지내게 될 것이다."

그래서 처음 예수님과 함께 엄마를 만났을 때에도 엄마는 미소만 지을 뿐 말씀을 하지 않으셨던 것이다. 그때도 예수님께서 엄마를 만나게 하려고 부르셔서 그 자리에 오셨던 것이다. 본인의 의지로 오신 것이 아니라 얼른 또 사라지셨던 것이다.

그리고 259-260페이지를 보면 '성 밖'에 관한 간증이 또 나옵니다.

이리저리 돌면서 보니 아래로 엄마가 사시는 지역이 보였다. 그 곁에 천국 담이 있는 것이 보였다. 그런데 그 근방의 이상한 광경을 목격했다. 천국담에 붙은 문, 즉 천국문 바로 바깥(Outside)에 서 있는 한 무리의 사람들을 보게 된 것이다. 그 초라함과 초췌함과 창백함이라니⋯ 마치 빈민 구제소 앞에 줄 서 있는 후줄근한 사람들처럼 보였다. 그들의 옷은 모시 삼배 같은 누런 옷들을 입고 있었다. 내 안에 굉장한 궁금증이 일었다. 예수님과 내가 하늘 위에서 그들을 내려다보는 상황이었다.

"예수님 저들은 누구인데 저기 서 있나요?"

"성령은 받았으나 일하지 않은 자들이다. 그리고 은사는 받았으나 땅속에 묻어둔 자들이다."

한 달란트를 땅에 묻어 두었다가 책망을 받은 종이 떠올랐다.

마25:30 이 무익한 종을 바깥 어두운 데로 내쫓으라 거기서 슬피 울며 이를 갈리라 하니라

그들이 선 곳은 천국(안)이 아니었다. 그렇다고 지옥도 아니었다. 바로 그들 뒤로 내리막 언덕 아래가 지옥으로 가는 길이었으므로 그들이 그리로 떨어질까 봐 두려워하는 모습이 역력했다.

그래서 그처럼 천국 문에 바짝 붙어 서 있는 것이었다.

그들은 천국 심사 기준에 미치지 못하여 하나님의 심판을 기다리며 울고 선 자들인 것이다. 세상에 있을 때 열심히 일할 걸⋯ 일할 걸⋯ 하며 슬피 울며 이를 갈고 있는 것이었다.

받을 것을 받는 하나님의 공의 앞에 아무 말도 아무 느낌도 없었다.

하나님께서는 사랑이시므로 어떤 것에도 "오냐, 오냐" 하실 것 같지만 그런 분이 아니심을 깨닫게 된다. 주님은 감정을 지니신 인격체이므로 주님을 위해서 일하지 않고 게을렀던 자들에 대해 측은한 마음을 가지시는 것이 아니라 진노하신다는 것을 알 수 있었다.

그들의 소행은 사람을 창조하신 목적에 어긋나는 것이기 때문이다. 특히나 모르고 짓는 죄보다 알면서 짓는 죄에 대해서는 매우 엄격하신 분이신 것이다.

③ 서사라 목사

서사라 목사님의 천국과 지옥 간증 수기 6권 『지옥편』을 보면 서사라 목사님은 자신이 본 '성 밖'에 대하여 여러 번 간증하고 있는데, 그 중에 다음과 같은 이야기가 나옵니다.(p.482-484)

천국 황금 길을 걷고 있었는데 갑자기 밑으로 내려가는 계단이 보였다. 분명 지옥으로 내려가는 계단은 아니었다. 이 계단들은 황금으로 되어 있었다. 넓은 광장에 수많은 사람들이 앉아 있었다. '도대체 왜 여기에 이렇게 많은 사람들이 앉아 있을까?' 고민하고 있는 그때에 내 눈에 흰 옷을 입고 앉아 있던 사람들이 한 사람 한 사람씩 불려나가 곤장을 맞듯이 매를 맞는 것이 보이는 것이었다. 이곳은 하나씩 불려나가 매를 맞는 장소였다. 마24:51 말씀에 '엄히 때리고 외식하는 자가 받는 벌에 처하리니 거기서 슬피 울며 이를 갈리라'고 했는데 우리가 지금 천국에서 황금 계단을 통하여 내려간 그곳은 바로 이런 자들이 와서 매를 맞는 장소였던 것이다. 이곳은 분명 지옥이 아니었다.

천국에 올라간 나는, 조금 전에 내려갔던 그곳에 다시 갔다. 이번 곳에는 단발머리를 한, 얼굴이 길고 갸름한 청년이 흰옷을 입었는데 엉덩이 부분의 옷이 내려와 있고 엉덩이가 맞아서 시퍼런 멍이 든 것이 보였다. 젊은 여자도 보였다. 이들은 여기 앉아서 슬피 울며 이를 갈았다. 그리고 나는 여기 있는 모든 사람들이 젊은이들이라는 것을 알았다. 천국에서 모든 사람들이 젊은 것처럼…

지옥은 그렇지 않다. 그들이 죽을 때의 나이 그대로 보인다. 이 장소는 소위 성경에서 말하는 바깥 어두운 데 슬피 울며 이를 가는 장소인 것이다. 이 장소는 분명 계시록에 나오는 이기지 못한 자들이 가는 장소인 것이 틀림이 없다. 즉 이들은 생명나무에 나아가며 문들을 통하여 성에 들어갈 권세가 없는 자들인 것이다.

그리고 동일한 책 502쪽에 보면 아브라함의 조카 롯도 '성 밖'에 있음을 말하고 있는데, '성 밖'에 있는 롯은

"내가 돈을 좋아하다가 이렇게 되었어요."

"돈에 미련을 가지면 안 돼요. 돈에 미련을 갖지 마세요"라고 말하였습니다.

주님은 롯이 '이기지 못하는 자'의 반열에 속하여 성 밖에 있음을 알게 하여 주셨다. 롯은 하나님을 아는 마음은 있었으나 믿음의 행동이 없었다는 것이다. 롯은 원하기만 했으면 소돔에서도 나올 수도 있었는데 돈에 미련이 있어서 거기 계속 있었고, 거기 있으면서 사람들에게 회개하라고 전도하지도 않았고, 아브라함의 중보 기도로 소돔에서 살아 나왔으나 살아 나와서도 딸들과 동침하여 훗날 이스라엘을 대적하는 모압과 암몬의 자손들을 낳았던 것이다.

롯은 하나님을 아는 자였으나 하나님이 보시기에 그 삶은 실패한 자였다. 그는 돈 때문에 이기지 못하는 삶을 살았다.

그러므로 그는 지옥에는 있지 않았으나 바깥 어두운 데에서 슬피 울며 이를 갈고 있는 것이었다. (p. 511)

이처럼 천국과 지옥을 다녀 온 박소리 목사님과 서사라 목사님, 그리고 예수님과 깊은 대화를 하고 책을 쓴 제시카 윤 목사님의 책을 보면 성경에서 말하고 있는 '성 밖'이 실제로 존재함을 알 수 있습니다.

그러므로 개와 같이 다른 사람들을 공격하며 물어뜯는 죄를 철저히 회개하고, 점과 관련된 모든 종류의 죄를 철저히 회개하고, 음행과 관련된 모든 종류의 죄를 철저히 회개하고, 살인(미움)과 관련된 모든 종류의 죄를 철저히 회개하고, 우상숭배(탐심 포함)와 관련된 모든 종류의 죄를 철저히 회개하고, 거짓말과 관련된 모든 종류의 죄를 철저히 회개하여 예수 그리스도의 피로 정결함을 받아 '두루마기를 빠는'자들에게 속하여 '새 예루살렘 성' 안에 들어가기를 바랍니다.

3) 철저히 회개하여 정결하게 된 성도들만 '하나님의 인'을 받을 수 있기 때문입니다.

앞으로 다가올 '나팔'재앙 가운데 다섯 번째 나팔 재앙은 무저갱에서 '황충'이 올라와서 '이마'에 '하나님의 인'을 받지 않은 모든 사람들을 전갈과 같은 권세로 쏜다고 말합니다.

계9:1 다섯째 천사가 나팔을 불매 내가 보니 하늘에서 땅에 떨어진 별 하나가 있는데 그가 무저갱의 열쇠를 받았더라

계9:2 그가 무저갱을 여니 그 구멍에서 큰 화덕의 연기 같은 연기가 올라오매 해와 공기가 그 구멍의 연기로 말미암아 어두워지며

계9:3 또 황충이 연기 가운데로부터 땅 위에 나오매 그들이 땅에 있는 전갈의 권세와 같은 권세를 받았더라

계9:4 그들에게 이르시되 땅의 풀이나 푸른 것이나 각종 수목은 해하지 말고 오직 '이마'에 '하나님의 인'침을 받지 아니한 사람들만 해하라 하시더라

황충에게 쏘인 사람들은 다섯 달 동안 고통을 당하게 됩니다.

계9:5 그러나 그들을 죽이지는 못하게 하시고 다섯 달 동안 괴롭게만 하게 하시는데 그 괴롭게 함은 전갈이 사람을 쏠 때에 괴롭게 함과 같더라

계9:5의 '괴롭게만'의 헬라어 원어 '바사니조(928)'는 '바사노스(931)'에서 유래했는데, '고문하다'라는 의미이고, '괴롭게 함'의 헬라어 원어 '바사니스모스'도 '바사노스(931)'에서 유래했는데, '고문'이라는 의미입니다.

그런데 '바사노스(931)'라는 헬라어 원어가 예수님께서 설교하신 '부자와 나사로'의 말씀에 나옵니다.

(1) '하나님의 인'을 받지 않으면, '황충' 재앙 때, 부자가 음부에 가서 불 가운데 고통받은 것과 같은 고통을 받게 됩니다.

눅16:19 한 부자가 있어 자색 옷과 고운 베옷을 입고 날마다 호화롭게 즐기더라

눅16:20 그런데 나사로라 이름하는 한 거지가 헌데 투성이로 그의 대문 앞에 버려진 채

눅16:21 그 부자의 상에서 떨어지는 것으로 배불리려 하매 심지어 개들이 와
서 그 헌데를 핥더라
눅16:22 이에 그 거지가 죽어 천사들에게 받들려 아브라함의 품에 들어가고
부자도 죽어 장사되매
눅16:23 그가 음부에서 고통중에 눈을 들어 멀리 아브라함과 그의 품에 있
는 나사로를 보고
눅16:24 불러 이르되 아버지 아브라함이여 나를 긍휼히 여기사 나사로를 보
내어 그 손가락 끝에 물을 찍어 내 혀를 서늘하게 하소서 내가 이 불
꽃 가운데서 괴로워하나이다

한 부자는 죽어서 뜨거운 불이 활활 타오르는 음부에서 고통을 당
하였습니다. 그가 음부에서 받는 고통을 표현할 때 '바사노스'라는 단
어를 사용하는데, '바사노스'란 '불이 활활 타오르는 음부에서 받는
고통'을 말할 때 사용하는 단어인 것입니다.

눅16:23 그가 음부에서 고통('바사노스')중에 눈을 들어 멀리 아브라함과 그
의 품에 있는 나사로를 보고
눅16:27 이르되 그러면 아버지여 구하노니 나사로를 내 아버지의 집에 보
내소서
눅16:28 내 형제 다섯이 있으니 그들에게 증언하게 하여 그들로 이 고통 받
는('바사노스') 곳에 오지 않게 하소서

계9:5 그러나 그들을 죽이지는 못하게 하시고 다섯 달 동안 괴롭게만('바사니
조') 하게 하시는데 그 괴롭게 함('바사니스모스')은 전갈이 사람을 쏠
때에 괴롭게 함과('바사니스모스') 같더라

그러므로 '이마'에 '하나님의 인'을 받지 않아서 '황충'에게 쏘인 사

람들이 받는 고통은, 한 부자가 죽어서 음부에 던져졌을 때 그가 불 가운데서 당하는 고통과 같으니 얼마나 고통스러울까요? 차라리 죽는 것이 낫겠다고 생각할 만큼 큰 이 고통을 무려 5개월 동안 겪어야 하니 참으로 끔찍한 고통입니다.

이런 고통은 오직 '이마'에 '하나님의 인'을 받지 않은 사람들에게 있으니, 이런 고통에서 피할 수 있는 유일한 방법은 '이마'에 '하나님의 인'을 받는 것밖에 없습니다.

(2) '하나님의 인'을 받지 않으면, 적그리스도와 거짓 선지자, 그리고 마귀가 '지옥'에 던져졌을 때 '지옥'에서 받는 고통을 받게 됩니다.

'이마'에 '하나님의 인'을 받지 않아서 '황충'에게 쏘인 사람들이 받는 고통을 표현할 때 사용된 '바사니조'라는 헬라어 원어가 계20:10 말씀에도 사용되었습니다.

> **계20:10** 또 그들을 미혹하는 마귀가 불과 유황 못에 던져지니 거기는 그 짐승과 거짓 선지자도 있어 세세토록 밤낮 <u>괴로움을 받으리라</u>(바사니조)

이 말씀은 천년 왕국 후에 예수님께서 마귀를 짐승(적그리스도)과 거짓 선지자가 고통을 받고 있는 '불과 유황 못' 즉, '지옥'에 던지셨을 때 그들이 당하는 고통을 표현할 때 사용된 단어입니다.

그러므로 '이마'에 '하나님의 인'을 받지 않아서 '황충'에게 쏘인 사람들이 받는 고통은, 마귀와 적그리스도와 거짓 선지자가 산 채로 '지옥'에 던져졌을 그들이 불 가운데서 당하는 고통과 같으니 그 고통은 상상을 초월한 고통입니다.

활활 타오르는 가스렌지 위에 내 손을 5분 동안 올려놓고 있으라면 견딜 수 있을까요? 5분은 고사하고 1분도 못 견딜 것입니다. 그런데 이런 고통을 무려 1분, 1초의 쉬는 시간도 없이, 잠자는 시간도 없이 하루 24시간 계속되는 고통을 무려 150일 동안 겪어야 한다면 그 고통이 얼마나 끔찍할까요? 이런 고통에서 피할 수 있는 유일한 방법은 '이마'에 '하나님의 인'을 받는 것밖에 없습니다.

얼마 전에 전 세계의 모든 사람들이 '코로나'로 인해서 큰 공포와 두려움 가운데 떨었습니다. 하지만 '코로나'에 걸려서 받은 고통은 '황충'에 쏘여서 지옥 불에서 겪는 고통 같은 고통을 당하는 것에 비하면 천만분의 일도 안 될 것입니다. 그리고 '코로나'에 걸려서 고통 받는 기간은 기껏해야 2주 정도지만 황충에게 쏘였을 때 받는 고통의 기간은 무려 다섯 달 동안이나 됩니다. 그렇기 때문에 황충에게 쏘인 사람들이 너무나 고통스러워서 죽으려고 하지만, 하나님께서는 죽음조차도 허락하지 않으십니다.

계9:6 그 날에는 사람들이 죽기를 구하여도 죽지 못하고 죽고 싶으나 죽음이 그들을 피하리로다

지옥 불에 던져져서 받는 고통과 같은 황충 재앙의 고통 가운데 보호받는 유일한 방법은 '이마'에 '하나님의 인'을 받는 것밖에 없으므로 반드시 '이마'에 '하나님의 인'을 받아야 하는 것입니다.

(3) '하나님의 인'과 '성령의 인'은 다릅니다.

성경을 자세히 안 보는 사람들은 지레짐작으로 "성령님이 하나님이시니까 '하나님의 인'과 '성령의 인'은 같은 것이다"라고 말하는데, 성경을 자세히 보면 전혀 다른 것임을 알 수 있습니다.

① 인을 받는 '시기와 대상'이 다릅니다.

'성령의 인'은 예수님을 구주로 영접한 모든 사람이 예수님을 구주로 영접할 때 받는 것이고, '하나님의 인'은 '하나님의 종'들이 받습니다.

예수님을 구주로 영접하면 '하나님의 자녀'라고 하지, 예수님을 영접하자마자 '하나님의 종'이라고 부르지 않습니다. 그리고 예수님을 영접하면 모두가 '하나님의 자녀'가 되지만, 모든 하나님의 자녀가 '하나님의 종'이 되지는 않습니다(여기서 말하는 하나님의 종은 하나님께 쓰임 받는 평신도들도 포함합니다). 예수님을 믿고 구원받은 '하나님의 자녀'들 가운데에서 일부가 하나님께 쓰임 받는 '하나님의 종'이 됩니다. '성령의 인'을 예수님을 영접했을 때 받는다면, '하나님의 인'은 '성령의 인'을 받고 난 후 많은 시간이 흘러서 하나님께 쓰임 받는 '하나님의 종'이 된 후 받게 되므로 '성령의 인'과 '하나님의 인'은 전혀 다른 것입니다.

엡1:13 여러분도 그리스도를 통하여 여러분에게 구원을 가져다 주는 복음 곧 진리의 말씀을 듣고 믿어서 하나님의 백성이 되었습니다. 이것을 확인하는 표로 하느님께서는 여러분에게 약속하셨던 성령을 주셨습니다.

계7:3 이르되 우리가 우리 하나님의 종들의 이마에 인치기까지 땅이나 바다
나 나무들을 해하지 말라 하더라

② 인을 받는 '위치'가 다릅니다.
'성령의 인'은 '마음'에 받고, '하나님의 인'은 '이마'에 받습니다.

고후1:22 그가 또한 우리에게 인치시고 보증으로 우리 마음에 성령을 주셨
느니라

계7:3 이르되 우리가 우리 하나님의 종들의 이마에 인치기까지 땅이나 바다
나 나무들을 해하지 말라 하더라

'성령의 인'은 '마음'에 인을 치고, '하나님의 인'은 '이마'에 인침으
로서 인치는 '곳'이 전혀 다름을 알 수 있습니다.

③ 인을 치는 '목적'이 다릅니다.
'인치다'의 헬라어 원어는 '스프라기조'인데 이는 '입증하다, 증명
하다'라는 뜻입니다. 복음을 듣고 예수 그리스도를 믿을 때 '성령으로
인'치는 것은 '하나님의 자녀가 되었음을 입증'하는 것이고, '하나님
의 인'은 황충 재앙으로부터 '보호해주신다'는 표시로 인을 치는 것입
니다. 이것은 마치 하나님께서 가인을 지켜주시고 보호해주시는 의
미로 가인의 신체에 '표'를 찍어주신 것과 같은 의미입니다.

엡1:13 여러분도 그리스도를 통하여 여러분에게 구원을 가져다 주
는 복음 곧 진리의 말씀을 듣고 믿어서 하나님의 백성이 되었습니다.

이것을 확인하는 표로 하나님께서는 여러분에게 약속하셨던 성령을 주셨습니다. (공동 번역)

계9:4 그들(황충)에게 이르시되 땅의 풀이나 푸른 것이나 각종 수목은 해하지 말고 오직 이마에 하나님의 인침을 받지 아니한 사람들만 해하라 하시더라

창4:14 "오늘 이 땅에서 저를 아주 쫓아내시니, 저는 이제 하나님을 뵙지 못하고 세상을 떠돌아다니게 되었습니다. 저를 만나는 사람마다 저를 죽이려고 할 것입니다."(공동 번역)

창4:15 "그렇게 못하도록 하여주마. 카인을 죽이는 사람에게는 내가 일곱 갑절로 벌을 내리리라." 이렇게 말씀하시고 야훼께서는 누가 카인을 만나더라도 그를 죽이지 못하도록 그에게 표를 찍어주셨다.(공동 번역)

이렇듯 여러 가지 관점에서 보면 '성령의 인'과 '하나님의 인'은 전혀 다른 것임을 알 수 있으며, '마음'에 '성령의 인'을 받은 성도들은 '이마'에 '하나님의 인'을 받아야 황충 재앙에서 보호받게 됩니다.

(4) '하나님의 인'을 받으려면 철저히 회개하여 정결해야 합니다.

그렇다면 어떻게 해야 '이마'에 '하나님의 인'을 받을 수 있을까요? 계14:1-5을 보면 '하나님의 인'을 받은 이스라엘의 144,000명에 대하여 말하고 있습니다.

계14:1 또 내가 보니 보라 어린 양이 시온 산에 섰고 그와 함께 십사만 사천이 서 있는데 그들의 이마에는 어린 양의 이름과 그 아버지의 이름을

쓴 것이 있더라

계14:2 내가 하늘에서 나는 소리를 들으니 많은 물 소리와도 같고 큰 우렛소
리와도 같은데 내가 들은 소리는 거문고 타는 자들이 그 거문고를 타
는 것 같더라

계14:3 그들이 보좌 앞과 네 생물과 장로들 앞에서 새 노래를 부르니 땅에서
속량함을 받은 십사만 사천 밖에는 능히 이 노래를 배울 자가 없더라

계14:4 이 사람들은 여자와 더불어 더럽히지 아니하고 순결한 자라 어린 양
이 어디로 인도하든지 따라가는 자며 사람 가운데에서 속량함을 받아
처음 익은 열매로 하나님과 어린 양에게 속한 자들이니

계14:5 그 입에 거짓말이 없고 흠이 없는 자들이더라

계7:1-8과 계14:1-5에 나오는 144,000명은 모두 '이마'에 '하나
님의 인'을 맞은 이스라엘의 종들을 의미합니다.

그런데 계7:1-8에서는 '이마'에 '하나님의 인'을 쳤다고 하고, '이
마'에 '어린 양의 이름과 그 아버지의 이름을 썼다'라고 말하므로 '이
마에 하나님의 인을 치는 것'='이마에 어린 양의 이름과 아버지의 이
름을 쓰는 것'임을 알 수 있습니다. 우리가 알다시피 '어린 양의 이름'
은 '예수'입니다. 그렇다면 '아버지의 이름'은 무엇일까요? 사9:6 말
씀을 보면 '아버지의 이름'도 '예수'임을 알 수 있습니다.

사9:6 이는 한 아기가 우리에게 났고 한 아들을 우리에게 주신 바 되었는데
그의 어깨에는 정사를 메었고 그의 이름은 기묘자라, 모사라, 전능하신
하나님이라, 영존하시는 아버지라, 평강의 왕이라 할 것임이라

사9:6에서 말하는 '한 아기'는 우리가 잘 알다시피 '예수'인데, 이 '예
수'를 '영존하시는 아버지'라고 하지 않습니까?

그러므로 '이마에 〈하나님의 인〉을 치는 것' = '이마에 〈어린 양의 이름과 아버지의 이름〉을 쓰는 것' = '이마에 〈예수〉라고 쓰는 것'임을 알 수 있습니다.

그런데 계14:4-5을 보면 '이마'에 '하나님의 인'을 받은 사람들이 어떤 신앙을 가졌는지 설명하고 있습니다.

> 계14:4 이 사람들은 여자와 더불어 더럽히지 아니하고 순결한 자라 어린 양이 어디로 인도하든지 따라가는 자며 사람 가운데에서 속량함을 받아 처음 익은 열매로 하나님과 어린 양에게 속한 자들이니
> 계14:5 그 입에 거짓말이 없고 흠이 없는 자들이더라

① 이들은 여자와 더불어 더럽히지 않았습니다.

요한계시록에서는 이 세상이라는 바벨론을 '땅의 음녀들과 가증한 것들의 어미(계17:5)'라고 하였기 때문에 '여자와 더불어 더럽히지 아니하고 순결한 성도'란 '세상이라는 음녀를 사랑하지 않고 예수 그리스도를 사랑하는 순결한 성도들'을 의미합니다. 그런데 요일2:16 말씀에서는 세상에 있는 모든 것이 '육신의 정욕'과 '안목의 정욕'과 '이생의 자랑'이라고 말하고 있습니다.

> 요일2:15 이 세상이나 세상에 있는 것들을 사랑하지 말라 누구든지 세상을 사랑하면 아버지의 사랑이 그 안에 있지 아니하니
> 요일2:16 이는 세상에 있는 모든 것이 육신의 정욕과 안목의 정욕과 이생의 자랑이니 다 아버지께로부터 온 것이 아니요 세상으로부터 온 것이라

여자와 더불어 더럽히지 않은 순결한 성도들이란, '육신의 정욕'과 '안목의 정욕'과 '이 세상의 자랑'이 없는 깨끗한 성도들로서 그들에게 '하나님의 인'을 쳐주심을 알 수 있는데, 이렇게 되기 위해서는 '육신의 정욕'과 안목의 정욕'과 '이 세상의 자랑'을 철저히 회개하고 뿌리 뽑아서 심령이 정결하게 되어 오직 예수 그리스도를 사랑하고 자랑하는 성도들이 되어야 '하나님의 인'을 받을 수 있습니다.

② 이들은 어린 양이 어디로 인도하든지 따라갔습니다.

예수님께서 장로들과 대제사장들과 서기관들에게 많은 고난을 받고 죽임을 당하고 제 삼일에 살아나야 할 것을 제자들에게 나타내시자(마16:21) 베드로는 "주여 그리 마옵소서 이 일이 결코 주께 미치지 아니하리이다(마16:22)"라고 하며 예수님께서 십자가에서 죽으시려는 것을 말렸습니다. 그러자 예수님께서는 베드로에게 "사탄아 내 뒤로 물러가라 너는 나를 넘어지게 하는 자로다 네가 하나님의 일을 생각하지 아니하고 도리어 사람의 일을 생각하는도다(마16:23)"라고 말씀하시면서 "누구든지 나를 따라오려거든 자기를 부인하고 자기 십자가를 지고 나를 따를 것이니라. 누구든지 제 목숨을 구원하고자 하면 잃을 것이요 누구든지 나를 위하여 제 목숨을 잃으면 찾으리라(마16:24-25)"고 말씀하시면서 주님을 따라가려면 자기를 부인하고, 주님을 위하여 죽을 각오, 순교할 각오를 하고 따라와야 한다고 말씀하셨습니다. '어린 양이 어디로 인도하든지 따라가는 성도'란 '고난과 죽음의 십자가를 지지 않으려고 하는 자기를 부인하고 고난과 죽음의 십자가를 지고 가는 성도'를 의미하며, 이런 성도들에게 '하나님의 인'을 치시는 것을 알 수 있습니다.

그러므로 '고난받지 않으려는 자아'를 철저히 회개하고 고난과 죽음의 십자가를 지고 주님을 위하여, 복음을 위하여 '죽으면 죽으리라' 각오로 신앙생활 해야 '하나님의 인'을 받을 수 있습니다.

③ 이들은 입에 거짓말이 없는 자들이었습니다.
성경은 '거짓말은 마귀의 속성'이라고 말합니다.

> 요8:44 너희는 너희 아비 마귀에게서 났으니 너희 아비의 욕심대로 너희도 행하고자 하느니라 그는 처음부터 살인한 자요 진리가 그 속에 없으므로 진리에 서지 못하고 거짓을 말할 때마다 제 것으로 말하나니 이는 그가 거짓말쟁이요 거짓의 아비가 되었음이라

그러므로 예수님을 믿고 심령이 새롭게 된 성도들은 거짓을 버리고 진실을 말해야 합니다.

> 엡4:23 오직 너희의 심령이 새롭게 되어
> 엡4:24 하나님을 따라 의와 진리의 거룩함으로 지으심을 받은 새 사람을 입으라
> 엡4:25 그런즉 거짓을 버리고 각각 그 이웃과 더불어 참된 것을 말하라 이는 우리가 서로 지체가 됨이라

예수님을 믿고 구원받았다 할지라도 거짓말을 끊지 못하고 습관적으로 거짓말을 하는 성도들은 천국에 들어갈 수 없기 때문에 반드시 거짓말을 끊어야 합니다.

계22:14 자기 두루마기를 빠는 자들은 복이 있으니 이는 그들이 생명나무에 나아가며 문들을 통하여 성에 들어갈 권세를 받으려 함이로다
계22:15 개들과 점술가들과 음행하는 자들과 살인자들과 우상 숭배자들과 및 거짓말을 좋아하며 지어내는 자는 다 성 밖에 있으리라

재미있게 말하기 위해서 사실보다 과장해서 말하는 것도 거짓말이고, 사실보다 축소해서 말하는 것도 거짓말입니다. 자기의 양심을 속이고 말하는 것도 거짓말이고, 사실 확인도 안 해보고 추측으로 말하는 것도 거짓말입니다. 안 본 것을 본 것처럼 말하는 것도 거짓말이고, 잘 모르면서 아는 것 같이 말하는 것도 거짓말입니다. 약속해놓고 지키지 않은 것도 거짓말한 것이고, 서원해놓고 지키지 않은 것도 거짓말입니다. '한다'고 해놓고 하지 않은 것도 거짓말이고, 준다고 해놓고 주지 않은 것도 거짓말입니다. '하나님의 인'침을 받은 이스라엘 144,000명은 이런 거짓말이 발견되지 않았기 때문에 '하나님의 인'침을 받은 것입니다.

그러므로 거짓말한 죄를 철저히 회개하여 뿌리 뽑아서 예수님의 피로 정결하게 되어야 '하나님의 인'을 받을 수 있습니다.

④ 이들은 흠이 없는 자들이었습니다.

하나님께 드리는 모든 제물은 흠이 없어야 했습니다(레1:3,10). '흠이 없는' 제물은 '흠이 없으신' 예수 그리스도를 상징합니다.

히9:14 하물며 영원하신 성령으로 말미암아 흠 없는 자기를 하나님께 드린 그리스도의 피가 어찌 너희 양심을 죽은 행실에서 깨끗하게 하고 살아 계신 하나님을 섬기게 하지 못하겠느냐

벧전1:19 오직 흠 없고 점 없는 어린 양 같은 <u>그리스도</u>의 보배로운 피로 된 것이니라

흠 없는 예수 그리스도의 피로 우리를 구원하신 하나님께서는 우리가 흠이 없게 하시려고 구원하셨으며, 왕 같은 제사장인 우리가 흠이 없기를 원하십니다.

엡1:5 그 기쁘신 뜻대로 우리를 예정하사 예수 그리스도로 말미암아 자기의 <u>아들들이 되게 하셨으니</u>

벧전2:9 그러나 너희는 택하신 족속이요 왕 같은 제사장들이요 거룩한 나라요 그의 소유가 된 백성이니 이는 너희를 어두운 데서 불러내어 그의 기이한 빛에 들어가게 하신 이의 아름다운 덕을 선포하게 하려 하심이라

벧후3:14 그러므로 사랑하는 자들아 너희가 이것을 바라보나니 주 앞에서 점도 없고 <u>흠도 없이 평강 가운데서 나타나기를 힘쓰라</u>

'흠 없는'의 영어는 'blameless'인데 '책망(비난) 받을 것이 없는'이라는 의미입니다. '하나님의 인'을 받기 위해서는 다른 사람들에게 영적으로, 혹은 도덕적으로나 윤리적으로 책망(비난) 받을 것이 없어야 합니다.

'흠이 없는' 사람으로서 대표적인 사람을 꼽으라면 세례 요한의 부모인 사가랴와 엘리사벳을 들고 싶습니다.

눅1:5 유대 왕 헤롯 때에 아비야 반열에 제사장 한 사람이 있었으니 이름은 사가랴요 그의 내는 아론의 자손이니 이름은 엘리사벳이라

눅1:6 이 두 사람이 하나님 앞에 의인이니 주의 모든 계명과 규례대로 흠이 없이 행하더라

이 두 사람은 '모든' 주의 계명과 규례를 어김없이 지킴으로써 '흠이 없는' 삶을 살았습니다.

눅1:6 이 부부는 다 같이 주님의 <u>모든 계명과 규율을</u> 어김없이 <u>지키며</u> 하나님 앞에서 의롭게 살았다. (공동 번역)

그러므로 하나님의 '모든' 말씀에 비추어서 말씀대로 살지 못한 것들을 철저히 회개함으로써 예수님의 피로 정결함을 받고 '하나님의 인'을 받아야 합니다.

4) 철저히 회개하여 정결하게 된 성도들만 '신부 예복'을 입을 수 있기 때문입니다

하나님의 구속 사역의 궁극적인 목표는 단순히 모든 사람이 예수님을 믿고 '하나님의 자녀'가 되는 것에만 있지 않고, 하나님의 자녀들이 예수 그리스도의 '신부'가 되는 것입니다.

왜냐하면 하나님의 구속 사역이 완성된 곳이 '새 예루살렘 성'인데(계21:2), 천사가 '신부 곧 어린양의 아내를 보여주겠다(계21:9)'라고 말한 뒤 '새 예루살렘 성'을 보여줬는데(계21:10), 이는 그리스도의 '신부'들이 '새 예루살렘 성'에 살기 때문입니다.

계21:1 또 내가 새 하늘과 새 땅을 보니 처음 하늘과 처음 땅이 없어졌고 바다도 다시 있지 않더라

계21:2 또 내가 보매 거룩한 성 새 예루살렘이 하나님께로부터 하늘에서 내려오니 그 준비한 것이 신부가 남편을 위하여 단장한 것 같더라

계21:9 일곱 대접을 가지고 마지막 일곱 재앙을 담은 일곱 천사 중 하나가 나아와서 내게 말하여 이르되 이리 오라 내가 신부 곧 어린 양의 아내를 네게 보이리라 하고

계21:10 성령으로 나를 데리고 크고 높은 산으로 올라가 하나님께로부터 하늘에서 내려오는 거룩한 성 예루살렘을 보이니

그런데 이 '새 예루살렘 성' 안에 들어가기 위해서는 반드시 '개와 같은 분노', '점치는 것', '음행', '살인(미움)', '우상숭배', '거짓말'과 같은 죄를 철저히 회개함으로써 어린양의 피로 두루마기를 빨아야 들어갈 수 있습니다.

계22:14 자기 두루마기를 빠는 자들은 복이 있으니 이는 그들이 생명나무에 나아가며 문들을 통하여 성('새 예루살렘 성')에 들어갈 권세를 받으려 함이로다

계22:15 개들과 점술가들과 음행하는 자들과 살인자들과 우상 숭배자들과 및 거짓말을 좋아하며 지어내는 자는 다 성 밖에 있으리라

그러므로 철저히 회개함으로써 죄의 옷을 벗어버리고, 예수 그리스도의 피로 정결함을 받아야 '신부 예복'을 입을 수 있습니다.

5) 철저히 회개하여 정결하게 된 성도들만 여호와의 산에 올라 하나님을 만날 수 있기 때문입니다.

모세는 호렙산(시내산)에 올라가서 여러 번 하나님을 만났습니다.

하나님의 부르심을 받을 때(출3:1), 출애굽 후 시내 광야에 도착했을 때(출19:3), 십계명을 비롯한 율법을 받을 때(출19:20), 성막 설계에 대한 말씀과 십계명 돌판을 받을 때 40일 동안(출24:12-18, 31:18), 우상 숭배하는 이스라엘 백성들로 인해서 십계명 돌판을 깨뜨린 후 다시 십계명 돌판을 받기 위하여(출34:4) 호렙산(시내산)에 올라가서 하나님을 만났습니다.

그런데 출3:1을 보면 '호렙산(시내산)'을 '하나님의 산'이라고 말합니다.

출3:1 모세가 그의 장인 미디안 제사장 이드로의 양 떼를 치더니 그 떼를 광야 서쪽으로 인도하여 <u>하나님의 산 호렙</u>에 이르매

'하나님의 산'이라는 말은 '하나님께서 거하시는 산', '하나님의 임재가 있는 산'이라는 말입니다. 그런데 하나님께서 모세를 부르실 때 '아무도' 산에 오르지 못하도록 하셨으며, 산에 오르는 자는 죽는다고까지 말씀하셨습니다.

출19:12 너는 백성을 위하여 주위에 경계를 정하고 이르기를 너희는 삼가 산에 오르거나 그 경계를 침범하지 말지니 <u>산을 침범하는 자는 반드시 죽임을 당할 것이라</u>
출19:21 여호와께서 모세에게 이르시되 내려가서 백성을 경고하라 백성이 밀고 들어와 나 여호와에게로 와서 보려고 하다가 많이 죽을까 하노라
출19:24 여호와께서 그에게 이르시되 가라 너는 내려가서 아론과 함께 올라오고 제사장들과 백성에게는 경계를 넘어 나 여호와에게로 올라오지 못하게 하라 내가 그들을 칠까 하노라

왜 하나님께서는 모세 외에 다른 사람들이 '하나님의 산'에 오르지 못하도록 하셨을까요?

그 이유는 사람들이 거룩하지 못하기 때문입니다.

> **출19:22** 또 여호와에게 가까이 하는 제사장들에게 그 몸을 성결히 하게 하라 나 여호와가 그들을 칠까 하노라
> **출19:23** 모세가 여호와께 아뢰되 주께서 우리에게 명령하여 이르시기를 산 주위에 경계를 세워 산을 거룩하게 하라 하셨사온즉 백성이 시내 산에 오르지 못하리이다

더러운 오물 냄새가 나는 사람이 있다면, 누가 그런 사람과 가까이 있고 싶어 하며, 누가 그런 사람을 만나고 싶어 할까요? 아무도 없을 것입니다.

더러운 죄악의 악취, 교만의 악취, 자기 자랑의 악취, 음란의 악취, 분노와 혈기의 악취, 자기 아집과 고집의 악취가 넘치는 사람을 하나님께서 만나고 싶어 할까요? 아닙니다. 하나님은 거룩하시기 때문에 그런 냄새가 나고 악취가 나는 사람을 만나 주시지 않습니다.

거룩하지 않은 사람들은 거룩하신 하나님을 볼 수 없습니다. 그래서 구약의 이스라엘 백성들은 '죄인인 인간이 거룩하신 하나님을 보면 죽는다'는 사상을 가졌는데, 야곱은 자신이 하나님을 대면하여 보았음에도 불구하고 자신이 죽지 않자 그 땅의 이름을 '브니엘'이라고 한 것입니다.

> **창32:30** 그러므로 야곱이 그곳 이름을 브니엘이라 하였으니 그가 이르기를 내가 하나님과 대면하여 보았으나 내 생명이 보전되었다 함이더라

그렇다면 어떤 사람이 하나님을 만날 수 있을까요?

시24:3-4에서는 '여호와(하나님)의 산'에 올라가서 하나님 앞에 서서 하나님을 만날 수 있는 자격에 대하여 말하고 있습니다.

시24:3 여호와의 산에 오를 자가 누구며 그의 거룩한 곳에 설 자가 누구인가
시24:4 곧 손이 깨끗하며 마음이 청결하며 뜻을 허탄한 데에 두지 아니하며 거짓 맹세하지 아니하는 자로다

첫째, '손'이 깨끗한 사람입니다. '손'이 깨끗하다는 말은 이미 앞에서 말씀드렸듯이 '행위'가 깨끗한 사람, '율법'을 범하지 않은 사람을 말합니다. 하나님의 말씀을 범한 사람은 하나님의 징계와 심판의 대상이지 하나님을 만날 수 있는 자격은 전혀 없습니다. 그러므로 하나님을 만나길 원하면 하나님의 말씀 앞에 철저히 순종하는 사람이 되어야 합니다.

둘째, 뜻을 허탄한 데 두지 않는 사람이 되어야 합니다. 예수님께서는 '내가 하늘에서 내려온 것은 내 뜻을 행하려 함이 아니요 나를 보내신 이의 뜻을 행하려 함이니라(요6:38)'고 말씀하셨습니다. 하나님을 만나기 원하는 사람은 세상에서의 성공, 세상의 영광, 자기 자신의 꿈의 성취, 물질 등에 뜻(마음)을 두지 말고, 삶의 이유와 목적을 하나님의 뜻을 이루고 행하는데 두어야 합니다. 살든지 죽든지 먹든지 마시든지 오직 하나님의 영광이 나타나는 삶을 살도록 해야 합니다.

셋째, 거짓 맹세하지 않는 사람이 되어야 합니다. 지킬 마음이 없으면서도 하는 맹세가 거짓 맹세이고, 맹세를 했으나 지키지 않은 것도 결국은 거짓 맹세를 한 것입니다. 시24:4의 '맹세하지'라는 단어의 히브리어는 '샤바'인데 시15:4에서는 '서원'이라는 단어로 사용되었습니다.

시15:4 그의 눈은 망령된 자를 멸시하며 여호와를 두려워하는 자들을 존대하며 그의 '마음'에 서원한 것은(샤바) 해로울지라도 변하지 아니하며

그러므로 '마음'으로라도 서원한 것은 내게 해가 될지라도 지키는 것이 거짓 맹세하지 않는 것이므로 하나님을 만나기 원하는 사람은 혹시 자신이 거짓 맹세한 죄가 있는지 돌아보고 철저히 회개해야 하고, 말로만이 아니라 '마음'으로라도 맹세(혹은 서원)를 했으면 지키는 사람이 되어야 합니다.

넷째, '마음'이 청결한 사람입니다. 성경 말씀에서는 하나님을 만나기 위한 두 번째 조건으로 '마음'이 청결한 사람이 되어야 할 것을 말하고 있지만 제가 이 부분을 강조하기 위하여 마지막에 두었습니다.

하나님을 만나기 위해서는 '행위'만 깨끗해서는 안 됩니다. '마음'도 청결해야 합니다. 왜냐하면 하나님은 마음의 중심을 보시는 분이시기 때문입니다(삼상16:7). '마음'이 청결하려면 '마음'으로 지은 죄들을 철저히 회개해야 합니다. 예수님께서는 마음으로 지은 죄를 회개해야 한다고 말씀하셨습니다(마5:27-28, 요일3:15). '마음'과 '생각'으로 지은 죄를 자백할 때 예수님의 피가 마음과 생각을 정결하게 해줄 것입니다(요일1:9,7).

저는 교회를 다닌 지 7년 반 만에 하나님의 은혜로 거듭났는데, 거듭난 후 매일 성경 말씀을 읽으면서 기도하는 삶을 살게 되었습니다. 그러한 제 안에 죄인의 괴수인 저를 구원해 주신 예수님을 보고 싶은 열망이 계속해서 일어났습니다. 그래서 '어떻게 하면 예수님을 만날 수 있을까?'하는 생각을 매일 매일 하였습니다.

그러던 어느 날 성경을 읽다가 눈에 '확' 들어오는 말씀이 있었습니다. 마5:8 말씀이었습니다.

마5:8 마음이 청결한 자는 복이 있나니 그들이 하나님을 볼 것임이요

예수님께서 친히 말씀하시기를 '마음이 청결한 자'가 하나님을 볼 수 있다는 것이었습니다. 그래서 이 말씀을 본 후부터 매일 다음과 같이 기도하였습니다.

"예수님, 제 마음을 청결하게 해 주옵소서!"

"예수님, 예수님의 피로 제 마음을 정결하게 해 주셔서 하나님을 볼 수 있도록 해 주옵소서!"

"예수님, 제 속에 정한 마음을 창조하시고 내 안에 정직한 영을 새롭게 해주셔서(시51:10) 제가 지은 죄에 대하여 자신을 변호하지 말게 해주시고, 변명하지도 말게 해주시고, 남 탓도 하지 말게 해주시고, 정직하게 인정하게 하옵소서!"

이렇게 기도하면서 매일 제 자신을 돌아보며 철저히 회개하여 예수님의 피로 저의 영혼이 정결케 되도록 한 결과 하나님의 은혜로 예수님을 세 번 만나는 은총을 받게 되었습니다. 다른 사람들은 일평생 한 번 만나기도 어려운데 부족한 제가 예수님을 만나게 된 것은 전적으로 하나님의 은혜이며, 철저한 회개를 통하여 저의 영혼이 정결케 되도록 한 결과입니다. 하나님께서 시24:3-4 말씀과 마5:8 말씀을 통하여 약속하신 대로 '마음이 청결한 자'를 만나주신다고 하셨으니 이 글을 읽는 분들도 마음을 청결하게 하심으로써 하나님을 만나는 은혜가 있기를 바랍니다.

부족한 제가 하나님의 크신 은혜로 예수님을 세 번 만난 영적 체험이 『주님 오시리 곧 오시리』 책에 있는데 한 번 더 나누겠습니다.[7]

a. 나를 만나주신 예수님

내가 예수님을 만난 후 나의 삶은 완전히 변화되었다. 매일 성경을 읽고, 기도하는 것이 가장 중요한 일이 되었다. 성경 말씀을 읽으면 어찌 그리 재미있는지… 성경 말씀대로 꿀보다 더 달게 느껴졌다(시119:103). 성경을 10분만 보려고 했는데 30여분이 흐르기도 하였고, 3-4장만 읽으려고 하였는데 어느새 20-30장을 읽고 있었다. 예전에 7년 반 동안 교회에 다니면서 성경을 읽은 것은 성경 퀴즈 대회를 위하여 4복음서를 두 번 읽은 것밖에 없었다. 지명, 인명 등을 중심으로 공부하듯이 성경을 읽었으니 성경을 읽으면서 영적 기쁨이 있을 리가 없었다. 그러나 예수님을 만난 후 성경말씀은 참으로 달콤하였다.

이렇게 매일 기도와 말씀으로 생활하던 어느 날, 교회 전도사님이 중고등부 토요일 성경 공부를 나에게 부탁하셨다. 나는 부족했지만 순종하기로 하고 아이들을 가르치기 시작하였고, 성경 공부 후에는 기도회를 하였다. 1시간 정도의 성경 공부를 마친 뒤에 3층 기도실에 올라가서 공부한 내용을 가지고 마음껏 부르짖었다. 아이들은 1

---

7) 『주님 오시리 곧 오시리』, 박요셉, 하늘빛 출판사, P.226-243

주일 동안의 삶을 뒤돌아보면서 하나님 말씀대로 살지 못한 자신을 생각하며 가슴을 치며 회개하였다. 그리고 하나님의 말씀대로 살게 해 달라고 부르짖었다. 그러자 중고등부의 영적 분위기가 조금씩 변하였다. 은혜를 사모하는 마음들이 전염병처럼 퍼지기 시작하였다. 3-4명이 모여서 하던 성경 공부와 기도회는 얼마 후 30-40명으로 늘어났다. 부르짖으며 기도를 하는 중에 방언을 받는 아이들이 하나씩 늘어났다.

이렇게 몇 개월이 지난 뒤 여름 방학이 되어 수련회를 가는데, 고등부 교사인 나는 아이들과 함께 수련회에 참석하였다. 그런데 수련회의 프로그램을 보니 참으로 답답하였다. 아이들로 하여금 마음껏 부르짖으며 기도하는 시간이 없었다. 학생회 부장님이 대학교 교수님이다 보니 대부분 대학교와 같이 강의가 대부분이었다. 아이들에게 필요한 것은 은혜였는데 은혜를 받게 하는 프로그램이 거의 없었다. 하나님의 은혜를 사모하여 부르짖으며 기도했던 아이들은 영적 갈증을 참지 못하고 첫날 프로그램이 모두 끝난 뒤 아이들이 나를 찾아왔다. "선생님, 우리 기도회를 좀 해요! 답답해 죽겠어요! 마음껏 부르짖으면서 기도를 하고 싶어요!" 나는 곤란하였다. 수련회를 이끄시는 분들은 부장 장로님들을 중심으로 한 어른들이었다. 내 마음대로 결정할 수 있는 상황이 아니었다. 한참 머뭇거리며 하나님의 지혜를 구한 나는 "너희들의 마음이 정 그렇다면 부장 장로님을 찾아가서 허락을 받고 오너라"고 하였다. 그러자 중고등부 임원들은 부장 장로님을 찾아가서 그들이 기도회를 하고 싶다는 것을 간곡히 말씀드렸고, 결국 허락받았다. 나는 기도하기를 원하는 아이들과 함께 야외로 나갔다. 찬송을 몇 곡 힘차게 불렀다. 그리고 말씀을 뜨겁게 전하였다. 내가 열정적으로 전한 말씀은 총알같이 아이들의 마음을 파고들었다.

말씀을 마친 뒤 기도회에 들어갔다. 아무도 없는 산속이라서 거칠 것이 없었다. 나와 아이들은 마음껏 소리를 지르며 부르짖었다. 한동안 뜨겁게 부르짖으며 기도하는데 이상한 현상이 나타났다. 내가 무릎 꿇고 기도하는데 저만치 앞에서 내가 또 무릎을 꿇고 있는 것이 보였다. '이게 뭐지, 내가 저기에 또 있다니…' 난생 처음 경험하는 광경이었다. 그런데 잠시 후에 내 앞에 계단이 보였고, 계단 위에서 한 사람이 서서히 내려오고 있었다. 흰옷을 입고 있었는데 옷이 발끝까지 끌리고 있었다. 처음 보는 분이지만 순간 '예수님이시다!'는 생각이 들었다. 예수님은 환상 중에 보이는 나에게 다가오셨다. 그리고 무릎을 꿇고 기도하는 나에게 무엇인가를 씌워주시면서 '아들아, 얼마나 수고가 많으냐? 계속해서 열심히 하거라!'고 말씀하셨다. 예수님께서 내 머리에 씌워주시는 것이 무엇인지 자세히 보니 놀랍게도 면류관이었다.

아, 예수님은 내가 영혼 구원에 불타는 마음을 갖고 매일 여러 사람들을 찾아다니며 예수님을 영접시키려고 한 것을 아셨다. 아이들과 씨름하면서 성경 공부하고 기도회를 한 것을 보고 계셨던 것이다. 날마다 아이들의 이름을 불러가며 중보 기도를 했던 것을 보고 계셨던 것이다. 내 주머니에 있는 돈을 탈탈 털어서, 기도회가 끝난 후 아이들에게 호떡을 사주며 아이들과 함께 하였던 것을 보고 계셨다. 아이들의 영혼을 불쌍히 여기면서 가슴 아파했던 것을 다 알고 계셨다. 오랫동안 교회를 다녔지만 은혜를 경험하지 못해 삶의 변화가 없던 아이들이 변화되도록 힘을 다하여 헌신하며 일한 것을 보고 계셨던 것이다. 그리고 주님을 사모하여 주님을 만나기 위하여 '청결한 마음'을 갖도록(마5:8) 매일 철저히 회개하는 삶을 산 것을 보셨다. 그런 나를 보시고 수련회에 와서 아이들과 같이 성령 충만함을 받기 위하여 간절히 부르짖으며 수고하고 애쓰는 나를 격려하기 위하여 오신 것이었다.

나에게 면류관을 씌워주시며 격려하셨던 예수님은 다시 서서히 계단을 통하여 올라가셨다. 그리고 그 환상은 사라졌으며 나도 현실로 돌아왔다. 아이들은 아직도 마음껏 소리를 지르며 부르짖고 있었다. 밤하늘에는, 아이들의 영혼들처럼, 별이 초롱초롱하게 빛나고 있었다.

내가 힘이 들고 지칠 때, 예수님께서 찾아오셔서 면류관을 씌워주시고 격려하신 것을 생각하면 다시금 새 힘이 생겼다. 죄인 중에 괴수인 나의 모든 죄를 용서해주신 것만도 감사한데, 내게 찾아오셔서 면류관을 씌워주시면서 격려하신 주님께 감사와 찬양을 드린다.

제4장
채찍에 맞으셨을 때 흘리신 보혈의 능력

1. 채찍에 맞으심으로 질병의 저주를 끊으신 예수 그리스도

예수님과 제자들의 최후의 만찬 그 다음날 새벽부터 시작해서 예수님의 고난과 죽음, 부활을 그려 낸 영화로서, 멜 깁슨 감독이 연출했고 2004년에 개봉된 '패션 오브 크라이스트(The Passion of the Christ)'에서는 예수님께서 채찍에 맞으시는 참혹한 모습을 적나라하게 표현하였습니다. 잔인성 시비 문제로 미국에서 상영금지 논란까지 있었지만, 예수님께서 채찍에 맞으신 것을 실제적으로 자세히 보여준 영화입니다.

요19:1 이에 빌라도가 예수를 데려다가 채찍질하더라

병정들에 의해서 채찍에 맞아 피투성이가 된 예수님을 계속해서 채찍질하는 로마 병정들의 잔혹함을 보면서 '인간이 저렇게까지 잔인할 수도 있는가?'하는 생각이 들었고, 연약한 육체의 모습으로 채찍질을 끝까지 견디시는 예수님을 보면서 인간들을 향한 예수님의 한 없는 사랑을 깊이 생각하게 되었습니다. 그런데 예수님은 왜 온몸이 피투성이가 되도록 채찍에 맞으셔야만 했을까요?

이사야 선지자는 오실 메시야에 대하여 여러 번 예언했는데, 사 53:3-5을 통하여 오실 메시야께서 채찍에 맞으심으로써 우리가 질병에서 고침을 받게 될 것이라고 예언하였습니다.

> **사53:4 그는 실로 우리의 질고를 지고 우리의 슬픔을 당하였거늘 우리는 생각하기를 그는 징벌을 받아 하나님께 맞으며 고난을 당한다 하였노라**
> **사53:5 그가 찔림은 우리의 허물 때문이요 그가 상함은 우리의 죄악 때문이라 그가 징계를 받으므로 우리는 평화를 누리고 <u>그가 채찍에 맞으므로 우리는 나음을 받았도다</u>**

사53:4에서 메시야께서 '우리의 질고를 지고 우리의 슬픔을 당하였다'고 말하고 있는데, '질고'라는 단어는 히브리어로 '홀리'라고 하는데 이 단어는 '병(sickness)', 혹은 '질병(disease)'을 의미하며, '지고'라는 단어는 히브리어로 '나사'라고 하는데 '가지고 가다'라는 의미이고, '슬픔을'이라는 단어의 히브리어는 '마크오브'인데 '고통(pain)'을 의미하며, '당하였다'라는 단어의 히브리어는 '사발'인데 '(짐을)지다'라는 의미입니다.

그러므로 '우리의 질고를 지고 우리의 슬픔을 당하였다'는 말씀은 메시야께서 '우리의 병과 질병을 가지고 가셨으며 우리가 병과 질병으로 인해 당하는 고통의 짐을 당신이 친히 지셨다'라는 의미입니다. 그리고 사53:5 말씀에서 '그가 채찍에 맞음으로 우리가 나음을 받았도다'라고 말함으로써 예수님께서 채찍에 맞으셨을 때 흘리신 피는 '질병의 저주'를 끊고 질병에서 치유받을 수 있도록 흘리신 피임을 알 수 있습니다.

그러므로 예수님께서 채찍에 맞으시는 사건은 이사야 선지자가 메시야에 대하여 예언한 사53:5 말씀이 성취되는 사건이며, 예수님께서 구약에 예언된 메시야이심을 증명하는 것입니다.

예수님께서 채찍에 맞으실 때 온몸에서 흘리신 보혈은 죄인인 인간에게 있는 '질병의 저주'를 씻는 피인 것입니다.

예수님께서 십자가에 못 박히셨을 때 손에서 흘린 피가 우리들의 죄를 씻는 능력이 있다면, 예수님께서 채찍에 맞으셨을 때 온몸에서 흘리신 보혈은 우리들의 온몸에 있는 질병의 저주를 씻는 능력의 피인 것입니다. 할렐루야!

마8:16-17 말씀을 보면 예수님께서 병든 자를 고치셨다고 하면서 사53:4-5 말씀의 성취라고 말하고 있습니다.

마8:16 저물매 사람들이 귀신 들린 자를 많이 데리고 예수께 오거늘 예수께서 말씀으로 귀신들을 쫓아내시고 병든 자들을 다 고치시니
마8:17 이는 선지자 이사야를 통하여 하신 말씀에 우리의 연약한 것을 친히 담당하시고 병을 짊어지셨도다 함을 이루려 하심이더라

2. 죄 사함의 복음이 선포되는 곳에 나타나야 할 치유의 역사

감옥에 있던 세례 요한이 제자들을 예수님께 보내서, 하나님께서 인류의 죄를 용서하시기 위하여 보내주시기로 약속한 메시야가 예수님인지 묻도록 했습니다.

마11:2 요한이 옥에서 그리스도의 하신 일을 듣고 제자들을 보내어

마11:3 예수께 여짜오되 오실 그이가 당신이오니이까 우리가 다른 이를 기다리오리이까

그러자 예수님께서는 다음과 같이 말씀하셨습니다.

마11:4 예수께서 대답하여 가라사대 너희가 가서 듣고 보는 것을 요한에게 고하되

마11:5 소경이 보며 앉은뱅이가 걸으며 문둥이가 깨끗함을 받으며 귀머거리가 들으며 죽은 자가 살아나며 가난한 자에게 복음이 전파된다 하라

예수님께서는 왜 이렇게 대답하셨을까요?

이사야 선지자가 사53:4-6 말씀을 통하여 오실 메시야는 인간의 모든 질병을 치유해주시는 분이라고 예언했는데, 예수님께서 사역하시는 현장에서 '소경이 보며, 앉은뱅이가 걸으며, 문둥이가 깨끗함을 받으며, 귀머거리가 들으며, 죽은 자가 살아나며 가난한 자에게 복음이 전파되고 있다'라고 말씀하심으로써 예수님께서 바로 이사야 선지자가 예언한 '메시야'이심을 간접적으로 말씀하신 것입니다.

'질병의 저주'는 죄 때문에 온 것이므로 메시야가 오셔서 모든 죄를 용서해주시면 질병의 저주는 당연히 떠나가야 하지 않겠습니까?

예수님께서 메시야가 되셔서 우리의 모든 죄를 용서하셨다고 전하는데, 만약에 예수님의 이름으로 치유의 역사가 나타나지 않으면 예수님께서 메시야가 아니라는 말이 됩니다. 그렇기 때문에 예수님께서는 천국 복음을 전하는 제자들에게 권능을 주셔서 질병을 치유하도록 하신 것입니다.

마10:1 예수께서 그의 열두 제자를 부르사 더러운 귀신을 쫓아내며 모든 병과 모든 약한 것을 고치는 권능을 주시니라

마10:5 예수께서 이 열둘을 내보내시며 명하여 이르시되 이방인의 길로도 가지 말고 사마리아인의 고을에도 들어가지 말고

마10:6 오히려 이스라엘 집의 잃어버린 양에게로 가라

마10:7 가면서 전파하여 말하되 천국이 가까이 왔다 하고

마10:8 병든 자를 고치며 죽은 자를 살리며 나병환자를 깨끗하게 하며 귀신을 쫓아내되 너희가 거저 받았으니 거저 주라

막16:17 믿는 자들에게는 이런 표적이 따르리니 곧 그들이 내 이름으로 귀신을 쫓아내며 새 방언을 말하며

막16:18 뱀을 집어올리며 무슨 독을 마실지라도 해를 받지 아니하며 병든 사람에게 손을 얹은즉 나으리라 하시더라

그러므로 죄 사함의 복음이 전파되는 곳에서 반드시 예수 그리스도 이름으로 질병 치유의 역사가 나타나야 합니다.

많은 교회들이 초대 교회를 롤 모델(Role model)로 삼는데, 초대 교회는 예수 그리스도 이름으로 각종 질병들을 고치면서 복음을 전하였으니, 초대 교회를 닮아가길 원한다면 예수 그리스도 이름으로 치유의 역사가 나타나서 예수님께서 메시야이심을 전해야 합니다.

그럼 어떻게 하면 치유의 역사가 나타날 수 있을까요?

3. 치유의 역사가 나타나려면?

1) 믿으라

치유의 역사가 나타나려면 '예수님께서 채찍에 맞으심으로써 우

리가 나음을 받았도다(사53:5)'는 말씀을 믿어야 합니다. 믿음이 없이는 하나님을 기쁘시게 할 수 없으며(히11:6)[8], 예수님께서는 "네 믿음대로 될지어다(마8:13)"고 말씀하시고 고쳐주시기 때문입니다.

> **마8:13 예수께서 백부장에게 이르시되 가라 네 믿은 대로 될지어다 하시니 그 즉시 하인이 나으니라**

믿음이 없는 곳에서는, 믿음이 없는 사람들에게는, 치료의 역사가 나타나지 않습니다. 그래서 예수님도 믿음이 없는 사람들에게는 권능을 행하지 않으셨습니다.

> **마13:58 그들이 믿지 않음으로 말미암아 거기서 많은 능력을 행하지 아니하시니라**

> **막6:5 거기서는 아무 권능도 행하실 수 없어 다만 소수의 병자에게 안수하여 고치실 뿐이었고**
> **막6:6 그들이 믿지 않음을 이상히 여기셨더라 이에 모든 촌에 두루 다니시며 가르치시더라**

열두 해 동안이나 혈루증으로 앓았던 한 여인은 예수님의 겉옷만 만져도 치유를 받을 것을 믿었습니다. 그러자 그녀는 그 믿음대로 치유를 받았습니다. 할렐루야!

> **마9:20 열두 해 동안이나 혈루증으로 앓는 여자가 예수의 뒤로 와서 그 겉옷 가를 만지니**

---

8) 히11:6 믿음이 없이는 기쁘시게 못하나니 하나님께 나아가는 자는 반드시 그가 계신 것과 또한 그가 자기를 찾는 자들에게 상 주시는 이심을 믿어야 할지니라

마9:21 이는 제 마음에 그 겉옷만 만져도 구원을 받겠다 함이라

마9:22 예수께서 돌이켜 그를 보시며 이르시되 딸아 안심하라 네 믿음이 너를 구원하였다 하시니 여자가 그 즉시 구원을 받으니라

예수님께서 치유의 능력을 나타내시는 원동력은 우리들의 '믿음'입니다. 우리들이 믿을 때 하나님은 일하십니다. 내가 믿을 때, 하나님께서는 나의 믿음 위에 하나님의 능력을 더해주셔서 치유의 역사가 나타나도록 해주십니다.

예수님께서 채찍에 맞으셨을 때 흘리신 보혈은 우리들을 질병의 저주에서 지유케 하시기 위하여 흘리신 피이며, 예수님께서 채찍에 맞으심으로써 흘리신 보혈로 말미암아 우리들이 질병에서 치유됨을 믿으시기 바랍니다.

2) 손을 얹고 기도하라

예수님께서 병든 자들을 고치실 때 '손을 얹어서' 고치셨습니다.

눅4:40 해 질 무렵에 사람들이 온갖 병자들을 데리고 나아오매 예수께서 일일이 그 위에 손을 얹으사 고치시니

예수님께서는 믿는 자들이 병든 자에게 손을 얹을 때 치유의 역사가 나타날 것이라고 말씀하셨습니다.

막16:17 믿는 자들에게는 이런 표적이 따르리니 곧 그들이 내 이름으로 귀신을 쫓아내며 새 방언을 말하며

막16:18 뱀을 집어올리며 무슨 독을 마실지라도 해를 받지 아니하며 병든 사람에게 손을 얹은즉 나으리라 하시더라

이 말씀에 따라서 사도 바울은 열병과 이질에 걸려서 고통을 당하는 보블리오의 부친에게 손을 얹고 기도하자 치유의 역사가 나타났습니다.

행28:8 보블리오의 부친이 열병과 이질에 걸려 누워 있거늘 바울이 들어가서 기도하고 <u>그에게 안수하여 낫게 하매</u>

그러므로 우리들이 이 약속의 말씀을 믿고 병든 자들에게 손을 얹고 기도할 때 치유의 역사가 나타날 줄 믿습니다.

3) 회개하며 기도하라

하나님께서는 우리들이 하나님께서 주신 법을 잘 지키면 어떤 질병도 내리지 않으시겠다고 말씀하셨습니다.

출15:26 이르시되 너희가 너희 하나님 나 여호와의 말을 들어 순종하고 내가 보기에 의를 행하며 내 계명에 귀를 기울이며 내 모든 규례를 지키면 내가 애굽 사람에게 내린 모든 질병 중 하나도 너희에게 내리지 아니하리니 나는 너희를 치료하는 여호와임이라

이 말씀을 반대로 해석하면, 만약 우리들이 하나님께서 주신 법을 지키지 않고 죄를 지으면 육체에 질병을 주시겠다는 말씀입니다. 그래서 하나님께서는 신28장을 통하여 우리들이 죄를 지으면 여러 가지 질병의 저주들이 임하게 될 것이라고 말씀하셨습니다.

신28:15 네가 만일 네 하나님 여호와의 말씀을 순종하지 아니하여 내가 오늘 네게 명령하는 <u>그의 모든 명령과 규례를 지켜 행하지 아니하면</u> 이 모

든 저주가 네게 임하며 네게 이를 것이니

신28:21 여호와께서 네 몸에 염병이 들게 하사 네가 들어가 차지할 땅에서 마침내 너를 멸하실 것이며

신28:22 여호와께서 폐병과 열병과 염증과 학질과 한재와 풍재와 썩는 재앙으로 너를 치시리니 이 재앙들이 너를 따라서 너를 진멸하게 할 것이라

신28:27 여호와께서 애굽의 종기와 치질과 괴혈병과 피부병으로 너를 치시리니 네가 치유 받지 못할 것이며

신28:28 여호와께서 또 너를 미치는 것과 눈 머는 것과 정신병으로 치시리니

신28:32 네 자녀를 다른 민족에게 빼앗기고 종일 생각하고 찾음으로 눈이 피곤하여지나 네 손에 힘이 없을 것이며

신28:34 이러므로 네 눈에 보이는 일로 말미암아 네가 미치리라

신28:35 여호와께서 네 무릎과 다리를 쳐서 고치지 못할 심한 종기를 생기게 하여 발바닥에서부터 정수리까지 이르게 하시리라

신28:58 네가 만일 이 책에 기록한 이 율법의 모든 말씀을 지켜 행하지 아니하고 네 하나님 여호와라 하는 영화롭고 두려운 이름을 경외하지 아니하면

신28:59 여호와께서 네 재앙과 네 자손의 재앙을 극렬하게 하시리니 그 재앙이 크고 오래고 그 질병이 중하고 오랠 것이라

신28:60 여호와께서 네가 두려워하던 애굽의 모든 질병을 네게로 가져다가 네 몸에 들어붙게 하실 것이며

신28:61 또 이 율법책에 기록하지 아니한 모든 질병과 모든 재앙을 네가 멸망하기까지 여호와께서 네게 내리실 것이니

신28:65 그 여러 민족 중에서 네가 평안함을 얻지 못하며 네 발바닥이 쉴 곳도 얻지 못하고 여호와께서 거기에서 네 마음을 떨게 하고 눈을 쇠하게 하고 정신을 산란하게 하시리니

그렇다면 우리들이 질병으로 인해 고통을 당하게 될 때, '혹시 나의

죄로 말미암아 이 질병이 온 것은 아닌가?' 생각하고 내 자신을 돌아보며 죄를 찾아서 회개하는 신앙의 자세는 중요합니다. 이런 신앙의 좋은 본보기는 엘리야를 대접했던 사르밧 과부입니다.

사르밧 과부는 마지막 남은 밀가루와 기름으로 떡을 만들어 먹고 죽으려고 했으나, 엘리야 선지자의 말씀에 순종하여 떡을 만들어서 엘리야 선지자를 대접함으로써 땅에 비가 다시 내릴 때까지 밀가루가 떨어지지 않고 병에 기름이 마르지 않는 기적을 체험하였습니다(왕상17:13-16).

그런데 어느 날 그 여인의 아들이 병들어 눕게 되었는데, 병이 매우 심해져서 숨을 거두고 말았습니다. 그러자 그 여인은 엘리야 선지자를 찾아와서 이렇게 말했습니다.

> **왕상17:18** 여인이 엘리야에게 이르되 하나님의 사람이여 당신이 나와 더불어 무슨 상관이 있기로 **내 죄를 생각나게 하고 또 내 아들을 죽게 하려고** 내게 오셨나이까

그 여인은 아들이 병들어 죽게 되자 자신을 돌아보았는데 아들이 병든 것이, 그리고 병들어 죽게 된 것이 자신의 죄 때문이라고 말한 것입니다. 이처럼 병든 것이 죄와 연관이 있을 수 있는 것입니다.

요5:2-14 말씀을 보면 예수님께서 38년된 병자를 고쳐주신 사건이 기록되어 있습니다. 이 병자가 무려 38년 동안이나 병으로 인한 고통 가운데 있었던 이유가 무엇일까요?

저는 이 병자가 38년 동안이나 고통 가운데 있었던 이유를 '38'이란 숫자에서 생각해보았습니다. 왜냐하면 성경에서의 숫자들은 각각 영적 의미가 있기 때문입니다.

성경에서 '1'이란 숫자는 완전수로서 '유일하신 하나님'을 상징하며, '2'란 숫자는 '증인'의 수입니다. 그래서 구약 시대에 사람의 모든 악에 관하여 또한 모든 죄에 관하여는 최소한 두 증인의 증언이 있어야 그 사건을 확정할 수 있으며(신19:15), 신약 시대에 예수님께서 전도하러 보내실 때는 '두 명'씩 짝지어서 보내셨으며(눅10:1), 요한계시록에서도 하나님께서는 '두 증인'을 보내셔서 회개의 메시지를 전하도록 하셨습니다(계11:3). '3'이란 숫자는 '삼위일체 하나님'을 상징하는 숫자이며, '4'란 숫자는 동서남북으로 뻗어 있는 땅을 상징하는 숫자이며, '5'는 '고난, 고통'의 수로서 요셉이 형들에게 자신의 정체를 드러냈을 때는 그 땅에 앞으로 5년 동안 흉년이 남아 있어서 더 밭갈이도 못하고 추수도 못하는 고통과 고난이 남았으며(창45:6), 예루살렘에 있는 양문 곁에 베데스다 하는 못이 있는데 5개의 행각 안에는 많은 병자, 맹인, 다리 저는 사람, 혈기 마른 사람들 등 육신의 고통 가운데 있는 사람들이 가득 차 있었습니다(요5:3). 그리고 '6'은 '인간'의 수로서 인간은 6일째 태어났으며, '7'은 완전수이며, '8'은 '부활'의 수로서 예수님께서 제8일째 부활하셨습니다. '12'는 '완전수'로서 구약 12 지파, 신약 12 제자, 천국의 12 진주 문 등에 쓰였으며, '40'은 '고난'의 수로서 40년 광야 생활, 40일 금식 기도 등을 상징하는 수입니다.

이처럼 성경은 숫자들을 통하여 영적인 의미를 주고 있는데 그렇다면 '38'이란 숫자는 무엇을 의미할까요?

잘 아시다시피 이스라엘은 40년 동안 광야 생활을 하였습니다. 그런데 이 40년의 기간을 둘로 나눌 수 있습니다.

첫 번째 기간은 애굽에서 나와서 광야를 지나 가데스바네아까지 간

기간이고, 두 번째 기간은 가데스바네아에서 하나님의 징계를 받아서 다시 광야 생활을 한 기간입니다.

가데스 바네아에서 이스라엘은 12명의 정탐꾼을 보내서 40일 동안 정탐하게 하였습니다. 그런데 여호수아와 갈렙을 제외한 10명의 정탐꾼들은 정탐한 땅을 악평하였고, 가나안 땅의 모든 백성은 신장이 장대한 자들이어서 전쟁을 하면 이스라엘은 다 죽을 것이라고 보고를 하였습니다(민13:32-33). 그러자 이스라엘 백성들은 밤새도록 통곡하였고, 모세와 아론을 원망하며 애굽으로 돌아가자 하고 여호수아와 갈렙을 돌로 쳐 죽이려고 했을 때(민14:1-10), 하나님께서 나타나셔서 믿음이 없는 이스라엘 민족에게 진노하시고 정탐한 날 수인 사십일의 하루를 일 년으로 계산해서 사십 년간 광야 생활을 하도록 하셨습니다(민14:34). 그래서 이스라엘 백성들은 40년 동안 광야 생활을 해야 했지만, 사랑과 자비의 하나님께서는 이스라엘 백성들이 출애굽해서 가데스바네아에 오기까지 이미 2년이 지났으므로 38년 동안만 다시 광야 생활을 하도록 하셨습니다.

신2:14 가데스 바네아에서 떠나 세렛 시내를 건너기까지 삼십팔 년 동안이라 이 때에는 그 시대의 모든 군인들이 여호와께서 그들에게 맹세하신 대로 진영 중에서 다 멸망하였나니

38년 동안의 광야 생활은 이스라엘 백성들의 하나님에 대한 '불순종으로 인한 징계의 시간'인 것입니다. 그러므로 '38'이란 숫자는 '불순종으로 인한 징계'를 의미한다고 할 수 있습니다. 그렇다면 예수님께서 베데스다 못에서 만난 병자가 38년 동안 고통 가운데 있었던 이유는, '불순종의 죄'로 인하여 당한 질병이었음을 추측할 수 있습니다. 그래서 예수님께서 그 병자를 고쳐주신 뒤 "더 심한 것이 생기지 않도록 다시는 죄를 범치 말라"고 말씀하신 것입니다.

요5:14 그 후에 예수께서 성전에서 그 사람을 만나 이르시되 보라 네가 나았으니 더 심한 것이 생기지 않게 다시는 죄를 범하지 말라 하시니

이처럼 육신의 질병은 하나님의 말씀에 불순종해서 하나님께서 내리신 징계일 수 있습니다. 그러므로 우리가 질병에 걸렸을 때에는 먼저 '혹시 나의 죄로 말미암아 병에 걸렸는지' 자신을 돌아보면서 철저히 회개하면서 치유를 위해서 기도할 때 질병의 치유가 잘 나타날 것입니다.

아래의 글은 설교 말씀을 듣고 회개함으로써 치유를 경험한 한 성도의 간증입니다.

"목사님, 오늘 설교 말씀 듣고 깨닫고 회개하니 치유의 역사가 바로 나타났습니다. 어제 교회 쓰레기를 치우다가 2층 계단에서 양쪽 발목이 둘 다 접질렸습니다. 어제는 그래도 견딜만했는데 오늘 되니 양쪽 발목이 안 돌아가고 아예 굳어버려서 걷다가 안 되면 다리를 질질 끌고 다녔습니다.

오늘 금식하고 싶어 유아실에서 기도하던 중 설교 시간에 들었던 내용, 베데스다 못에서 예수님을 만난 병자가 38년 동안이나 병으로 인해 고통을 당한 원인이 하나님 말씀에 대한 불순종의 죄 때문이었다는 말씀이 생각나면서 저의 불순종의 죄가 떠올랐습니다. 주님께서 올해 저에게 '퇴근길에 외치는 전도를 하라'고 말씀을 주셨는데 회사 일로 계속 야근하다 보니 외치는 전도를 하지 못했습니다. 그래서 순종하지 못했음을 눈물 뿌려 회개하니 축사도 나타나면서 오른발은 완전히 나았고 왼발은 이상 없이 치유되었습니다. 저의 죄를 깨닫게 하시고, 회개하게 하시고, 치유하신 주님께 영광 돌리고, 감사 기도도 드렸고, 다음 주 화요일부터는 반드시 순종하겠다고 결단 기도도 했습니다. 설교 말씀으로 깨닫게 해주셔서 감사드립니다."

4) 다른 사람들을 용서하라

어느 날 새벽, 성도들을 위해서 중보 기도를 하는데, 관절이 안 좋아서 도저히 걸어 다닐 수 없어 휠체어를 타고 다니는 성도가 생각이 났습니다. 그 성도의 치유를 위해서 매일 기도하는데, 자꾸 '그 성도 안에 있는 미움·분노가 관절을 안 좋게 만들어서 그렇게 되었기 때문에 자신에게 상처를 준 사람들에 대한 미움과 분노를 회개하고 용서해야 관절이 치유된다'는 감동이 계속 와서 '미움과 분노가 관절염에 영향을 줄까?'하는 의구심이 들어서, 인터넷을 검색해보았더니 한겨레 신문에 한의사 권OO님이 쓴 기사가 있었습니다.

가슴에 쌓인 미움·분노 팔·다리 관절까지 상하게[9]

나이가 65세 정도인 아주머니가 오신 적이 있다. 이분은 오는 때가 정해져 있다. 이분이 오시면 왜 오셨나를 금방 알 수 있었다. 이분은 병원에서 류마티스 관절염으로 진단을 받았는데 그럭저럭 지내다가 한 번씩 심하게 관절이 아팠다. 이분은 딸이 여러 명 있었다. 셋째

---

9) 한겨레 신문, 2005. 09. 07.

딸은 가까운 곳에 살아 자주 들렀다. 하지만 어느 때부터 안 가게 되었다. 그 집에만 갔다 오면 병이 나서 온몸의 관절이 안 아픈 곳이 없었기 때문이다. 그 딸은 출근하는 남편에게도 밥을 제대로 차려주지 않고, 아이들에게는 음식을 시켜주며, 또 어쩌다 음식을 해도 며칠씩 설거지를 하지 않고 그릇을 지저분하게 그대로 둔다는 것이었다.

그 정도는 자신이 가서 좀 도와줄 수 있지만 문제는 그 딸이 매일 나다니고 씀씀이도 커 카드빚까지 많다고 한다. 주위에서 걱정하는 말을 해도 아랑곳하지 않고 계속 그렇게 생활해서 큰 걱정이라고 했다. 이분은 그래도 딸이라 걱정이 되어서 한 번씩 들르면 속상해서 병이 나곤 했다. 그래서 이분이 오시면 또 딸네 집에 다녀오신 것을 알 수 있었다. 사람이 너무 속이 상하거나 미움이 쌓이면 가슴에 응어리가 진다. 미움은 증오를 낳고 증오는 강한 분노를 낳는다. 그 분노는 가슴 한가운데에 있는 '단중혈'이라는 곳을 막는다. 단중혈이 좀 심하게 막힌 사람은 대부분 가슴 가운데를 손으로 눌러보면 아프다. 단중혈이 막히면 세상이 어두워 보인다. 단중혈에 조금이라도 여분의 공간이 있어야 마음에 여유와 기쁨이 있게 된다. 이곳이 막히면 나에게 즐거운 일이라고는 하나도 없고 자신은 우울하고 불쌍한 존재로 생각하게 된다. 이유 없이 화와 짜증이 자주 나고 남과 이야기도 하기 싫어진다. 세상 사람들이 다 나를 공격하는 적으로 보인다. 이 상태가 심해지면 가슴에 쌓인 분노와 증오의 화기가 사지로 넘쳐나게 된다. 증오가 가슴의 공간을 다 채우고 넘쳐 온몸으로 퍼져 팔과 다리의 관절까지 흘러가게 된다. 손과 발에서 이유 없이 후끈후끈 열이 나고 열이 쉽게 얼굴로 오르기도 한다. 또 이분처럼 관절이 아프기도 한다. 처음에 이분은 자신이 왜 그런지 몰랐었다.

오실 때마다 몇 번씩 이런저런 이야기를 해 드렸다. 나중에서야 자신이 그럴 때마다 아프다는 것을 이해하고 딸 집에 발길을 끊었다. 사람이 화났을 때 나오는 독은 뱀독만큼이나 독하다고 한다. 화가 모여 미움이 되고 미움이 모여 증오가 되면 사실 가장 먼저 피해를 보는 사람은 그 미운 대상이 아니라 자신이다. 자신의 증오심이 자신의 생명력을 죽여 간다.

이처럼 미움과 분노는 관절염의 근원이 됨을 알 수 있습니다. 남을 용서하지 않으면 마음속에 미움과 분노가 독이 되어서 관절염을 일으킬 뿐만 아니라 더 나아가 암에 걸리게도 할 수 있다고 합니다. 어느 글을 보니 다음과 같은 이야기도 있었습니다.

어떤 여집사님이 자기 남편이 매일 음주와 폭행과 바람피우는 것 때문에 속상해서 마음속에 늘 남편을 증오하고 원망하며 살았다고 합니다.

그러다가 신경쇠약증으로 인해 신경성 관절염이 생겨서 뼈마디마다 쑤시는 진통과 고통을 겪는 나날을 보냈다고 합니다. 어느 날 남편이 용서를 구하였지만, 남편이 준 그 상처들이 자꾸 생각나서 도무지 용서해 줄 수가 없었다고 합니다. 그래서 담임목사님과 상담을 하고 기도원에 가서 금식하고 기도하던 중에 주님께서 말씀을 주시더랍니다.

"너희가 사람의 과실을 용서하면 너희 천부께서도 너희 과실을 용서하시려니와 너희가 사람의 과실을 용서하지 아니하면 너희 아버지께서도 너희 과실을 용서하지 아니 하시리라(마6:14-15)"

여집사님은 이 말씀을 주님께 받고 집에 돌아와 남편을 용서해주었다고 합니다. 그랬더니 남편이 크게 뉘우치고 남편도 함께 교회에 출석하게 되었고, 그 여집사님을 괴롭히던 신경 관절통이 모두 치료되고 회복되었다는 간증을 했다고 합니다.

정신과 의사들과 과학자들은 남을 용서하지 않는 마음이 관절염이나 암과 같은 질병과 큰 관계가 있다고 하며, 하버드 의과대학의 연구에 따르면, 분노로 화를 자주 내는 사람은 보통 사람들보다 심장마비를 일으킬 위험이 두 배나 높고 생명을 단축시킨다고 합니다.

영적으로 보면 다른 사람들에 대한 미움·분노는 어둠의 영을 불러들여서 그 어둠의 영들이 관절에 달라붙어 관절염을 일으키는 것입니다. 물론 모든 관절염이 미움과 분노 때문은 아니지만 관절염과 큰 연관이 있음을 알 수 있습니다. 미국에 이민을 간 유대인 랍비가 이런 말을 했다고 합니다. "미국에 도착하기 전에 히틀러를 용서하겠습니다. 자유의 나라 미국까지 히틀러를 데려가고 싶지 않습니다."

나에게 상처를 준 사람들을 용서하는 것이 쉽지는 않겠지만, 남을 용서하는 것은 곧 자기를 자유케 하는 것입니다.

그러므로 내가 질병으로 인해서 고통을 받을 때 혹시 내가 용서하지 않고 미워하고 분노하는 사람이 있지 않은지 자신을 살펴보고, 만약 누군가를 용서하지 않고 미워하거나 분노하고 있다면 미움과 분노를 철저히 회개하고 그 사람을 용서할 때 질병이 치유될 것입니다.

약5:16 이러므로 너희 죄를 서로 고하며 병 낫기를 위하여 서로 기도하라 의인의 간구는 역사하는 힘이 많으니라

5) 질병을 향하여 명령하라

시몬 베드로의 장모가 열병으로 고통을 당하자 사람들이 예수님에게 이 사실을 말하며 치유해주시길 부탁하였습니다. 그러자 예수님께서 베드로의 장모에게 가서서 열병을 꾸짖으시자 열병이 떠나갔습니다.

> 눅4:38 예수께서 일어나 회당에서 나가사 시몬의 집에 들어가시니 시몬의 장모가 중한 열병을 앓고 있는지라 사람들이 그를 위하여 예수께 구하니
> 눅4:39 예수께서 가까이 서서 열병을 꾸짖으신대 병이 떠나고 여자가 곧 일어나 그들에게 수종드니라

예수님께서 병을 고치실 때 많은 경우에 손을 얹으셔서 고쳐주셨는데(눅4:40), 베드로의 장모의 경우에는 병을 '꾸짖으심'으로써 고치신 것입니다. 아픈 사람이 있으면 우리들은 대부분 "주님, 고쳐주시옵소서!"라고 '간구'기도를 드립니다. 그런데 '믿음'이 있을 때에는 질병을 향하여 '명령'을 하는 것이 더 좋습니다. 예수님께서도 '믿음'이 있다면 '명령하라'고 말씀하셨습니다.

> 막11:22 예수께서 그들에게 대답하여 이르시되 하나님을 믿으라
> 막11:23 내가 진실로 너희에게 이르노니 누구든지 이 산더러 들리어 바다에 던져지라 하며 그 말하는 것이 이루어질 줄 믿고 마음에 의심하지 아니하면 그대로 되리라

보통의 기도는 '주님, 이 산이 바다에 던져지게 해주옵소서!'라고 하

지만, 만약 '믿음'이 있을 때에는 '이 산아, 바다에 던져지라'고 명령하면 그대로 이루어진다는 것입니다.

예전에 우리 교회에서 파송 받고 선교하던 선교사가 신장결석으로 인해 너무나 큰 고통을 받다가 수술받기 위해 잠시 귀국하였습니다. 선교지에 석회석 지형이 많아서 물속에 석회석이 녹아 있는데 몇 년 동안 그런 물을 마시다 보니 선교사의 신장에 석회석이 생긴 것이었습니다. 신장결석에는 이루 말할 수 없는 큰 고통이 수반되는데 그 선교사는 너무나 고통스러워서 '죽고 싶다'고 할 정도의 고통이 있었다고 합니다. 예배에 참석한 그 선교사를 위해서 온 교우가 다 같이 합심해서 기도한 뒤 제가 기도하였습니다.

"하나님 아버지, 이 아들의 고통을 돌보시고 몸 안에 있는 신장 안에 있는 돌이 사라지게 하옵소서! 수술받지 않고 치유되게 해주시옵소서."라고 기도하였는데, 그 당시 매일 성도들과 함께 기도회를 하고 있던 내 안에서 '믿음'이 꿈틀거렸습니다. 그래서 담대하게 명령하였습니다.

"나사렛 예수 그리스도 이름으로 명하노니 신장 안에 있는 돌이 선교사 몸에서 사라질지어다."

이렇게 몇 번을 명령하며 기도해준 뒤 기도를 마쳤는데 선교사가 병원에 가서 엑스레이를 찍어보니 돌의 위치가 15cm가 내려왔다고 합니다. 돌이 그 정도 내려가려면 최소한 보름은 걸려야 한다는데 교우들과의 합심 기도 한 번으로 그런 역사가 나타난 것이었습니다.

그래서 우리는 그 선교사를 위하여 계속해서 합심하여 기도하였습니다.

"주님, 돌이 완전히 사라지게 하옵소서! 수술받지 않고도 치유되게 해 주옵소서! 소변으로 다 빠져나가게 하옵소서! 전능하신 예수 그리스도 이름으로 명하노니 돌이 완전히 사라질지어다!"

며칠 후 수술받기 위하여 병원에 가서 엑스레이를 다시 찍어 본 그 선교사는 의사로부터 돌이 흔적도 없이 사라졌다는 말을 듣게 되었습니다. 할렐루야!!!

신장결석으로 인해 수술받으려고 왔던 그 선교사는 예배 시간에 모든 성도들의 합심 기도 두 번 받고 완전히 치유되어 수술을 받지도 않고 선교지로 돌아가게 되었습니다. 할렐루야!

이처럼 '큰 믿음'이 있는 경우에는 예수 그리스도 이름으로 '명령'할 때 놀라운 치유의 역사가 나타나기도 합니다.

6) 축사하며 기도하라

예수님께서 이 땅에 오셔서 병든 자들을 치유하실 때 많은 경우에 귀신들을 쫓아내시면서 병을 고치셨습니다.

막6:13 많은 귀신을 쫓아내며 많은 병자에게 기름을 발라 고치더라

눅13:32 이르시되 너희는 가서 저 여우에게 이르되 오늘과 내일은 내가 귀신을 쫓아내며 병을 고치다가 제삼일에는 완전하여지리라 하라

그리고 제자들을 전도 여행에 보내실 때 귀신을 쫓아내면서 병든 자들을 고치라고 말씀하셨습니다.

눅9:1 예수께서 열두 제자를 불러 모으사 모든 귀신을 제어하며 병을 고치는 능력과 권위를 주시고

마10:1 예수께서 그의 열두 제자를 부르사 <u>더러운 귀신을 쫓아내며 모든 병과</u>
<u>모든 약한 것을 고치는 권능을 주시니라</u>

예수님께서는 왜 '귀신들을 쫓아내시면서' 병을 고치셨으며, 왜 제
자들에게 '귀신들을 쫓아내면서' 병을 고치라고 하셨을까요?

그것은 귀신들이 여러 가지 병을 주기 때문입니다. 아담과 하와가
범죄하였을 때 하나님께서 뱀(마귀)에게 "흙을 먹으라(창3:14)"는 저
주를 내리셨기 때문에, 사탄과 그의 수하들인 더러운 귀신들이 흙으
로 만들어진 인간의 몸에 들어와서 여러 가지 질병을 주기 때문입니
다. 모든 병들이 귀신들에 의한 병은 아니지만, 대부분 많은 경우에
귀신들이 병을 직접 주기도 하고, 바이러스들을 옮겨서 전염시키기
도 하고, 각종 사고들을 일으켜서 다치게도 합니다. 그래서 예수님
께서 병든 자들을 치유하실 때 질병의 근원인 귀신들을 쫓아내시면
서 치유하셨고, 제자들에게도 귀신들을 쫓아내며 병을 고치라고 하
신 것입니다.

천국과 지옥을 19번 다녀와서 『우리가 반드시 가야할 나라』라는 책
을 쓴 천주영 선교사님은 자신이 성좌산 기도원에 갔을 때 경험한 일
을 다음과 같이 말하고 있습니다.

그 당시 허리가 많이 아파서 매일 치료 받고 진통제를 먹으며 아이
를 간신히 돌보고 있었다. 기도원은 바닥에 방석을 깔고 앉았는데,
바닥에 앉는 게 힘들었다. 첫 날 예배 중에 원장님이 내가 앉아 힘들
어 하는 것을 보시고 "사모님, 허리가 많이 아프시네, 이리 나와 봐"
하셨다. 강대상 앞에 방석을 깔아 주시고 누우라고 하셨다. 그리고
원장님이 배에 손을 얹고 기도하셨다. 그러더니 "애기 귀신 나가, 애

기 귀신 나가" 하셨다. 그러자 갑자기 내 입에서 아기 울음소리가 나기 시작했다. 난 속으로 너무 놀랐고 한참 그러더니 울음이 그쳤다. 다음날 또 나오라고 하셔서 기도를 해주셨다. 배에 손을 얹고 기도하시더니 "너 누구냐"라고 물으셨다. 그런데 갑자기 내 안에서 "간호사 귀신이다"라고 대답이 나왔다. "왜 여기 들어왔어?" 묻자 "내가 이 사모 어릴 때 들어왔지. 5명이 들어와서 모든 관절과 골수에 주사를 놓았지. 이제 약이 다 들어가서 좀 있으면 죽을 거야. 그리고 이 사모가 죽으면 저 남편도 자살할 것이고, 애들도 다 죽을 거야. 하하하" 귀신이 말했다. 원장님은 "이 더러운 귀신아 예수 이름으로 나가"하고 축사를 하자 귀신은 "안 돼. 다 됐는데, 다 됐는데 억울하다, 억울하다. 왜 이 기도원에 왔어. 왜 여길 왔어"하면서 한참을 부르짖더니 내 속에서 뭔가 쑥 빠지는 느낌이 들었다. 그리고 너무나 큰 평안함이 밀려왔다. 원장님은 내 손을 잡으며 일으켜 세워 주셨다. 일어나보니 허리가 하나도 아프지 않고 몸이 새털처럼 가볍게 느껴졌다. 이후 몸의 통증이 사라지자 삶의 질이 너무나 달라졌다. 아이들을 대하는 나의 태도도 달라지고 활력이 넘치고 마음에는 평안과 기쁨이 가득했다.[10]

그러므로 육체적으로 아픈 곳이 있을 때 영적으로 잘 분별하여 더러운 귀신이 주는 고통일 경우 나사렛 예수 그리스도 이름으로 귀신들을 쫓아내며 치유해야 합니다.

7) 하나님은 의술을 통해서도 치유하신다

하나님께서는 모든 질병을 '기도'로만 치유하시는 것은 아닙니다. 하나님께서는 질병에 따라서 '수술'을 통해서도 치유하시기도 하고,

---

10) 『우리가 반드시 가야할 나라』, 하늘빛 출판사, 2023, p.52-53

'약'을 통해서 치유하시기도 합니다. 모든 질병을 '기도'로 치유 받는 것만이 믿음이고, 의사나 약을 통해서 치유 받는 것을 믿음 없는 행위로 여겨서는 안 됩니다.

예전에 제가 감기에 걸렸을 때 오직 '기도로 나아야겠다'는 마음을 품고 '감기 치유'를 위하여 기도하였습니다. 그런데 아무리 기도해도 감기가 낫지 않았는데, 2주 후에 성령님께서 "약을 먹어라"고 말씀하셔서 약을 먹고 나았습니다. 그 일이 있는 후부터 제가 감기에 걸리면 병원에 가서 주사도 맞고 약도 먹으면서 감기를 치료하였습니다.

우리가 사용하는 손가락이나 발가락은 뼈와 연골과 피부로 되어 있다고 합니다. 그런데 피부에 염증이 생겼을 때 빨리 치료하지 않으면 염증이 깊이 스며들어서 발가락 마디에 있는 연골을 녹여 버린다고 합니다. 저희 교회의 원로 장로님이신 고○○ 장로님은 왼쪽 발의 가운데 발가락에 염증이 생겼었는데 제대로 치료를 하지 않아서 많이 안 좋은 상태가 되었습니다. 그래서 피부과 전문 의원에 가셨는데 발가락의 상태를 본 의사가 "빨리 큰 병원으로 가보라"고 하셔서 종합 병원인 예수 병원 피부과에 가서 진료를 받았더니 담당 의사가 "정형외과로 가야 한다"고 해서 정형외과에 가서 진료를 받았습니다. 그런데 정형외과 의사가 "왜 이렇게 늦게 왔습니까? 피부에 염증이 생겼을 때 제대로 치료하지 않아서 발가락 상태가 너무 좋지 않은 데다가 발가락들이 서로 딱 달라붙은 기형이어서 잘 낫지도 못하는데, 매일 소독하며 항생제를 드시면서 다음 주 수요일까지 경과를 본 뒤에 상태가 안 좋으면 왼발 가운데 발가락의 1/3을 잘라내야 합니다"라고 말했습니다. 이런… 발가락을 잘라내야 하는 상황까지 갈 수도 있다니…

의사의 말을 들은 저도 놀랐는데 장로님은 얼마나 놀라셨을까요? 병원에서 돌아온 저는 '장로님의 발가락을 자르는 일은 절대로 없어야 한다'고 생각하고, 예배와 새벽 기도회 때마다 성도들과 같이 발가락 자르지 않고 치유되도록 부르짖어 기도했습니다.

5일간 기도하며 약을 먹은 후 병원에 진료받으러 가는 날이 되었습니다. '의사가 뭐라고 말을 할까? 발가락 상태가 너무 안 좋아서 발가락을 잘라내야 한다고 말하면 어떡하지?'

여러 가지 생각으로 고민하던 저는 만약 의사가 "발가락을 잘라야 한다"고 말하면, 의사에게 "1주일 더 약 먹으면서 지켜보는 것이 어떨까요?"라고 제안해야겠다고 마음먹고 장로님을 모시고 병원에 가서 진찰받았는데, 발가락을 본 의사가 "당장 수술하지 않아도 되겠네요. 계속 약을 먹으면서 치료하고, 일주일 후에 다시 보시게요"라고 말하였습니다. 이 말을 들은 저는 안도의 한숨을 쉬었습니다. 상처 부위가 좋아지고 있다는 말이겠지요. 하나님께 감사를 드리며 장로님을 모시고 돌아가는데 장로님께서 놀라운 이야기를 하셨습니다.

장로님께서 병원 오시기 전날 밤에 잠을 자려고 하는데, 잠이 안 오시더랍니다. 다음 날에 병원에 가야 하는데, 의사가 "발가락을 잘라야 합니다"고 말하면 어떻게 하나 걱정이 많이 된 모양입니다. 그래서 하나님께 간절히 기도하셨답니다.

"하나님, 이제까지 하나님의 은혜로 아픈 곳 없이 잘 살아왔는데 발가락을 잘라야 한다니요. 주님, 발가락을 자르지 않도록 약으로 치료되게 해주세요~~" 이렇게 간절히 기도하다가 잠이 드셨답니다.

그런데 난생 처음으로 꿈속에 예수님께서 나타나셨답니다. 그리고

"누가 발가락을 잘라야 한다더냐. 네 발가락을 잘라야 하는 일은 절대로 없을 것이고, 약으로 치료받게 될 것이다~ 아무 걱정하지 말아라~~"라고 말씀하셨답니다.

난생 처음으로 꿈속에서 주님을 만나는 은혜를 체험하시고, 발가락을 안 자르고 약으로 치료받게 하신다는 예수님의 말씀을 들으신 장로님은 마음에 있던 모든 근심 걱정이 다 사라지고 몸과 마음이 깃털처럼 가벼워지셨답니다.

그런데 그런 꿈을 꾼 다음 날에 병원에 갔는데 담당 의사가 "병원에 입원하지 않아도 됩니다"고 말을 하니 하나님께 감사드린다면서 간증을 하신 것입니다. 할렐루야!

저는 장로님의 간증을 듣고 예수님께서 말씀하신 대로 발가락을 자르는 일 없이 약으로 치유되도록 예배 때마다, 새벽 기도회 때마다 부르짖어 기도했더니 장로님은 약 한 달 만에 발가락이 치유되셨습니다. 할렐루야!

이처럼 하나님께서는 의사를 통하여 치료하시기도 하고, 약을 통하여 치료하시기도 합니다.

8) 하나님의 뜻이 있는 질병

특별한 경우에 하나님께서는 육신의 질병을 허락하십니다. 그래서 치유를 위해서 믿음으로 기도해도 하나님께서 고쳐주시지 않으십니다. 이러한 경우의 질병은, 치유를 위한 기도가 필요한 것이 아니라, 질병을 허락하신 하나님의 뜻을 깨닫고 하나님의 뜻이 이루어지도록 받아들이는 것이 필요합니다. 사도 바울이 그랬습니다. 사도 바울에게는 가시로 찌르는 것과 같은 질병이 있었으며, 이 질병은 사탄이 준 것이었습니다.

고후12:7 … 하나님께서 내 몸에 가시로 찌르는 것 같은 병을 하나 주셨습니다. 그것은 사탄의 하수인으로서 나를 줄곧 괴롭혀 왔습니다.(공동번역)

그래서 사도 바울은 이 질병이 치유되도록 세 번이나 기도했습니다.

고후12:8 나는 그 고통이 내게서 떠나게 해주시기를 주님께 세 번이나 간청하였습니다.(공동 번역)

하지만 하나님께서는 사도 바울의 병을 고쳐주지 않으셨습니다. 왜냐하면 사도 바울은 천국에 가서 말로 표현할 수 없는 하늘의 놀라운 비밀들을 경험했기 때문에 영적으로 교만해질 수도 있었습니다. 그래서 하나님께서는 사도 바울이 영적으로 교만해지지 않도록 육신의 질병을 허락하신 것이었습니다.

고후12:4 그가 낙원으로 이끌려 가서 말로 표현할 수 없는 말을 들었으니 사람이 가히 이르지 못할 말이로다
고후12:7 여러 계시를 받은 것이 지극히 크므로 너무 자만하지 않게 하시려고 내 육체에 가시 곧 사탄의 사자를 주셨으니 이는 나를 쳐서 너무 자만하지 않게 하려 하심이라

천국과 지옥을 10번 이상 다녀와서『뷰티풀 천국 쇼킹 지옥』이라는 책을 쓴 김폴 목사님을 모시고 집회를 한 적이 있습니다. 김폴 목사

님은 목회를 해오는 가운데 교회 안팎의 여러 가지 일들로 인해서 몸도 마음도 많이 지쳤는데, 무엇보다도 몸이 많이 병들어서 얼굴색이 검누런 색깔로 변해가고 있었다고 합니다. 그래서 병원에 가서 종합검진을 받으니 심장이 많이 부었고, 지방간이 심한데다가 간암에 걸리기까지 하여 도저히 목회를 할 수가 없어 성좌산 기도원에 가서 3주간 작정 기도를 하는데 주님께서 간암을 치유해주셨습니다. 하지만 다른 아픈 곳은 여전히 치유되지 못하는 가운데에서도 전 세계를 다니시며 천국과 지옥에 대하여 전하여 많은 사람들이 회개하고 하나님께 돌아오도록 힘쓰고 계십니다. 집회 중에 목사님은 자신의 몸이 여전히 정상이 아니라고 말씀하셨습니다. 언제 목사님의 몸의 기능이 멈출지 모른다고 말씀하셨습니다. 간암을 치유하신 하나님께서 능력이 없으셔서 김폴 목사님을 완전히 고치시지 못한 것일까요? 그렇지 않습니다. 뭔가 하나님의 뜻이 있습니다. 사도 바울처럼 자고(自高)하지 말고 오직 하나님만 의지하라고 그렇게 하실 수 있습니다.

이처럼 죄와 상관없이, 하나님의 뜻에 의하여 육체적 고통이 있을 수도 있습니다. 그런 때는 하나님의 뜻을 받아들여야 합니다. 고통스럽더라도 그 질병을 통한 하나님의 뜻이 이루어지도록 순종해야 합니다.

9) 하나님께서 질병을 통해서 데려가시기도 합니다.

왕하13:14 엘리사가 죽을 병이 들매…

왕하13:14을 보면 우리가 잘 아는 하나님의 선지자 엘리사가 '죽을 병'에 걸렸다고 합니다.

그런데 이 말씀을 영어로 보면 다음과 같습니다.

"Now Elisha had been suffering from the illness from which he died."

이 말을 다시 한국말로 번역하면

"엘리사는 병으로 앓다가 죽게 되었다" 이렇게 됩니다.

엘리사는 엘리야 선지자 보다 더 많은 기적을 행하였고, 죽었던 수넴 여인의 아들도 살려냈던 선지자였습니다.

> 왕하4:32 엘리사가 집에 들어가 보니 아이가 죽었는데 자기의 침상에 눕혔는지라
> 왕하4:33 들어가서는 문을 닫으니 두 사람 뿐이라 엘리사가 여호와께 기도하고
> 왕하4:34 아이 위에 올라 엎드려 자기 입을 그의 입에, 자기 눈을 그의 눈에, 자기 손을 그의 손에 대고 그의 몸에 엎드리니 아이의 살이 차차 따뜻하더라
> 왕하4:35 엘리사가 내려서 집 안에서 한 번 이리 저리 다니고 다시 아이 위에 올라 엎드리니 아이가 일곱 번 재채기 하고 눈을 뜨는지라
> 왕하4:36 엘리사가 게하시를 불러 저 수넴 여인을 불러오라 하니 곧 부르매 여인이 들어가니 엘리사가 이르되 네 아들을 데리고 가라 하니라
> 왕하4:37 여인이 들어가서 엘리사의 발 앞에서 땅에 엎드려 절하고 아들을 안고 나가니라

이렇게 놀라운 능력이 있었던 엘리사가 자신의 병 하나를 못 고치고 병으로 앓다가 죽었다는 말은 큰 충격을 줍니다.

엘리사가 병에 걸렸고, 병으로 앓다가 죽었다는 사실은 하나님께

서 귀하게 사용하셨던 종이라 할지라도, 하나님께서 사랑하신 성도라 할지라도 병에 걸릴 수도 있으며, 병으로 고생하다가 죽을 수도 있다는 것입니다. 병에 걸려서 고통을 당하거나 병으로 앓다가 죽었다고 해서 죄 때문에 하나님이 내리신 징계라는 편견은 버려야 합니다. 하나님께서 병이라는 징계를 내리셔서 사람의 목숨을 취할 수도 있지만, 하나님의 위대한 선지자 엘리사가 병으로 고생을 하다가 죽은 것을 기억하고, 다른 사람들의 죽음의 원인이 모두 '죄' 때문이라고 함부로 판단하지 말아야 합니다.

〈간증〉

회개와 축사를 통해서 치유되고 변화된 나

윤** 집사

간증을 통하여, 지난 1년여의 시간 속에서 저에게 베푸신 하나님의 은혜를 되돌아보고, 받은 복을 세어보며, 감사할 수 있는 기회를 주신 주님께 감사드립니다.

1. 첫 느낌 : 도심 속에서 만난 깊은 산 속 맑은 공기

가까이 지내는 집사님을 통해서 온비 교회에 대하여 말을 듣고 2022년 8월에 금요 심야 기도회에 처음으로 참석하여 기도를 시작했을 때 산 속 맑은 공기를 마실 때처럼 머리가 맑아져 시원해지고, 이상하게도 다른 곳에서는 힘들었던 기도가 집중되고 막힘없이 올라가는 느낌 들어 계속 기도회에 참석하였습니다(나중에 목사님 설교를 통해서 그 교회에서는 늘 철저한 회개와 부르짖는 기도를 해왔기 때문에 예배당에 성령의 임재가 있기 때문에 기도가 잘 된다는 것을 알게 되었습니다)

2. 서서히 드러나는 변화들 : 영&혼&육의 회복

1) 더 쉬워지고 강력해지는 기도

주일 밤 신부 단장 예배 때와 금요 심야 기도회 때 안수를 하며 해주시는 치유 사역과 〈독수리 기도 훈련〉에서 배운 6단계 기도를 통해서 올바르게 기도하는 방법을 배우게 되었는데, 처음에는 기도할 때 잡념들이 많이 생겨서 5분 동안 기도가 집중되지도 않았고, 통성 기도를 하면 목이 아프고 쉬어서 힘들었지만 참고 기도 시간을 계속 늘려가자 차츰차츰 내 힘으로 하는 기도가 아닌 뭔가 내 안의 다른 힘에 의해서 나의 혀가 움직여지며 기도가 쉬워졌으며, 기도할 때 온몸이 따스해지고, 미세한 찌릿한 전기가 오는 느낌과 손에 묵직함, 따끔함, 떨림 등 다양한 영적 현상이 나타났으며, 아픈 부위에 뜨거움과 경련 등이 생기며 몸이 개운해지는 경험들이 생겼으며, 목사님 권면에 순종하여 한 끼 금식 작정 기도하며 기도의 양이 점점 늘어나게 되었습니다. 할렐루야!

2) 발견되는 숨겨진 내 속의 악한 영들

목사님의 축사 사역과 설교를 통해서, 살아오면서 지은 죄들과 수많은 상처들을 타고 내 안에 들어온 악한 영들이 내 안에 집을 짓고 나를 지배했음을 깨닫게 되었으며, 예수님 보혈과 성령님의 도우심을 의지해 예수 그리스도 이름의 권세로 내 안에 있는 악한 영들에게 선포하며 대적하였으며, 예배 시간, 기도, 생활 속에서 일어나는 모든 사건, 사고, 나의 생각 속에 역사하는 악한 영의 활동도 깨달아져서 예수 이름으로 물리쳐 죄를 이기는 삶을 살게 되었습니다. 할렐루야!

3) 머리에서 가슴으로 내려오는 말씀들

목사님의 설교를 통하여, 모태 신앙으로 누구보다 열심히 교회 일에 헌신했고 늘 말씀을 듣고 읽고 배웠으나, 머리로 동의하고 아는 수

준이었음을 깨닫게 하셨으며, 목사님 권면에 순종하여 40일 한 끼 금식 기도를 결행했지만, 작정 기도가 끝나도 아무 변화 없어서 의기소침한 가운데 맞이한 부활주일 설교를 듣는 중에 예수님의 십자가와 보혈이 내 가슴으로 느껴지며 한없이 눈물이 났고, 그 후로 말씀이 가슴으로 받아들여져 주님에 대한 사랑 고백이 흘러나오고, 생활 속에서 감동으로 깨닫게 하시는 주님 음성이 더 자주 들려 바로 회개하고 돌이켜 순종할 수 있게 하셨습니다. 할렐루야!

4) 안정되는 성품과 개선되는 인간관계

내 힘으로 인내하다가 쉽게 분노하고, 미워하는 나의 변화 없는 성품에 좌절했었는데, 목사님의 설교와 축사 사역을 통해 내 안에 모든 생각이 영의 역사임을 알게 되어 악한 생각이 올라올 때 생각을 통해서 역사하는 악한 영들을 예수 그리스도 이름으로 꾸짖고 물리치자 신기하게도, 전 같으면 화낼 상황에서, 화가 나지 않고 사람들이 밉지 않아 마음을 열고 사람을 대할 수 있게 되어 인간관계가 개선되고 믿음의 교우들이 생기기 시작하였습니다. 할렐루야!

5) 치유되는 육체

늘 몸이 피곤하고 두통에 시달렸으며, 소화장애와 비뇨기쪽에 염증이 있고, 허리와 어깨 통증, 거북목 등 근골격계 질환으로 힘들었는데, 축사를 받고 한 끼 금식 기도를 이어가자 언제 나았는지도 모르게 다 회복되어 지금은 아프지 않고, 거북목도 치료되었습니다. 할렐루야!

6) 갈망 되는 하늘 소망

목사님 설교를 통해서 마지막 때를 살고 있음을 깨달았고, '하나님의 인'을 받고 '신부 예복'을 준비해야 '첫째 부활'에 참여할 수 있음을 알게 되었으며, 간절히 기도하여 '하나님의 인'을 받는 은혜를 받았으며, '신부 예복'을 입은 주님의 신부가 되어 주님 공중 강림하실 때 휴거 되길 소망하며 나의 기도와 삶의 방향이 천국에 입성을 위한 준비로 맞춰지게 되었습니다. 할렐루야!

매일의 삶 속에서 순간순간 부어주시는, 다 기록할 수 없는, 주님의 크신 은혜에 깊은 감사를 드리며, 그 은혜에도 늘 무너지고 다시 일어서기를 반복하는 저의 연약함이 여전하나, 부족한 저를 변함없이 사랑하시는 주님의 사랑에 감격하며 그 힘으로 주님 신부에 합당한 자로 세워질 날을 바라보며 제 간증을 마칩니다. 저를 치유하시고, 고치시고, 변화시키신 주님을 사랑하며 모든 영광 올려드립니다. 할렐루야!

제5장
가시 면류관을 쓰셨을 때 흘리신 보혈의 능력

1. 가난의 저주를 끊으신 예수님

예수님께서 십자가에 달리셨을 때 군병들이 예수님의 머리에 가시로 된 면류관을 씌웠습니다.

> 요19:2 군병들이 가시로 면류관을 엮어 그의 머리에 씌우고 자색 옷을 입히고

> 마27:29 가시 면류관을 엮어 그 머리에 씌우고 갈대를 그 오른손에 들리고 그 앞에서 무릎을 꿇고 희롱하여 가로되 유대인의 왕이여 평안할지어다 하며

병정들은 예수님을 모욕하기 위하여 '가시 면류관'을 씌웠지만, 이것은 하나님의 크신 계획안에서 일어난 일입니다.

앞에서 말씀드렸다시피 아담과 하와가 죄를 지었을 때 하나님께서는 땅에 '가시'가 있도록 하심으로써 '가난'의 저주를 내리셨습니다.

예수님의 '손'에서 흘린 피는 사람들의 죄악된 행위인 '더러운 손'를 씻기 위하여 흘리신 피이고, 예수님께서 채찍에 맞으셨을 때 '온몸'에서 흘리신 피는 사람들의 '온몸에 있는 질병'의 저주를 씻기 위하여 흘리신 피이듯이, 예수님께서 '가시' 면류관을 쓰셨을 때 흘리신 피는 인간에게 있는 '가시'의 저주, 즉 '가난'의 저주를 씻고 에덴 동산에서 주셨던 부요함의 축복을 회복시켜 주시기 위하여 흘리신 피입니다.

다시 말씀드리면 예수님께서 십자가에 못 박히셨을 때 '손'에서 흘린 피는 우리의 모든 '죄'를 씻는 능력이 있고, 예수님께서 채찍에 맞으셨을 때 '온몸'에서 흘리신 피는 우리의 온몸에 있는 '질병'의 저주를 씻는 능력이 있으며, 예수님께서 '가시 면류관'을 쓰셨을 때 머리에서 흘리신 피는 '가시'의 저주, 즉 '가난'의 저주를 씻고 물질의 부요함에 이르게 하는 능력이 있습니다.

'가시 면류관'을 쓰셔서 피 흘리신 고난을 받으심으로써 우리에게 있던 '가난'의 저주가 끊어지고 '부요함'의 축복을 받을 수 있도록 하신 주님을 찬양합니다. 할렐루야!

2. 물질도 구원받아야 합니다.

우리가 부요함의 축복을 받아야 하는 이유는 물질도 구원받아서 하나님의 영광을 위하여 쓰임 받아야 하기 때문입니다.

아브라함이 하나님께서 약속하신 가나안 땅에 들어갔을 때 아브라함은, 사람들만 데리고 들어간 것이 아니라, 그의 모든 소유도 갖고 들어갔습니다.

창12:5 아브람이 그의 아내 사래와 조카 롯과 하란에서 모은 모든 소유와 얻은 사람들을 이끌고 가나안 땅으로 가려고 떠나서 마침내 가나안 땅에 들어갔더라

아브라함이 '약속의 땅'인 가나안 땅에 들어갈 때 사람들을 이끌고 들어갔다는 말은 영적으로 아브라함과 함께한 사람들도 구원받았음을 의미하며, 하란에서 모은 모든 소유를 가지고 들어갔다는 것은 아브라함이 모은 모든 '물질'도 구원받았다는 것을 의미합니다.

마찬가지로 하나님께서 400여 년 동안 종살이했던 이스라엘 백성들이 '애굽'을 떠나서 '약속의 땅'에 가게 하실 때 빈손으로 가게 하지 않으시고 애굽 사람들의 물질을 취하여 가게 하셨습니다.

출3:21 내가 애굽 사람으로 이 백성에게 은혜를 입히게 할지라 너희가 나갈 때에 빈손으로 가지 아니하리니
출3:22 여인들은 모두 그 이웃 사람과 및 자기 집에 거류하는 여인에게 은 패물과 금 패물과 의복을 구하여 너희의 자녀를 꾸미라 너희는 애굽 사람들의 물품을 취하리라

영적으로 볼 때 죄악의 땅 애굽은 이 세상을 상징하며, 애굽 왕 바로는 세상의 임금인 마귀를 상징하고, 출애굽하기 전날 밤에 어린양의 피를 각 가정의 인방과 설주에 바른 것은 어린양이신 예수 그리스도의 피로 구원받았음을 상징하며, 애굽을 떠날 때 '물질'도 가지고 가도록 하신 것은 '물질'도 구원받아서 하나님을 섬기는 데 사용되어야 한다는 의미입니다. 하나님을 섬기는 데에는 물질이 필요합니다. 그렇기 때문에 물질도 구원을 받아야 합니다.

아담과 하와가 죄를 지음으로써 이 세상의 모든 물질들을 다스리는 축복이 마귀에게 넘어갔기 때문에 이 세상 임금인 마귀는 물질의 축복을 마귀에게 절하는 자들에게 줌으로써(마4:8-9) 물질이 하나님의 영광을 위하여 사용되지 못하게 합니다. 그러므로 하나님의 자녀된 성도들은 마귀에게 빼앗겼던 물질 축복을 다시 회복하여 이 세상의 물질이 하나님의 영광을 위하여 사용되도록 해야 합니다. 이것이 '가시 면류관'을 쓰심으로 보혈을 흘리사 '가난'의 저주를 끊으신 예수님의 뜻입니다.

예수님께서 머리에 피를 흘리시면서 고난을 받았는데, 만약 우리들이 여전히 가난의 저주에 묶여서 살고, 마귀가 여전히 물질의 축복권을 갖고 자신에게 절하는 자들에게 물질의 복을 준다면 예수님이 받으신 고난, 예수님이 흘리신 보혈을 헛되게 하는 것입니다.

그러므로 예수님께서 흘리신 피로 말미암아 구원받은 모든 성도들은 재정의 기름부음을 받아서 이 세상의 물질이 하나님의 영광을 위하여 쓰임 받도록 해야 합니다.

3. 물질의 축복을 받는 비결

1) 믿으라

물질의 축복을 받는 첫 번째 단계는 믿음입니다. '영적인 도적'인 '마귀'는 우리들에게 있는 건강, 각종 축복, 물질 등을 도적질하지만, 예수님께서 오신 것은 '양으로 생명을 얻게 하실 뿐 아니라 더 풍성하게 하시기 위하여(요10:10)' 오셨음을 믿어야 합니다.

예수님께서 우리들로 하여금 부요케 하시려고 가난의 저주를 짊어지셨음을 믿어야 합니다. 그리고 예수님께서 '가시 면류관'을 쓰심으로써 흘리신 보혈로 말미암아 우리에게 있는 가난의 저주가 끊어지고 부요함의 축복을 받게 되었음을 믿어야 합니다. 예수님이 흘리신 보혈은 우리들의 죄를 씻을 뿐 아니라 '가난'의 저주도 씻는 능력이 있음을 믿어야 합니다(히11:6).

> **고후8:9** 우리 주 예수 그리스도의 은혜를 너희가 알거니와 부요하신 자로서 너희를 위하여 가난하게 되심은 <u>그의 가난함을 인하여 너희로 부요케 하려 하심</u>이니라

2) 회개하라

물질의 축복을 받는 두 번째 단계는 회개입니다. 하나님께서는 이스라엘 백성들이 물질의 저주를 받은 이유가 하나님의 것을 도적질했기 때문이라고 말씀하셨습니다.

> **말3:8** <u>사람이 어찌 하나님의 것을 도둑질하겠느냐</u> 그러나 너희는 나의 것을 도둑질하고도 말하기를 우리가 어떻게 주의 것을 도둑질하였나이까 하는도다 이는 곧 십일조와 봉헌물이라
> **말3:9** 너희 곧 온 나라가 <u>나의 것을 도둑질하였으므로 너희가 저주를 받았느니라</u>

이스라엘 백성들은 하나님께 드려야 할 십일조를 드리지 않았습니다. 하나님께서는 이스라엘 백성들에게 소득의 십분의 일을 하나님께 드리라고 말씀하셨으며, 십분의 일은 '성물'이라고 말씀하셨습니다.

레27:30 그리고 그 땅의 십분의 일 곧 그 땅의 곡식이나 나무의 열매는 그 십분의 일은 여호와의 것이니 여호와의 성물이라

어떤 사람들은 "지금은 율법의 시대가 아니고 은혜의 시대인데 왜 구약 시대의 율법을 지키라고 말하느냐?"고 말합니다. 그러나 예수님께서 "율법을 폐하려 함이 아니고 완성하고자 오셨으며, 율법의 일점일획도 결코 없어지지 아니하고 다 이루리라"고 말씀하셨습니다.

> 마5:17 내가 율법이나 선지자를 폐하러 온 줄로 생각하지 말라 폐하러 온 것이 아니요 완전하게 하려 함이라
> 마5:18 진실로 너희에게 이르노니 천지가 없어지기 전에는 율법의 일점 일획도 결코 없어지지 아니하고 다 이루리라
> 마5:19 그러므로 누구든지 이 계명 중의 지극히 작은 것 하나라도 버리고 또 그같이 사람을 가르치는 자는 천국에서 지극히 작다 일컬음을 받을 것이요 누구든지 이를 행하며 가르치는 자는 천국에서 크다 일컬음을 받으리라

구약 시대의 각종 절기들과 제사들은 예수 그리스도를 예표하는데, 실체이신 예수 그리스도께서 오심으로 말미암아 성취되었으므로 절기와 제사들을 그대로 지키지 않아도 되지만, 축복과 저주에 관한 말씀들은 성도들의 삶과 관련되어 있으므로 지금도 변함없이 지켜야 합니다. 하나님께 드려야 할 온전한 십일조를 드리지 않았으면 철저히 회개해야 합니다. 십일조 외에도 인색하게 드린 헌금에 대하여 철저히 회개해야 합니다. 하나님께서 주신 물질이 마치 내 깃인 양 착각하며 살아온 삶들도 회개해야 합니다.

3) 하나님께 풍성하게 드려라

하나님께서는 우리가 뿌린 대로 거두게 하시는 분이십니다.

갈6:7 스스로 속이지 말라 하나님은 업신여김을 받지 아니하시나니 사람이 무엇으로 심든지 그대로 거두리라

하나님은 '뿌린 대로 거두게 하시는 분'이시므로, 콩을 심은 곳에서는 콩이 나게 하시고, 팥을 심은 곳에 팥이 나게 하십니다. 영적인 것을 심으면 영적인 축복을 거두게 하시고, 물질을 심으면 물질의 축복을 거두게 하십니다. 물질적 축복을 거두길 원한다면 하나님께 물질을 심어야(드려야) 합니다. 우리가 하나님께 드리는 모든 헌금은 결국은 나를 위하여 심는 것이며, 내가 심은 것을 내가 거둔다는 것을 믿어야 합니다.

우리가 하나님께 물질을 드릴 때 다음과 같은 원칙에 따라 드려야 합니다.

① 인색함으로나 억지로 드리지 말아야 합니다.
고후9:7 각각 그 마음에 정한 대로 할 것이요 인색함으로나 억지로 하지 말지니 하나님은 즐겨 내는 자를 사랑하시느니라

② 믿음으로 드릴 때 그 믿음대로 역사하십니다.
히11:6 믿음이 없이는 하나님을 기쁘시게 하지 못하나니 하나님께 나아가는 자는 반드시 그가 계신 것과 또한 그가 자기를 찾는 자들에게 상 주시는 이심을 믿어야 할지니라

예를 들면 하나님께서는 십일조에 대한 축복의 말씀을 주셨습니다 (말3:10-12). 그런데 대부분의 성도들이 십일조 예물을 드릴 때 세금을 내듯이 의무적으로, 혹은 습관적으로 드리는 경우가 많습니다. 하나님께서는 믿음으로 드리는 것을 기뻐하시므로 물질을 드릴 때 믿음으로 드려야 합니다.

③ 즐거운 마음으로 드릴 때 하나님께서는 땅의 아름다운 소산을 먹게 하십니다.

사1:19 너희가 즐겨 순종하면 땅의 아름다운 소산을 먹을 것이요

④ 많이 거두길 원한다면 많이 심어야 합니다.

고후9:6 이것이 곧 적게 심는 자는 적게 거두고 많이 심는 자는 많이 거둔다 하는 말이로다

하나님은 많은 물질을 드린 성도들에게는 많이 거두게 하시고, 적게 드린 성도들에게는 적게 거두게 하시므로, 많은 물질의 축복을 소망한다면 하나님께 많이 드려야 합니다.

4) 우리들이 드리는 헌금의 종류와 축복들

① 온전한 십일조

말3:10 만군의 여호와가 이르노라 너희의 온전한 십일조를 창고에 들여 나의 집에 양식이 있게 하고 그것으로 나를 시험하여 내가 하늘 문을 열고 너희에게 복을 쌓을 곳이 없도록 붓지 아니하나 보라

말3:11 만군의 여호와가 이르노라 내가 너희를 위하여 메뚜기를 금하여 너희 토지 소산을 먹어 없애지 못하게 하며 너희 밭의 포도나무 열매가 기한 전에 떨어지지 않게 하리니

말3:12 너희 땅이 아름다워지므로 모든 이방인들이 너희를 복되다 하리라 만
　　군의 여호와의 말이니라

하나님께서는 '온전한' 십일조를 드리는 성도들에게 물질의 축복을
약속하고 계십니다.

우리가 잘 아는 록펠러의 전기를 보면 이런 일화가 있습니다.

록펠러는 어렸을 때부터 어머니로부터 십일조 헌금을 드리는 훈련
을 받아서 물질이 생기면 항상 하나님께 먼저 십일조를 드렸는데, 하
나님의 은혜로 돈을 많이 벌게 되었습니다. 그는 친구의 권유로 가진
돈을 몽땅 모아 금광을 구입하였고, 돈을 빌려서 광부들을 모아 수개
월 동안 땅을 팠는데 금은 하나도 나오지 않았고, 임금을 받지 못한
광부들은 반란을 일으키며 데모하자 그는 너무나 고통스러워서 자살
할 생각까지 하였습니다. 그는 절망 가운데 황량한 폐광에 엎드려 기
도했습니다.

"하나님, 저는 지금까지 항상 십일조를 드리는 삶을 살았고, '적게
거둔 자는 적게 거두고 많이 심은 자는 많이 거둔다'라는 고린도후서
말씀을 의지하여 넘치게 드리며 살아왔습니다. 그런데 제가 어리석
어서 사기꾼에 속아 폐광된 금광을 샀습니다. 하지만 제가 어려서부
터 지금까지 하나님의 말씀을 지키며 살아왔지 않았습니까? 하나님,
도와주세요. 하나님께서 살아계심을 보여주세요."

록펠러가 큰 소리로 부르짖으며 기도하는데 갈라디아서6:9 말씀이
가슴에 다가오더랍니다.

갈6:9 우리가 선을 행하되 낙심하지 말지니 피곤하지 아니하면 때가 이르
　　매 거두리라

"하나님 이 말씀이 무슨 말씀입니까?"

갈6:9 말씀을 생각하며 기도하는데 영감이 왔습니다.

"더 파라. 깊이 파라."

그래서 록펠러는 광부들을 설득해서 3개월 동안 계속 더 깊이 팠는데도 금이 하나도 안 나왔습니다. 그런데 갑자기 "검은 물"이 분수처럼 공중으로 솟구쳤습니다. 놀랍게도 금 대신 석유가 나온 것이었습니다. 이를 계기로 록펠러는 정유 회사를 차렸고, 그것이 록펠러의 가문을 이루는 결정적인 원인이 되었습니다.

우리가 하나님께 십일조 헌금을 드린다고 해서 모두가 록펠러처럼 갑부가 되는 건 아니지만 말3:10-12 말씀대로 재정의 복을 주실 줄 믿습니다.

그리고 때로는 우리가 생일, 각종 기념일, 명절, 혹은 평상시에 선물을 받는 경우가 있습니다. 이런 경우에 어떻게 해야 할까요? 성령님께서는 이런 선물들에 대하여도 하나님께 예물을 드려야 한다는 부담감을 주셨습니다. 현금으로 들어온 수입은 십일조를 계산해서 드릴 수 있지만, 정확한 가격을 측정할 수 없는 과일, 채소, 기타 물질들에 대하여는 받은 선물들의 가격을 대충 어림잡아서 십일조를 드리기도 하고, 감사 예물을 드려야 합니다. 우리들이 받은 선물들에 대하여 십일조를 드리는 것도 '온전한' 십일조의 하나입니다.

② 선교 헌금

저는 교회를 개척하기 전에 조그마한 선교회를 조직하여 활동했었습니다. 평소에는 기도 훈련, 말씀 훈련, 전도 훈련, QT 훈련, 찬양 훈련 등을 하면서 찬양 사역을 했었습니다. 크게는 찬양 선교단들이 연합해서 5,000여 명이 모인 가운데 체육관에서 집회를 하기도 했고, 작게는 조그마한 시골 교회에 가서도 집회를 하기도 했고, 선교사님들과 연결된 곳에 가서 해외 사역을 하기도 했습니다. 그리고 연결된 해외 선교사님들에게 매월 선교 헌금을 보내드리기도 했습니다.

이렇게 선교회 활동을 하던 중 하나님께서 갑자기 교회를 개척하도록 하셔서 선교회 활동을 접어야 했는데, 선교회 활동 때 몇몇 선교사님들에게 보내드렸던 선교 헌금을 중단할 수가 없어서 교회를 개척한 뒤 교회에서 나오는 헌금 사용의 가장 최우선 순위를 선교 헌금을 보내는 것에 두었고, 남은 헌금으로 교회를 운영하다 보니 넉넉하지 못해 저의 사례비는 십수 년 동안 생각지도 못하였습니다. 그러는 가운데 교회를 이전해야 할 상황이 되었는데, 교회에는 단돈 백만 원조차도 없었습니다. 이전하는 중에 2억 원이 필요한 때가 있었는데 돈은 없고… 방법은 기도밖에 없었습니다. "하나님, 아시지요. 교회가 설립된 이후, 헌금 사용의 첫 번째 우선 순위를 선교 헌금 보내는 것에 두다 보니 교회에 돈이 하나도 없습니다. 조금 쌓인 헌금도 중국 선교사님이 건축하니까 '다 주라'고 하셔서 그것마저도 다 드렸지 않습니까? 하나님 역사하여 주옵소서!"라고 매일 간절히 기도하였습니다.

그런데 가까이 지내던 장로님께서 저에게 "목사님, 기도하시다가 혹시 하나님께서 저에게 하시는 말씀 있으면 말해주세요."라고 자주 말씀하셨었습니다. 제가 그 장로님을 위하여 기도할 때 성령님께서 주시는 말씀이 있었지만 물질과 관련된 내용이었기 때문에 말을 한 마디도 하지 않았습니다. 성도들과 개인적 관계에서 물질에 대하여 말하지 않는 것을 원칙으로 했기 때문입니다. 그런데 그 장로님께서 자꾸 말씀하시기에 어쩔 수 없이 말씀드렸습니다. "장로님, 장로님께서 소유하고 있는 땅은 장로님의 것이 아니라 하나님의 것이라고 여러 번 말씀하셨습니다" 그러자 그 장로님은 "어쩐지… 그런 것 같더라구요… 그 땅을 팔려고 여러 번 시도했었는데 안 되더라구요."라고 말씀하시면서 저희 교회가 물질이 필요한 줄 아시고 2억 원을 빌릴 수 있도록 그 땅을 담보로 제공하셨습니다. 그래서 2억 원의 문제를 해결할 수 있었습니다.

그런데 어느 정도 시간이 지난 뒤 그 장로님께서 담보로 제공했던 땅이 장로님 개인적인 일로 인해서 압류를 당하게 되었습니다. 그 장로님께서는 "목사님, 걱정 안 하셔도 됩니다. 목사님에게 담보로 제공했던 땅은 은행에서 담보로 설정했기 때문에 경매로 땅이 넘어가더라도 목사님에게는 아무 영향이 없습니다"라고 말씀하셨습니다. 그 후 그 땅은 결국 경매로 넘어가게 되었고, 제가 은행에서 빌렸던 2억 원을 은행이 회수를 했기 때문에, 저희 교회가 갚아야 할 2억 원의 빚이 한 푼도 없이 없어져 버린 것입니다. 세상에 이런 놀라운 일이 있을 수 있을까요?

어차피 그 땅은 압류될 땅이었기 때문에 장로님이 그 땅을 저에게 담보로 제공하지 않으셨더라도 장로님은 그 땅에 대하여 한 푼도 받지 못하게 될 땅이었습니다. 그런데 압류가 되기 전에 은행에서 담보로 설정하였기 때문에 저희 교회가 은행에 갚아야 할 2억 원의 빚이 순식간에 없어진 것이었습니다.

저는 그 일을 겪으면서 깨달은 것이 하나 있습니다. 선교회 때부터 헌금 사용의 최우선 순위를 선교 헌금 보내는 일에 헌신하였고, 교회를 개척한 후에도 선교사님들에게 선교 헌금을 보내는 일에 최우선 순위를 두고 살았더니 하나님께서 놀라운 기적을 베풀어주신 것입니다. 할렐루야!

사도 바울이 빌립보 교회들에게 "나의 하나님이 너희 모든 쓸 것을 풍성하게 채우시리라(빌4:19)"고 말했던 이유는 오직 빌립보 교회 성도들만이 사도 바울의 선교 사역을 위해서 선교 헌금을 보내주었기 때문에 그런 축복의 말을 한 것입니다.

> 빌4:15 빌립보 사람들아 너희도 알거니와 복음의 시초에 내가 마게도냐를 떠날 때에 주고 받는 내 일에 참여한 교회가 너희 외에 아무도 없었느니라
> 빌4:16 데살로니가에 있을 때에도 너희가 한 번뿐 아니라 두 번이나 나의 쓸 것을 보내었도다

그렇습니다. 오늘날에도 빌립보 교인들과 같이 최선을 다해서 선교 헌금을 보내는 성도들에게 하나님께서 모든 쓸 것을 풍성하게 채워주실 줄 믿습니다.

> 빌4:19 나의 하나님이 그리스도 예수 안에서 영광 가운데 그 풍성한 대로 너희 모든 쓸 것을 채우시리라

③ 구제

신학교에 다닐 때의 일입니다. 서울 사당동에 있는 신학교를 가기

위해서 지하철에서 내려 올라가다 보니 약 70세 정도로 보이는 한 할머니가 지하철 입구에서 껌을 팔고 있었습니다. 저는 그냥 지나칠 수 없어서 껌을 사려고 가까이 가서 껌값을 물어보니 100원이라고 하였습니다.

보통 길거리에서 껌을 팔거나 지하철, 버스 터미널 등에서 껌을 파는 사람들이 껌을 팔 때 자신의 가난을 호소하며 최소한 200원 이상을 받는데 그 할머니는 100원만 받고 파는 모습이 참 안타까웠습니다. 저는 그 할머니를 전도하기 위하여 만날 때마다 껌을 사드리며 이야기를 조금씩 나누었는데, 감사하게도 그 할머니는 예수님을 믿는 분이셨습니다.

그 당시 저는 돈이 없어서 수업료를 한 번에 내지 못하고 조금씩 분납하며 학교를 다녔기 때문에 늘 수업료를 위하여 기도하였습니다. 그런데 교회의 어느 집사님이 물질을 주셔서 밀린 수업료를 모두 내고 5만 원이라는 거금이 남았습니다. 저는 '이 돈을 어디에 쓰면 좋을까?'고민하다가 '돈이 꼭 필요한 사람이 있으면 드려야겠다'고 생각하고 그 돈을 주머니에 넣고 다녔습니다.

어느 날 아침, 학교에 가기 위해 지하철에서 내렸는데 추위에 떨며 껌을 파는 할머니의 모습이 눈에 들어왔습니다. 순간 '이 돈을 저 할머니에게 드리자!'는 생각이 들었습니다.

그런데 문제는 그 돈을 할머니에게 어떻게 드려야 할지 고민이 되었습니다. 왜냐하면 전에 어떤 사람이 껌을 산 뒤 할머니에게 껌값을 더 드리고 가자 할미니는 더 준 껌값을 그 사람에게 던지면서 "갖고 가라"고 외치시는 것을 본 적이 있었기 때문입니다. 일단 저는 그 할머니에게 다가가서 인사를 드린 뒤 무릎을 쪼그리고 앉아서 이야기를 나누며 돈을 드릴 수 있는 기회를 엿보았습니다. 그리고 할머니의 이야기를 듣던 중 갑자기 할머니의 주머니에 5만 원 '쑥' 넣어드리고는 "할머니, 저 갑니다!"하고 쏜살같이 도망(?)갔습니다. 그 할머니는 갑자기 창졸간에 일어난 일이라 어리둥절하다가 자기 주머니에서 돈 5만 원이 나오자 나를 향하여 연신 손짓하며 "갖고 가라"고 하셨습니다. 그러나 저는 할머니에게 손을 흔들며 학교를 향하여 걸어갔습니다. 그런데 바로 그때 하늘에서 우뢰와 같은 음성이 들려왔습니다.

"아들아, 그 돈 내가 받았느니라!"

저는 깜짝 놀랐습니다. 분명히 하나님의 음성이었습니다.

"예? 하나님께서 그 돈을 받으셨다구요?"

제가 할머니에게 드린 돈을 하나님께서 받으셨다는 말씀에 깜짝 놀랐을 때 예수님께서 마태복음 25장에서 하신 말씀이 떠올랐습니다.

마25:40 "내가 진실로 너희에게 이르노니 너희가 여기 내 형제 중에 지극히 작은 자 하나에게 한 것이 곧 내게 한 것이니라"

아, 하나님께서는 이 말씀대로 제가 지극히 작은 할머니에게 물질을 드리자, 그 물질을 주님께서 받으셨다고 말씀해주신 것이었습니다. 이 세상에서 보잘 것 없는 가난한 자, 병든 자, 장애우, 독거노인, 물질이 없는 자, 고아와 과부, 힘이 없어서 무시당하는 사람들은 예수님의 또 다른 모습인 것입니다. 그런 지극히 작은 자들을 섬기는 것이 곧 예수님을 섬기는 것이며, 지극히 작은 자에게 드린 것이 곧 예수님께 드린 것이며, 지극히 작은 자들을 돌본 것이 곧 예수님을 돌본 것이라는 말씀입니다.

그렇습니다. 우리들이 가난한 사람들을 위하여 준 물질들이 곧 하나님을 기쁘시게 하는 예물인 것입니다.

④ 건축 헌금

하나님의 은혜로 천국과 지옥을 10번 이상 다녀온 김폴 목사님은 『뷰티풀 천국 쇼킹 지옥』이라는 책에서 황금 대접을 들고 천국과 이 땅 사이를 왕래하는 천사들을 본 이야기를 하였습니다.[11]

이 천사들은 흰 옷을 입고 마치 바람을 타고 다니듯 날아다니는데, 이 왕래하는 천사는 각자의 이름이 새겨진 황금 대접을 들고 올라갔다 내려갔다 하는데 이 황금 대접 안에는 각 사람에 따라 담긴 내용물의 수량이 달랐다고 합니다. 그 황금 대접 안에 담긴 내용물을 자세히 봤더니, 광채가 나는 금구슬 같은 모양의 것들이 황금 대접 안에 가득 담겨있었는데 그 구슬들은 크기도, 광채도 서로 다 달라 보였다고 합니다.

이 황금 구슬에는 각 사람의 믿음의 행위들이 적혀 있었는데 목사님 보기에 제일 크게 빛이 나고 광채가 나는 구슬 모양이 영혼 구원이었다고 합니다. 우리가 이 땅에 살면서 전도해서 지옥 갈 영혼을 주님께로 인도하면 주님께서 너무나 기뻐하시고 천국에 큰 집을 지으신다고 하셨답니다.

그다음에는 '성전 건축'이라는 글자가 적힌 구슬이 크게 보였다고 합니다. 성도들이 신앙생활을 하면서 넉넉하지 못한 환경 가운데에서도 생명과 같은 물질을 믿음으로 하나님께 드려서 '성전 건축'하

---

11) 『뷰티풀 천국 쇼킹 지옥』, 김폴, 베다니 출판사, P.45-46

는 일을 너무나 귀하고 아름답게 여긴다는 것입니다. 그래서 금 대접 안에 황금 구슬이 되어 광채를 발하며 올라가는 것이었다고 하였습니다.

그리고 온전한 주일 성수, 십일조, 사랑, 눈물, 헌신, 희생, 봉사, 충성 등 다양한 단어가 적힌 황금 구슬을 소중하게 담아 천사가 가지고 하늘나라로 올라가는데, 성도들이 성경 말씀을 믿고 주님을 위해 믿음으로 행하는 그 어느 것 하나도 소중하지 않은 것이 없었고, 이 황금 대접을 들고 왕래하는 천사들은 땅의 것을 담아 하늘로 올라가는 것만이 아니라 주님의 지시를 받고 하늘의 좋은 것들을 땅 위에 있는 성도들에게 전달하는 일도 한다고 합니다. 이러한 것을 보여주신 주님께서는 성도들이 땅에서 행하는 크고 작은 믿음의 행위를 반드시 하나님께서 상으로 갚아주신다고 말씀하셨는데, 사랑과 희생으로 드린 성전 건축 헌금이 영혼 구원 다음으로 크고 빛나는 광채를 내는 황금 구슬이 된다고 하니 성전 건축 헌금이 얼마나 중요하고 축복된 헌금인지 알 수 있습니다.

어느 날 은행에서 전화가 왔는데, 빌린 대출금을 잘 갚고 있으니 혹시 또 돈이 필요하면 대출해주겠다고 했습니다. 그러나 저는 돈을 빌릴 일이 없기 때문에 정중히 사양했습니다. 그런데 며칠 후 교회 회계부에서 교회 이전하면서 빌린 돈 가운데 2,000만 원을 갚아야 하는데 1,000만 원이 부족하다는 것이었습니다. 그 이야기를 듣는 순간 며칠 전에 새마을 금고에서 전화 받은 것이 생각났습니다. 저는 '하나님께서는 우리 교회에서 1,000만 원을 갚아야 하는 줄 아시고 새마을 금고에서 전화하도록 하셨구나. 참으로 놀라우신 하나님이시다'라는 생각이 들었습니다. 그래서 '일단 내 이름으로 새마을 금고에서

1,000만 원 대출받아서 부족한 돈을 해결하고 교회에서 매월 갚으면 되겠다'라는 생각에 새마을 금고에 전화해서 1,000만 원이 필요하다고 했더니 몇 가지 서류들을 준비해서 방문해달라고 했습니다. 그런데 새마을 금고 대출 담당자와 전화가 끝나자마자 성령님께서 갑자기 말씀하셨습니다.

"그 1,000만 원은 네가 헌금을 해라!"

"네? 제가 헌금을 하라구요?"

하나님께서는 새마을 금고에서 빌리는 돈을 교회가 갚도록 하지 말고 제가 헌금하라고 하신 것입니다. 그래서 저는 즉시 "알겠습니다. 제가 헌금하겠습니다"라고 말씀드리고 1,000만 원을 빌려서 교회에 헌금했습니다. 하나님께서 헌금하라고 하셨으니 그 돈을 갚는데 필요한 물질을 하나님께서 주실 줄 믿었습니다.

그런데 놀라운 일이 생겼습니다. 며칠 후 어떤 사람이 오래전에 저에게서 빌린 1,000만 원을 갚겠다고 연락을 한 것입니다. 저는 오래된 일이어서 그런지 그 사람에게 돈을 빌려준 기억이 전혀 안 났지만 그 사람은 자신이 빌린 돈 1,000만 원을 제게 보내주었습니다. 참으로 놀라우신 하나님이십니다. 성령님께서 말씀하신 대로 제가 순종하여 1,000만원을 건축 헌금으로 드리자 오래전에 저에게서 1,000만 원 빌려 간 사람의 마음을 감동하셔서 그 돈을 갚게 하시는 것이었습니다. 놀라우신 하나님을 찬양합니다.

아래의 글은 제가 쓴 책 『주님 오시리 곧 오시리』에 〈건축 헌금〉이라는 제목으로 쓴 글을 그대로 옮겼습니다.[12]

---

12) 『주님 오시리 곧 오시리』, 박요셉, 하늘빛 출판사, P.149-153

음악 전도사로 섬기는 교회에서 예배당을 건축해야 한다며 목사님께서 건축 작정 헌금을 하자고 하셨다. 땅 한 평이 150만 원이니 최소한 땅 한 평의 헌금을 하나님께 드리자고 말씀하셨다. 그 말씀을 들은 나는 '얼마를 작정해야 하나…' 고민하다가 500만 원을 작정하기로 하였다. 내가 한 평, 아내가 한 평, 딸이 한 평, 그리고 50만 원을 더해서 도합 500만 원을 작정하면 되겠다고 생각한 것이었다. 나는 선교회를 이끌고 있었기에 물질적인 여유가 별로 없었지만 일단 믿음으로 작정하였다.

건축 헌금을 작정을 하는 것은 어렵지 않았으나, 작정한 헌금을 드리는 것은 어려운 일이었다. 모아둔 돈이 있는 것도 아니고, 헌금을 작정했다고 해서 하나님께서 갑자기 물질을 많이 주시는 것도 아니기 때문에 허리띠를 졸라매고 절약하면서 물질이 생길 때마다 10만 원, 20만 원, 50만 원씩 드렸다. 그렇게 드리다 보니 작정한 건축 헌금으로 인해 스트레스를 받기도 하고 후회가 되기도 하였다. '내가 너무 많이 작정했어. 사정을 고려하지 않고 너무 무리를 했구나…' 이런 흔들리는 마음 가운데에서도 계속해서 드린 결과 300만 원을 헌금할 수 있었다. 이제 작정한 헌금 중 200만 원이 남았다. 그런데 더욱 갈등이 왔다. 헌금을 한다는 것이 너무 힘에 부쳤기 때문이었다. 300만 원 헌금한 것도 힘에 부쳤는데 앞으로도 200만 원을 더 헌금해야 한다고 생각하니 앞이 캄캄하였다.

'200만 원 드리는 것을 포기할까? 하나님께서도 내 사정을 뻔히 아시는데…'

'그래도 그렇지 작정한 것을 어떻게 포기해…'

두 가지 생각으로 인하여 마음의 갈등이 계속되었다. 그런데 '내가 하나님께 작정한 것을 포기하게 되면 나중에 성도들에게 헌금에 대하여 담대히 설교할 수 없다! 내가 작정한 헌금을 도중에 포기하고 드리지 않는다 하더라도 사람들은 모른다. 그러나 하나님께서 아시고, 내 양심이 알지 않은가… 내가 지금 힘들어도 작정한 것은 지켜야 한다! 그래야 하나님 앞에, 내 양심 앞에 떳떳할 수 있고, 헌금에 대하여 성도들에게 담대히 설교할 수 있다!'라는 생각이 들었다. 그래서 결국 남은 200만 원도 드리기로 굳게 마음먹었다. 그러나 물질이 없었기 때문에 하나님께 계속해서 기도드렸다.

"하나님, 제가 200만 원을 더 헌금해야 하는데 돈이 없습니다. 200만 원을 헌금할 수 있도록 물질을 주옵소서!"

이렇게 날마다 기도를 하는 중에 예전에 계약한 아파트 계약금을 추가로 내야 하는 일이 생겼다. 내 수중에는 돈 한 푼 없는데 또 돈 들어갈 곳이 생긴 것이었다. 이 문제를 놓고도 속으로 끙끙 앓으며 걱정하고 있었는데 어느 날 아버지께서 웬 봉투를 주셨다.

"네가 아파트 중도금 200만 원이 있어야 한다고 해서 내가 마련했으니 이것으로 계약하거라. 그러나 앞으로는 내가 더 이상 도와줄 수 없으니 다음부터는 네가 알아서 하거라."

평소에는 엄하신 아버님이셨지만 내가 돈 문제로 고민하는 것을 보시고 당신이 돈을 마련해서 주신 것이다. 아버지께서 주신 돈을 받은 나는 갈등했다. '돈 200만 원이 생겼으니 이 돈으로 남은 건축 작정 헌금을 드려서 끝낼까, 아니면 아파트 계약금을 낼까?' 건축 헌금으로 인해서 많은 고민과 갈등을 했기 때문에 이 200만 원을 건축 헌금으로 드리면 더 이상 건축 헌금에 대하여 골머리를 썩지 않아도 된다. 그러나 그렇게 되면 아파트 계약금이 없어지게 되는 것이다.

200만 원이라는 거금이 앞으로 또 생기리라는 것은 불가능하기에 더욱 갈등하였다. 건축 헌금과 아파트 계약금 사이에 고민과 갈등을 수없이 하던 나는 '에라 모르겠다! 우선 건축 헌금으로 드리자.'고 맘 먹고 헌금으로 드렸다. 아파트 계약금 낼 날짜가 아직 며칠 남았으니 그때 가서 또 고민하자고 생각하였다. 속이 썩도록 고민했던 남은 건축 헌금을 모두 드리고 보니 내 마음이 후련하였다. 어떻게 해서든지 작정 헌금을 다 드렸다는 생각에 뿌듯하였다. 하지만 아파트 계약금 이 문제였다. 계약금을 내야 하는 만기일이 점점 다가오자 나는 또 걱정에, 걱정을 하였다. 계속해서 기도를 했지만 여전히 걱정이 되었다.

드디어 계약금을 내야 하는 전날이 되었으나 내 수중에는 돈이 한 푼도 없었다. '하나님은 내 사정을 모두 아시는데… 하나님, 어떻게 해야 하나요…' 한숨을 쉬며 하나님께 하소연하였다.

그런데 선교회의 한 자매가 오랜만에 저녁 식사를 같이 하자고 연락이 왔다. 그래서 선교회 사무실 근처에서 만나 식사하며 이런 이야 기, 저런 이야기를 나누는 중에 우연히 건축 헌금 이야기가 나왔고, 내가 수많은 고민과 갈등 가운데 아버지께서 주신 아파트 계약금을 건축 헌금으로 드렸다는 말을 하게 되었다. 원래 그 이야기를 하려는 생각이 전혀 없었는데 이야기하다 보니 그 이야기가 나온 것이었다.

그런데 내 말을 듣던 그 자매가 "제가 3년 동안 적금을 넣은 것이 있는데 이것이 만기가 다 되었거든요. 하나님께서는 저번에도 적금 넣은 것을 다른 사람에게 드리도록 하시더니, 이번에도 그런 것 같아 요. 오늘 식사를 같이 하고 싶은 마음이 든 것이 우연이 아니었나봐 요. 하나님께서 감동 주신 것이었나 봐요. 계좌 번호 알려주세요. 제 가 보내드릴게요."

세상에… 이럴 수가… 하나님께서는 내가 한숨 쉬며 고민하고 걱정하는 것을 보고 계셨다. 아파트 계약금을 건축 헌금으로 먼저 드린 것을 보셨다. 힘들고 어려운 가운데에서도 작정한 건축 헌금을 다 드린 것을 보셨다. 내게는 아파트 계약금을 낼 수 있는 어떤 방법도 없음을 알고 계셨다. 하나님께서 도와주시지 않으면 이 문제가 해결될 수 없음을 아셨다. 그래서 하나님께서는 그 자매의 마음에 나와 식사하도록 감동하셨고, 식사 중에 우연히 건축 헌금 이야기를 하게 하셨으며, 그 이야기를 들은 그 자매의 마음을 감동하셔서 만기 된 적금을 내게 주도록 감동하신 것이다. 할렐루야!

하나님께서 이렇게 역사하시리라고 누가 생각했을까… 나도 그 자매도 전혀 알지 못하였다. 하나님께서는 생각지도 못한 방법을 통해서 계약금 만기일 전날에 물질의 문제를 해결해 주신 것이었다. 할렐루야!

나는 그 자매에게 대단히 미안하면서도 감사한 마음을 가졌다. 물질에 대한 자신의 소유권을 내려놓고 하나님의 뜻에 따라 아낌없이 내게 200만 원을 주는 그 자매의 믿음에 깊은 감동을 받았다.

수많은 고민과 갈등 가운데 "너희는 '먼저' 그의 나라와 그의 의를 구하라"(마6:33)는 말씀대로 아파트 계약금을 건축 헌금으로 "먼저" 하나님께 드렸더니 하나님께서는 아파트 계약금의 문제를 해결해 주신 것이었다. 할렐루야!

이처럼 건축 헌금을 드리는 것은 하나님을 기쁘시게 하는 일이기 때문에 놀라운 기적이 나타나기도 합니다.

이외에도 우리가 드리는 첫 소산, 감사, 일천 번제, 주정 헌금 등을 감사함으로 풍성히 드림으로써 하나님께서 베풀어주시는 재정의 기름 부음이 흘러넘치길 바랍니다.

5) 서원한 것은 반드시 드려라

부족한 종이 쓴 책 『주님 오시리 곧 오시리』에 실렸던 글을 인용합니다.[13]

어느 날 하루 종일 밖에서 일을 본 뒤 처가에 들려서 아이를 데리고 아내가 근무하는 학교에 들려 아내를 태우고 집으로 왔다. 그런데 이게 웬일인가? 우리가 생활하는 방에서 "찍찍"하며 쥐 소리가 났다. 방에 쥐가 들어온 것이었다. 어떻게 아파트에 쥐가 들어왔단 말인가? 우리가 사는 아파트가 1층이어서 쥐가 들어올 수도 있지만 거의 불가능할 텐데 어떻게 해서 쥐가 들어왔는지 알 수 없었다.

아파트에 방이 3개 있는데 큰 방은 아버님께서 쓰시고 우리가 생활하는 중간 방에 쥐가 들어왔는데, 쥐가 있는 방에서 잠을 자기에는 너무 껄끄러워서 작은 방에서 잠을 잘 수밖에 없었다.

그런데 작은 방은 통풍도 안 되고, 작아서 나와 아내와 아이가 잠자기에는 너무 불편하였고, 잠을 자도 피곤이 풀리지 않았다. 우리가 생활하는 방은 쥐 한 마리가 독차지하고 있고, 우리는 작은 방으로 쫓겨나서 생활하며 잠을 자야 하는 상황에 기가 막혔다.

어떻게 쥐를 잡을 수 있을까? 고민하던 나는 쥐덫을 사다가 덫 안에 고구마 조각을 넣고 방에 설치해 놓았다. 방에 있으면서 며칠 동안 먹을 것을 못 먹은 쥐가 배고파서 고구마를 먹으러 쥐덫에 들어갈 법도

---

13) 『주님 오시리 곧 오시리』, 박요셉, 하늘빛 출판사, P.139-143

한데 이상하게도 쥐는 고구마를 먹으러 들어가지 않았다.

아침에 아내를 출근시키고, 아이를 처가에 맡긴 뒤 하루 종일 선교 회원들 제자 훈련 등을 마치고, 다시 처가에 가서 아이를 태우고 아내가 근무하는 학교에 가서 아내를 태우고 집에 오는 나의 가장 큰 관심사는 과연 쥐가 쥐덫에 잡혔는지 안 잡혔는지 확인해보는 것이었다.

그런데 이상하게도 쥐는 잡히지 않았다. 나는 하나님께 기도하였다.

"하나님, 쥐가 저희 방에 들어와서 저렇게 며칠 동안 방을 차지하고 있어 저희가 작은 방에서 생활하며 잠을 자고 있습니다. 주님께서 아시다시피 작은 방에서 잠을 푹 잘 수 없기 때문에 피곤이 풀리지 않게 되고, 피곤이 풀리지 않은 몸으로 매일 주님의 일을 하고 있습니다. 주여, 저 쥐가 속히 저희 방에서 나가도록 역사해주옵소서! 나사렛 예수 그리스도 이름으로 명하노니 쥐는 속히 우리 방에서 나갈지어다! 쥐덫에 잡힐지어다!"

며칠 동안 아무리 기도해도 응답 되지 않았다. 아니, 도대체 뭐가 문제란 말인가? 혹시 내 죄로 인해서 기도 응답이 안 되는 것일까?

"주님, 쥐가 잡히도록 덫을 놓고 기도해도 응답이 되지 않고 있습니다. 기도 응답이 되지 않는 이유가 혹시 저의 죄 때문이라면 깨닫게 해 주옵소서!"

쥐로 인해서 하루하루가 피곤한 나는 간절히 기도하였다. 그런데 방언 통역과 함께 주님께서 말씀하셨다.

"너는 고생해도 싸다!"

"네? 제가 고생해도 싸다구요?"

아니, 내가 고생해도 싸다니… 이게 무슨 말인가…?

"주님, 제가 고생해도 싸다니요, 제가 무엇을 잘못했습니까?"

그러자 주님께서 말씀하셨다.

"너, 두 달 전에 나에게 약속한 것을 왜 지키지 않고 있느냐?"

"네? 제가 두 달 전에 주님께 약속한 것을 지키지 않고 있다구요?"

'내가 두 달 전에 주님께 약속한 것을 지키지 않고 있다고? 그게 뭐지…?' 나는 곰곰이 생각해보았다. 그러자 한 가지가 생각났다. 그것은 국제구호개발기구인 월드비전을 통하여 아프리카의 열악한 환경에서 생활하는 아이들의 비참한 소식을 본 나는 하나님의 형상으로 지음 받은 아이들이 그렇게 살고 있다는 사실에 너무 마음이 아파서 매달 얼마씩 그들을 후원하기로 마음을 먹고, 그들을 후원하겠다고 주님께 기도한 뒤 물질을 보냈었다. 그런데 선교회 사역에 집중하다 보니 매달 후원하기로 한 것을 까맣게 잊어버렸던 것이었다. 주님은 그것을 말씀하고 계신 것이었다.

"너는 고생해도 싸다. 네가 약속한 물질을 보내지 않음으로써 그 아이들이 고통을 당하고 있으니 너도 이곳에서 고생을 좀 해야 한다."

아, 그렇구나. 아무 까닭 없는 고난은 없었다. 내가 쥐로 인해서 고생을 하고 있는 것은 나의 죄 때문이었던 것이다. 나의 죄를 깨닫게 하기 위하여 주님께서는 '쥐'를 사용하고 계셨던 것이었다. 죄를 깨달은 나는 즉시 회개하였다.

"주님, 제가 너무 바쁘다보니 깜빡 잊었습니다. 회개합니다. 지난달에 보내지 않은 것과 이번 달에 보내야 할 후원금을 즉시 보내겠습니다."

나는 주님께 약속한 물질을 보내겠다고 말씀드렸다.

다음 날 아침, 경기도에 사는 동생에게서 전화가 왔다. 이런저런 이야기를 하는 도중에 우리 방에 쥐가 들어와서 며칠째 고생하고 있다는 말을 하였다. 그러자 동생이 말하였다.

"오빠, 약국에 가면 쥐 잡는 '찍찍이'가 있어. 찍찍이에 고구마 놓고 펴 놓으면 쥐 잘 잡혀."

"그래? 알았어. 고맙다"

나는 은행 ATM기에 가서 월드비전에 후원금을 보낸 뒤 약국에 가서 찍찍이를 사다가 우리 방에 설치해 놓고 선교회 사역을 하러 갔다. 오후 늦게 아이와 아내를 태우고 집에 온 나는 과연 찍찍이에 쥐가 잡혔는지 궁금하였다. 우리 방문을 열자 며칠 동안 우리 방을 독차지하며 생활하였던 쥐가 찍찍이에 달라붙어 있었다. 드디어 쥐가 잡힌 것이었다. 할렐루야!

'고난에는 하나님의 뜻이 있다'는 말처럼 주님께서는 '쥐'로 인한 고난을 통하여 나의 죄를 깨닫게 하셨고, 내가 회개하고 약속한 물질을 보내자 즉시 '쥐'라는 고난의 문제가 해결되도록 하신 것이었다.

참새가 한 앗사리온에 팔리는 것까지도 하나님께서 허락하셔야 하는 일이기에 우리들의 삶 가운데 나타나는 고난들은 어느 것 하나 우연히 발생하지 않는 것이다. 박 넝쿨로 인한 고통을 통하여 요나의 죄를 깨닫게 하신 주님께서는 우리들의 일상생활에 나타나는 크고 작은 일(사건)들과 고난들을 통하여 우리들의 죄를 깨닫게 하시고 주님의 뜻을 깨닫게 하시며 우리들을 변화시키려고 하시지만 우리는 영적으로 너무 둔하여 우리들의 삶에 나타나는 사건과 고난을 우연한 일들로 생각하고 우리 자신의 힘으로 그 문제를 해결하려고 함으로써 우리들의 죄에 대하여 말씀하시는 주님의 음성을 못 듣게 되어서 삶이 변화되지 않고 있는 것이다.

오스왈드 챔버스가 "하나님께서는 우리가 처한 상황의 기관사이시다"라고 말한 것처럼, 우리가 처한 상황은 우연히 만들어진 상황이 아니라 하나님께서 인도하신 상황이기 때문에 어떤 상황에서도 그 상황을 허락하신 하나님께 감사를 드려야 하며, 그 상황을 통해서 하나님께서는 무엇을 말씀하시려고 하시는지 주님의 음성에 귀를 기울여야 한다.

시15:1-5에서는 주의 장막에 머물며 주의 성산에 거할 수 있는 사람들의 자격 조건에 대하여 여러 가지를 말하고 있는데, 그 가운데 하나가 '마음에 서원한 것은 해로울지라도 반드시 지키는 사람이어야 한다'고 말하고 있습니다.

> **시15:1** 여호와여 주의 장막에 머무를 자 누구오며 주의 성산에 사는 자 누구오니이까
> **시15:4** 그의 눈은 망령된 자를 멸시하며 여호와를 두려워하는 자들을 존대하며 그의 마음에 서원한 것은 해로울지라도 변하지 아니하며

우리들이 간혹 하나님께 물질을 서원할 때가 있는데 서원한 후 시간이 지나면 깜빡 잊어버리기도 합니다. 혹은 기도할 때 '응답'을 전제로 '물질'을 서원할 때가 있는데, 기도가 응답 되어 서원한 물질을 드리려고 할 때 '물질'에 대한 아까운 마음이 들어 머뭇거리거나 서

원한 물질을 드리지 않을 때가 있는데, 시15:4에서는 내게 해로울지라도 서원한 것은 반드시 지켜야 주님의 은혜의 동산, 축복의 산에 거할 수 있다고 말합니다.

그러므로 이 책을 읽는 분들 가운데에서 하나님께 '물질'을 서원해 놓고 지키지 않음으로써 물질 축복의 문이 닫힌 분들이 계시다면 하나님께 회개하고 서원한 물질을 드림으로써 막혔던 물질 축복의 문이 활짝 열리기를 바랍니다.

6) 풍성하신 하나님을 바라보라

부족한 종이 쓴 책 『주님 오시리 곧 오시리』에 실렸던 글을 인용합니다.[14]

아내를 학교에 출근시킨 뒤 집에 돌아가는 길에 자주 가는 두란노 기독 백화점에 들렀다. 새로운 책이 나왔는지 알아보고 필요하면 구입하기 위해서이다. 여러 가지 신간 서적들을 본 뒤 운영하시는 집사님과 이런 이야기 저런 이야기를 나누었는데 집사님께서 말씀하셨다.

"목사님, 저를 위해서 기도 좀 해주세요!"

"왜요?"

"한 달 한 달이 가까스로 운영 되어요!"

"아, 그래요? 매우 힘드시겠네요!"

그 여집사님의 남편은 신학을 하기 위하여 직장을 그만두고 매주 서울로 학교를 다니고 계셨다. 그렇게 때문에 남편 뒷바라지하랴, 가

---

14) 『주님 오시리 곧 오시리』, 박요셉, 하늘빛 출판사, P.167-170

정을 꾸려가랴, 시어머님 모시랴, 자녀들을 돌보랴, 그러면서 기독교 서점을 운영하느라 여러 가지로 바쁘셨다. 또한 이 일에 필요한 모든 물질을 혼자서 모두 감당하셔야 했다. 그러면서도 하나님께 드리는 선교 헌금은 풍성히 드리려고 애쓰시는 것을 알고 있었다. 나는 문득 물었다.

"집사님, 이곳을 위하여 어떻게 기도하세요?"

"예, 잠30:8-9 말씀대로 그저 '가난하게도 마옵시고 부하게도 마옵시고 오직 필요한 양식으로 내게 먹이시옵소서' 라고 기도해왔어요!"

잠30:8 곧 허탄과 거짓말을 내게서 멀리 하옵시며 나로 가난하게도 마옵시고 부하게도 마옵시고 오직 필요한 양식으로 내게 먹이시옵소서
잠30:9 혹 내가 배불러서 하나님을 모른다 여호와가 누구냐 할까 하오며 혹 내가 가난하여 도적질하고 내 하나님의 이름을 욕되게 할까 두려워 함이니이다

"예? 집사님이 그렇게 기도했으니 하나님께서 그렇게 응답하실 수밖에요. 하나님께서는 우리가 기도한 대로 응답하시는 분이세요. 기도는 부하게도 말고 가난하게도 말게 해 달라고 하면서 어떻게 풍성하길 바래요? 기도를 바꾸세요! 에베소서 3장 20절 말씀에 하나님은 '우리 가운데서 역사하시는 능력대'로 '우리의 온갖 구하는 것이나 생각하는 것에 더 넘치도록 능히 하시는 분'이라고 하셨거든요? 그러므로 '하나님, 이번 달에 풍성히 쓰고도 남음이 되게 해 주세요!'라고 기도하세요! 그러면 하나님께서 그렇게 구한대로 응답해주실 것입니다!"

나는 그 집사님에게 기도를 바꿀 것을 강력하게 말하였다. 그러자

집사님은,

"듣고 보니 정말 그런 것 같네요! 그러면 목사님도 제가 풍성한 삶을 살 수 있도록 기도해 주세요!"

"알았습니다! 한 달 동안 기도해 드릴게요!"

그분은 그런 기도를 할 자격이 있었다. 부족한 중에도 전도한다고 서점을 비우기도 하고, 최선을 다하여 선교 헌금을 드리려는 자세가 되어 있었기 때문이었다. 나는 그분에게 기도해주겠다고 약속을 하고 집으로 갔다.

그런데 죄송하게도 나는 그 약속을 지키지 못했다. 며칠 동안 그 문제를 놓고 기도하다가 그만, 다른 중요한 기도 제목들로 인하여, 잊어버린 것이다. 잊어버려도 새까맣게 잊어버렸다.

그 후 나는 여러 가지 일로 바빴기 때문에 한동안 두란노 서점을 가지 못했다. 한 달 이상이 지난 뒤 우연히 그 서점에 들렀다. 그런데 나를 본 그 집사님은 아주 반갑게 맞아주셨다.

"어서 오세요, 목사님!"

"안녕하셨어요?"

"목사님이 그때 기도를 바꾸도록 말씀하신 뒤 제가 기도를 바꾸었거든요? 그랬더니 정말로 수입이 달라졌어요! 감사합니다!"

나는 그제서야 내가 한 달 동안 중보 기도를 하기로 했다는 것이 생각났다. 속으로 '아차!'했지만 시간은 이미 다 지나간 후였다. 그래도 그분이 하나님의 말씀을 붙잡고 기도를 하니, 내가 중보 기도를 하지 않았어도, 하나님께서 그분의 기도를 들으신 것이었다. 할렐루야!

내가 전에 서점에 들린 것이 우연이 아니었음을 깨달았다. 하나님께서는 우연을 가장하여 내가 그 서점에 들르도록 하셨고, 나의 권면을 통해서 그분의 기도를 바꾸게 하신 뒤 복을 내리신 것이었다. 기도 내용 하나를 바꾸니 생활이 이렇게 달라진 것을 보니 어떻게 기도하느냐가 대단히 중요함을 깨달았다.

나도 예전에 부하게도 말고 가난하게도 말게 해달라는 기도에 매력을 느껴서 그렇게 기도한 적이 있었다. 그 결과 나도 그 집사님처럼 물질적으로 여유 없이 살았었다. 물질적으로 매일 매일의 삶이 힘들었다. 그렇게 살다 보니 남을 도울 여력이 없었다. 마음은 원이로되 실제로는 할 수가 없었다. 그러한 삶의 원인이 나의 기도의 결과였음을 말씀을 통하여 깨닫고 엡3:20 말씀을 따라서 기도의 내용을 바꾸었었다.

"하나님, 풍성히 쓰고도 남는 물질을 주세요! 그 물질을 가지고 남을 위하여 쓰게 해 주세요!"

"하나님, 제게 맡겨 주신 일들을 능히 감당하고도 남을 만큼의 성령 충만함을 부어주세요!"

이렇게 기도하면서부터 무엇인가가 달라졌다. 풍성하신 하나님을 바라본 후 단순히 물질적인 풍성한 삶만이 아닌, 모든 삶이 바뀐 것이었다. 풍성하신 하나님을 바라보며 영적, 삶적 풍성함을 위하여 기도했을 때 비로소 여유가 생겼다. 그 풍성함의 동기가 먼저 하나님의 영광을 위하여, 남을 위하여, 마지막으로 나를 위함이기 때문이었다.

그렇습니다. 우리가 믿는 하나님은 우리의 온갖 구하는 것이나 생각하는 것에 더 넘치도록 능히 하시는 분이시고, 예수님께서 가시 면류관을 쓰심으로써 가난의 저주는 끊어졌으므로 물질적으로도 풍성한 재정의 기름 부음이 넘치길 바랍니다.

"여호와의 말씀에 나의 삶을 가리켜 맹세하노라
너희 말이 내 귀에 들린 대로 내가 너희에게 행하리니…"
(민14:28)

"우리 가운데서 역사 하시는 능력대로
우리의 온갖 구하는 것이나 생각하는 것에 더 넘치도록
능히 하실 이에게 교회 안에서와 그리스도 안에서
영광이 대대로 영원무궁하기를 원하노라 아멘!"
(에베소서 3장 20-21절)

제6장

발에 못 박히셨을 때 흘리신 보혈의 능력

1. '마귀의 종'이 된 저주를 끊으시고 승리를 주신 예수

예수님은 십자가에 달리셔서 우리를 '대신하여' 저주를 받으심으로써 모든 인류를 '율법의 저주'에서 속량(구원)하셨습니다.

갈3:13 그리스도께서 우리를 위하여 저주를 받은 바 되사 율법의 저주에서 우리를 속량하셨으니 기록된 바 나무에 달린 자마다 저주 아래 있는 자라 하였음이라

예수 그리스도께서는 십자가에 달리셔서 피를 흘리심으로써 우리의 모든 죄를 사하시고 모든 저주를 끊으셨으므로 예수님이 흘리신 보혈은 모든 죄를 사하고 모든 저주를 끊는(씻는) 능력이 있습니다.

예수님께서 십자가에 못박히셨을 때 '손'에서 흘린 피는 모든 죄를 씻어 정결하게 하는 능력이 있으며, 머리에 '가시 면류관'을 쓰셨을 때 흘리신 피는 '가시'의 저주, 즉 '가난'의 저주를 끊고(씻고) 재정의 축복을 주는 능력이 있으며, 예수님께서 채찍에 맞으셨을 때 온몸에서 흘리신 피는 인간의 온몸에 있는 '질병'의 저주를 끊고(씻고) 치유

를 주는 능력이 있습니다.

그리고 예수님께서 '발'에 못이 박히심으로써 피를 흘리신 것은, '발'의 저주, 즉 죄지은 인간이 사탄의 '발아래에서 짓밟히는' 저주를 끊고, 마귀를 발아래에 두고 마귀를 짓밟아 영적 전투에서 '승리'하는 권세를 주시기 위함인 것입니다.

그래서 눅10:19, 시91:13 말씀을 보면 성도들이 마귀와 귀신들을 '발아래 두고 그들을 짓밟게 될 것'이라고 말하고 있습니다.

> **눅10:19** 내가 너희에게 뱀(계12:9, 20;2)과 전갈을 '밟으며' 원수의 모든 능력을 제어할 권세를 주었으니 너희를 해할 자가 결단코 없으리라

> **시91:13** 네가 사자(벧전5:8)와 독사를 '밟으며' 젊은 사자와 뱀을 '발로 누르리로다'

죄로 말미암아 이 세상을 다스리는 '왕권'을 빼앗겼던 인간이 예수님의 '발'에서 흘리신 보혈의 권세로 말미암아 '왕의 권세'가 다시 회복된 것입니다. 예수 그리스도께서 '발'에 못 박히심으로써 흘리신 보혈 덕분에 더 이상 마귀와 귀신에게 짓밟히지 않아도 될 뿐만 아니라 오히려 그들을 우리들의 발아래에 두고, 그들을 짓밟는 권세를 받게 된 것입니다. 그러므로 더 이상 마귀와 귀신들을 두려워하지 않아도 됩니다. 그래서 예수님께서는 예수님을 구주로 믿는 모든 성도들에게 '예수 그리스도 이름으로 귀신들을 쫓아내라'고 말씀하신 것입니다.

> **막16:17** 믿는 자들에게는 이런 표적이 따르리니 곧 그들이 내 이름으로 귀신을 쫓아내며 새 방언을 말하며

이런 권세는 예수님을 믿는 우리 모두에게 주셨습니다. 할렐루야! 믿으시기 바랍니다.

2. 예수 그리스도 이름으로 귀신들을 쫓아내라!

예수님께서 '발'에 못 박히심으로써 흘린 보혈로 말미암아 우리들이 마귀와 귀신들을 짓밟으며 쫓아낼 수 있는 권세를 받았기 때문에, 성경은 마귀와 귀신들을 '대적하라'고 말합니다.

> 약4:7 그런즉 너희는 하나님께 복종할지어다 **마귀를 대적하라** 그리하면 너희를 피하리라

> 벧전5:8 근신하라 깨어라 너희 대적 마귀가 우는 사자 같이 두루 다니며 삼킬 자를 찾나니
> 벧전5:9 너희는 **믿음을 굳건하게 하여 그를 대적하라** 이는 세상에 있는 너희 형제들도 동일한 고난을 당하는 줄을 앎이라

약4:7과 벧전5:9에서 '대적하라'라는 단어는 헬라어로 '안디스테미'인데 '대적하다', '대항하다', '맞서 싸우다'라는 의미입니다. 그러므로 '믿음을 굳게 하여 마귀와 맞서 싸우라'라는 의미입니다.

그러면 어떻게 마귀와 싸워야 할까요? 예수님께서는 '예수 그리스도' 이름으로 싸우라고 말씀하셨습니다.

> 막16:17 는 자들에게는 이런 표적이 따르리니 곧 저희가 내 이름으로 귀신을 쫓아 내며 새 방언을 말하며

그러므로 예수님을 믿는 우리들은 "나사렛 예수 그리스도 이름으로 명하노니 귀신아 떠날지어다"라고 명령하며 귀신들을 쫓아내야 합니다. 그런데 어떤 성도들은 귀신을 쫓을 때 이렇게 기도합니다.

"하나님, 이 사람에게서 역사하는 귀신을 '쫓아내 주세요'~"

이런 기도는 주님께서 기뻐하시지 않습니다. 예수님께서는 우리가 '예수 그리스도' 이름으로 직접 귀신들을 쫓아내도록 '왕의 권세'를 이미 주셨습니다. 우리들은 '예수 그리스도라는 이름에 귀신을 쫓아내는 권세'가 있음을 굳게 믿고 담대하게 귀신들에게 명령하며 싸워야 합니다. 우리가 '예수 그리스도' 이름으로 명령할 때 귀신이 떠나가는 것입니다. 그러므로 성도들은 '예수 그리스도' 이름으로 귀신들에게 명령을 해야 합니다.

3. 영적 전투의 개인적 경험

하나님께서 갑자기 저에게 40일 금식기도를 하라고 말씀하셔서 순종하며 기도하는 중에 전혀 생각지도 못한 일이 나타났습니다.

교회에서 금요 심야 기도회를 하던 어느 날이었습니다. 성도들에게 안수 기도를 해주었는데, 기도를 받은 한 청년이 갑자기 눈물을 흘리는 것이었습니다. 그래서 그 청년에게 "왜 우느냐?"고 물었더니 자신도 왜 눈물이 흘러나오는지 모르겠다고 합니다. 그래서 잠시 후 주님께 물었습니다. "주님, 저 청년이 왜 울어요?"라고 묻자 '이제까지 저 청년 안에서 집 짓고 살던 귀신이 이제는 쫓겨나려고 하니까 슬퍼서 우는 것이다'라는 감동이 왔습니다. 그래서 그 청년에게 안수하며 "아까 슬피 울던 귀신 나와! 이제까지 청년 안에서 살다가 이제 쫓겨나려고 하니까 슬퍼서 울었던 귀신 나와!"라고 명령했더니 갑자기 그 청년 입에서 "싫어, 안 나갈테야!" 하는 말이 터져 나왔습니다. 그 청년 안에 있던 귀신이 그 청년의 입을 통하여 말을 한 것이었습니다. 깜짝 놀란 저는 "나사렛 예수 그리스도 이름으로 명하노니 당장 나와! 이 딸은 예수님의 피로 구원받은 딸이다. 네가 왜 하나님의 딸 속에 있어, 당장 나와!"라고 한동안 명령하자 결국 그 귀신은 떠나고 말았습니다.

그런데 다음날부터 성도들에게 안수하면 그 안에 있던 귀신들이 "콜록, 콜록" 기침하면서 나가는 현상이 나타나는 것이었습니다(귀신들이 나갈 때 나타나는 가장 보편적인 현상은 기침입니다). 제가 안수할 때마다 귀신들이 떠나는 일들이 계속해서 나타나자 저는 당황하였고, '어떻게 하면 효과적으로 귀신들을 쫓아낼 수 있을까?' '쫓아낸 귀신들을 어떻게 처리해야 할까?' '다른 사역자들은 귀신을 어떻게 쫓아낼까?'등의 의문이 생겨서 기독교 서점에 가서 축사(逐邪)와 관련된 책들을 사다가 공부하였습니다. 그러다 보니 축사에 대하여 폭넓게 알게 되었고, 축사 사역에 큰 도움이 되었습니다.

그렇게 축사(逐邪)의 역사가 계속해서 나타나던 어느 날 새벽, 새벽기도회를 마친 뒤 강단에서 성령의 깊은 임재 가운데 기도하고 있는데 갑자기 성령님의 음성이 들렸습니다.

"아들아, 이제 내가 용을 쫓는 권세를 줄테니 용을 쫓아내어서 성도들을 치유하고 자유케 할지어다!"

제게 금식기도를 시키신 주님께서 축사의 은사로 기름 부으셔서 성도들 안에 있는 악한 영들을 쫓아내게 하실 때, 때로는 성령님께서 영안을 열어주셔서 기도 받는 사람들 안에 있는 귀신들이 보이게 해주시기도 하고, 때로는 기도를 받는 사람들에게 어떤 귀신(무슨 일을 하는 귀신)이 있는지 말씀해주시기도 하고, 때로는 기도 받는 사람들의 몸의 어느 곳에 귀신들이 있는지 말씀해주시기도 하고, 때로는 기도 받는 사람들에게 귀신이 언제 들어왔는지 말씀해주시기도 하고, 때로는 귀신이 누구에게서 들어왔는지 말씀해주시기도 하면서 치유 사역을 하게 하셨습니다. 예를 들면 다음과 같습니다.

"이 사람에게 있는 음란 귀신아, 나사렛 예수 그리스도 이름으로 명하노니 지금 당장 나와서 예수님 발 앞으로 갈지어다!"

"이 사람이 다섯 살 때 집에 혼자 있을 때 들어온 두려움을 주는 영아, 나사렛 예수 그리스도 이름으로 명하노니 지금 당장 나와서 예수님 발 앞으로 갈지어다!"

"이 사람 아버지가 분노할 때 그 아버지로부터 들어온 분노의 영아, 나사렛 예수 그리스도 이름으로 명하노니 지금 당장 나와서 예수님 발 앞으로 갈지어다!"

"이 사람이 돌아가신 할머니를 그리워할 때 들어온 죽음의 영아, 나사렛 예수 그리스도 이름으로 명하노니 지금 당장 나와서 예수님 발 앞으로 갈지어다!"

어느 날 교회에 한 청년이 왔는데, 내가 그 청년에게 다가가자 그 청년이 "오지마, 오지마" 하며 두려운 표정으로 뒷걸음치며 저를 피하였습니다. 저는 그 청년 안에 있는 귀신이 저를 보고 두려워하는 것임을 알고 그 청년에게 다가가서 안수하며 기도해주는데 그때 성령님께서 그 청년 안에 있는 귀신이 '당뇨병' 귀신이며, 그 당뇨병 귀신이 아버지에게 있다가 아버지를 당뇨로 돌아가시게 만든 후 그 청년에게 들어왔다고 감동을 주셨습니다. 저는 그 청년의 아버지가 당뇨로 돌아가신 줄도 몰랐고, 그 청년에게 당뇨병이 있는 줄도 몰랐지만, 성령님께서 말씀하셨기에 그대로 믿고 당뇨병 귀신에게 명령하였습니다.

"나사렛 예수 그리스도 이름으로 명하노니 이 딸 아버지에게 있으면서 이 딸의 아버지를 죽이고, 아버지가 죽자 이 딸에게 들어 온 당뇨병 귀신아, 지금 당장 이 딸에게서 떠날지어다!"

그러자 이 청년은 "웩, 웩" 하기 시작했고, 그 안에 있는 귀신들이 나오기 시작하였습니다. 한참 동안 치유 사역을 한 뒤 그 청년에게 "아버지께서 당뇨로 돌아가셨냐?"고 묻자 "그렇다"고 말했으며, 그 청년에게 "너 당뇨가 있느냐"고 묻자 "그렇다"고 대답했습니다(이런 경험이 있다고 해서 저는 모든 당뇨병이 귀신들에 의한 병이라고 생각하지는 않습니다).

이처럼 성령님께서 귀신의 정체를 정확히 말씀해주실 때 축사와 치유가 쉬워집니다. 그리고 부모에게 있던 영들은 대부분 자녀들에게 전이되는데 이를 "familiar spirit(친숙한 영)"이라고 합니다. 어떤 사람에게 있던 영이 그와 "친숙한(가까운)" 사람에게 전이되기 때문에 "familiar spirit(친숙한 영)"이라고 부르는 것입니다.

예를 들면 부모에게 '분노'의 영이 있을 때, 부모는 자녀에게 자주 화를 내게 되는데, 부모가 화를 낼 때 부모 안에 있던 '분노'의 영이 자녀들에게 그대로 전이가 되어 자녀들도, '분노'의 영으로 인해, 분노하는 사람이 됩니다. 부모가 음란했으면 부모 안에 있던 '음란'의 영이 부모와 가까운 자녀들에게 그대로 전이 되어 자녀들도 음란한 생활을 하게 되며, 할머니/할아버지/부모 등이 돌아가셨을 때 돌아가신 분을 그리워하게 될 때 그리워하는 사람에게 '죽음'의 영이 들어가서 죽고 싶은 마음이 드는 것도 "familiar spirit(친숙한 영)"으로 인한 것입니다. 또한 어떤 사람이 암에 걸리면 의사는 가족 가운데 암으로 돌아가신 사람이 있는지 조사하는데, 이는 "familiar spirit(친숙한 영)"이 가족 중 누군가에게 들어가서 동일하게 암을 일으키기 때문입니다.

어느 날 새벽 기도회를 마치고 기도하고 있는데, 한 교우가 강단으로 와서 배가 아프다며 기도해달라고 했습니다. 그래서 그 성도에게 안수하였는데, 그 순간 성령께서 나의 영 안을 열어주셔서 그 성도의 뱃속에 수많은 실뱀들이 우글거리는 것을 보여주셨습니다. 그 성도의 배 아픈 원인이 바로 그 실뱀들 때문이었던 것입니다. 그래서 "이런, 뱃속에 실뱀들이 너무나 많네요. 이것들이 어디서 들어왔대?…" 라고 말하고 배에 안수하고 축사하면서 치유를 위해서 기도해주었습니다. "나사렛 예수 그리스도 이름으로 명하노니 배 안에 있는 모든 실뱀들은 성령의 불로 태워질지어다!"라고 하며 기도해주자 그 성도의 배 아픈 것이 사라졌습니다.

축사 사역을 하다 보니 귀신들에게도 '급(레벨)'이 있다는 것을 알게 되었습니다. 가장 낮은 차원의 귀신들은 '뱀' 귀신들이었으며, 이들은 예수 그리스도 이름으로 명령하고 선포하면 쉽게 떠나가는 '별로 힘이 없는' 영들이었습니다. 뱀 귀신들보다 좀 더 힘 있는 귀신들은 '구렁이'급의 귀신들이었는데, 이들은 실제로 구렁이 형상을 하고 있었고, 이들은 한 번의 명령과 선포로는 잘 안 나가고 여러 번 명령하고, 죄를 회개시켜야 떠나갔습니다.

주님께서 "용을 쫓는 권세를 주겠다"고 말씀하시기 전까지 축사 사역할 때 주님께서 보여주시고, 말씀해주시고 사역하게 하신 것은 주로 '뱀'과 '구렁이'급 귀신들이었는데, 계속 금식기도를 하며 축사 사역을 하다 보니 축사의 기름 부으심이 증가되어 '용'을 쫓아내는 권세를 주시는 것입니다. '용'급의 귀신들은 귀신들이라기보다는 '마귀' 수준의 영들로서 강력한 어둠의 영들입니다. 사람들에게서 '마귀'급의 '용'까지 쫓아내야 사람들을 완전히 자유케 할 수 있으므로 주님께서 용을 쫓아낼 수 있는 권세를 주신다고 말씀하신 것입니다.

주님께서 주신 '용' 마귀를 쫓는 권세를 가지고 축사 사역할 때 간혹 성령께서 영 안을 열어서 '용' 마귀들을 보게 하셨는데, '용' 마귀들은 실제로 사람들의 몸속에서 용의 형상으로 자리 잡고 있었습니다.

계12:9 큰 용이 내쫓기니 옛 뱀 곧 마귀라고도 하고 사탄이라고도 하며 온 천하를 꾀는 자라 그가 땅으로 내쫓기니 그의 사자들도 그와 함께 내쫓기니라

'용' 마귀들 가운데에는 '회색' 색깔을 띤 용도 있었고, '황금색' 색깔을 띤 용도 있었으며, 어떤 것들은 아주 작은 '새끼 용'의 모양을 하고 있기도 하였는데, 이 새끼 용들은 축사할 때 기도를 받는 사람들의 몸 이곳저곳으로 도망 다니는 것이 보이기도 하였습니다.

'용' 마귀들은 아주 오랜 세월 동안 자리잡고 있었던 '대장'급의 영들로서 가문 대대로 흘러 내려온 가문의 영이거나, 불교와 같이 다른 종교에서 역사하고 있는 종교의 영들이었습니다.

치유 사역할 때, 성령께서는 먼저 그 사람 안에 있는 가장 약한 '뱀'급의 귀신들을 쫓아내게 하셨고, '뱀'급의 귀신들이 다 쫓겨나면 그 다음에는 '구렁이'급의 귀신들을 쫓아내게 하셨으며, 제일 나중에는 '용'마귀를 내어 쫓게 하심으로써 가장 작은 귀신들부터 점점 강한 귀신들 쫓아내게 하셨는데, 그 이유는 강한 귀신들일수록 그에게 속해 있는 부하 귀신들의 수가 많은데, 졸병 귀신들의 수가 줄어들면 대장 귀신들도 힘을 잃어 쫓아내기가 쉬워지기 때문이었습니다.

그런데 축사와 치유 사역을 하다 보니 어떤 귀신들은 쉽게 나가는데, 어떤 귀신들은 쉽게 나가지 않는 것을 보면서 '효과적으로 귀신들을 쉽게 쫓아낼 수 있는 방법이 없을까?' 고민하고 기도하면서 축사 사역과 관련된 책들을 보며 공부한 결과 '효과적'으로 축사하는 방법은 다름 아닌 '회개'와 '용서'임을 알게 하셨습니다. 왜냐하면 귀신들이 사람의 몸에 들어가는 가장 중요한 통로 두 가지가 '죄'와 '상처'이기 때문입니다. 마귀가 사람들의 몸과 마음속에 들어가 사람들을 지배하기 위해서는

첫째, 우리들로 하여금 죄를 짓도록 유혹하는 것입니다. 그리고 우리들이 죄를 짓게 되면 귀신들이 우리의 몸과 마음속에 들어갈 수 있는 합법적인 통로가 열리게 됩니다. 그렇게 되면 더 큰 귀신들이 우리들의 몸과 마음에 들어와서 자리잡은 뒤 우리 몸을 자신의 집으로 만들고(마12:43-45), 우리들의 마음과 생각에서 계속해서 더 큰 죄를 짓게 하기도 하고, 우리들의 몸에 여러 가지 질병을 일으키기도 하는

것입니다. 아담과 하와의 사건을 보면 알 수 있습니다.

① 마귀가 처음에는 하와를 유혹하였다 - 유혹 받은 것 자체는 죄가 아니다
② 하와는 선악과를 따먹을지, 따먹지 말지 고민하였다 - 고민하는 것 자체도 아직 죄가 아니다
③ 결국 하와는 선악과를 먹기로 결심하고 선악과를 따먹었다 - 마음에 결심한 순간부터 죄가 된다
④ 아담과 하와가 선악과를 따 먹는 죄를 짓자 하나님께서는 뱀으로 하여금 흙을 먹도록 하셨다 - 인간이 죄를 짓게 되자 뱀 마귀가 '흙으로 된 인간의 몸'에 들어가는 것이 합법화되었다. 합법적으로 들어 온 마귀와 귀신들은 우리 안에서 온갖 영적/정신적/육체적 질병을 일으킨다.

가룟 유다가 죄를 짓게 된 것도 마찬가지였습니다.

① 마귀는 가룟 유다의 마음에 예수님을 팔게 하는 '생각'을 주면서 유혹하였다 - 유혹 받은 것 자체는 아직 죄가 아니다.

요13:2 마귀가 벌써 시몬의 아들 가룟 유다의 마음에 예수를 팔려는 생각을 넣었더라

② 마귀의 유혹을 받은 가룟 유다는 예수님을 팔 것인지, 안 팔 것인지 고민하며 갈등하였다 - 고민과 갈등 자체가 죄는 아니므로

가롯 유다가 죄를 지은 것은 아직 아니다.

③ 고민하고 갈등하던 유다가 예수님을 팔기로 마음먹고 예수님이
　　주시는 떡을 받았다 - 유다가 예수님을 팔기로 결심하는 순간부
　　터 죄가 된다.

　요13:21 예수께서 이 말씀을 하시고 심령이 괴로워 증언하여 이르시되 내가
　　　　　진실로 진실로 너희에게 이르노니 너희 중 하나가 나를 팔리라 하
　　　　　시니
　요13:26 예수께서 대답하시되 내가 떡 한 조각을 적셔다 주는 자가 그니라 하
　　　　　시고 곧 한 조각을 적셔서 가롯 시몬의 아들 유다에게 주시니

　- 예수님께서는 떡 한 조각을 적셔다 주는 자가 당신을 팔리라고 말
씀하신 뒤 가롯 유다에게 떡 한 조각을 주셨는데, 만약 가롯 유다가
예수님이 주시는 떡을 거부하였으면 그는 죄를 짓는 단계로 넘어가
지 않았을 수도 있었을 것이나, 예수님이 주시는 떡을 받음으로써 그
는 마음으로 죄를 지은 것이다.

④ 예수님을 팔기로 마음먹고 떡을 받자 마귀가 합법적으로 가롯
　　유다의 마음에 들어갈 수 있게 되었다.

　요13:27 조각을 받은 후 곧 사탄이 그 속에 들어간지라

⑤ 가롯 유다가 마음에 결심한 순간 가롯 유다의 마음에 들어간 마
　　귀는 가롯 유다로 하여금 마음의 죄를 행동의 죄로 옮기도록 하

였고, 행동함으로 범죄하게 한 뒤 가룟 유다에게 강한 죄책감을 주어서 자살까지 하도록 하였다.

이처럼 사람이 마음과 생각으로 죄를 받아들였을 때부터 죄가 되므로 귀신들을 쫓아내는 효과적인 방법은 철저한 '회개'입니다. 죄를 지은 사람이 만약 회개하면 죄가 없어지므로 귀신들이 힘을 잃게 되어 귀신들을 쫓아내기가 쉽습니다. 그러므로 축사를 통한 치유 사역이 효과적으로 되려면 반드시 철저히 회개하도록 해야 합니다. 깊이 회개한 만큼 깊이 축사가 되고 깊이 회개한 만큼 치유가 되는 것입니다. 그러므로 깊이 축사를 받고, 깊이 치유를 받으려면 깊이 회개해야 합니다.

물론 어떤 귀신들은 죄와 상관없이도 사람의 몸과 마음에 들어가는데, 그런 귀신들을 쫓아내기는 어렵지 않습니다. 그러나 죄를 통해서 들어온 귀신들은 반드시 회개를 해야 쉽게 쫓아낼 수 있습니다.

그리고 성도들이 죄에 대하여 진심으로 '깊이 애통하며 울면서' 회개할 때는 축사하지 않아도 그 죄를 타고 들어온 귀신들이 "웩, 웩" 토하며 나가는 것을 많이 보았습니다. 애통하며 깊이 회개할 때는 축사 사역할 필요 없이 그 죄를 타고 온 귀신들이 떠나는 것입니다. 그러나 마음에서 우러나지 않은 회개, 거짓 회개에는 축사와 치유의 역사가 잘 나타나지 않았고, 삶의 변화도 없는 것을 보면서 진정한 회개가 있을 때 축사와 치유가 깊이 나타날 뿐만 아니라 마음과 생각, 삶까지도 변화되는 것을 보았습니다. 그러므로 죄에 대하여 애통하는 마음으로 깊이 회개하는 것이 축사와 치유 사역에 아주 중요합니다.

귀신들이 사람들의 몸과 마음에 들어가는 가장 보편적인 통로 두 번째는 '상처'입니다.

우리는 이 땅에 살면서 다른 사람들로부터 수많은 크고 작은 상처들을 받습니다. 사람들로부터 폭언을 듣기도 하고, 분노에 찬 말을 듣기도 하고, 나를 무시하는 말을 듣기도 하고, 때로는 억울한 말을 듣기도 하고, 다른 사람들로부터 무례한 말을 듣기도 하고, 상사로부터 부당하거나 과한 책망을 받기도 하고, 내 마음에 상처를 주는 말을 듣기도 하고, 다른 사람들과 비교하여 열등감을 주는 말을 듣기도 하고, 부모나 배우자로부터 많은 상처를 받기도 합니다.

이렇게 상처받으면 우리의 마음에는 상처를 준 사람들에 대해 '화'가 나고, 때로는 '분노'하기도 하고, '원망'과 '미워하는 마음'이 생기게 되며, 그런 마음들이 내 마음에 뿌리를 내려서 그들을 용서하지 못하게 합니다. '상처', '화', '분노', '미움', '용서하지 못하는 마음' 등과 같은 감정은 내 안에 '쓴 뿌리'가 되어서 우리를 하나님의 은혜에 이르지 못하게 만듭니다. 하나님께서 우리들에게 베푸신 은혜는 '용서'의 은혜인데, 내게 상처 준 사람들을 용서하지 못하고 있으므로 하나님의 은혜 가운데 있을 수가 없는 것입니다. 그래서 성경은 상처 주고, 잘못한 사람들을 '용서'하라고 말하고 있습니다.

> 마6:14 너희가 사람의 잘못을 용서하면 너희 하늘 아버지께서도 너희 잘못을 용서하시려니와
> 마6:15 너희가 사람의 잘못을 용서하지 아니하면 너희 아버지께서도 너희 잘못을 용서하지 아니하시리라

> 막11:25 서서 기도할 때에 아무에게나 혐의가 있거든 용서하라 그리하여야 하늘에 계신 너희 아버지께서도 너희 허물을 사하여 주시리라 하시니라

눅17:4 만일 하루에 일곱 번이라도 네게 죄를 짓고 일곱 번 네게 돌아와 내가 회개하노라 하거든 너는 용서하라 하시더라

엡4:32 서로 친절하게 하며 불쌍히 여기며 서로 용서하기를 하나님이 그리스도 안에서 너희를 용서하심과 같이 하라

골3:13 누가 누구에게 불만이 있거든 서로 용납하여 피차 용서하되 주께서 너희를 용서하신 것 같이 너희도 그리하고

상처로 인해서 생긴 '분노'와 '미움' 등은 귀신들이 우리 안에 들어올 수 있는 통로가 됩니다.

사울 왕은 여인들이 "사울이 죽인 자는 천천이요 다윗은 만만이로다"라고 노래하자 그 말에 '분노'하였으며, 그 분노는 더 강력한 귀신들이 사울 왕에게 들어올 수 있는 통로가 되어서 이튿날 악령이 사울에게 힘 있게 내리게 되었습니다.[15) 가인은 자신이 드린 제사를 하나님께서 받지 않으시자 '화'가 났습니다. 이 '화'는 가인의 마음에 '분노의 영', '살인의 영'이 들어올 수 있는 합법적인 통로가 되었으며, 그 통로를 타고 들어온 '분노'와 살인'의 영은 가인이 아벨을 죽이도록 만들었습니다.

오늘날 살인 사건의 대부분의 원인은 '상처'와 '분노'입니다. '상처'와 '분노'라는 감정은 '살인'의 영이 합법적으로 들어올 수 있는 통로를 열어주는 것입니다. '상처'를 받지 않았으면 '분노'하지도 않을 텐

---

15) 삼상18:8 사울이 그 말에 불쾌하여 심히 노하여 이르되 다윗에게는 만만을 돌리고 내게는 천천만 돌리니 그가 더 얻을 것이 나라 말고 무엇이냐 하고 9 그 날 후로 사울이 다윗을 주목하였더라 10 그 이튿날 하나님께서 부리시는 악령이 사울에게 힘 있게 내리매 그가 집 안에서 정신없이 떠들어대므로 다윗이 평일과 같이 손으로 수금을 타는데 그 때에 사울의 손에 창이 있는지라

데, '상처'를 받음으로써 생긴 '분노'가 강력한 귀신들이 들어올 수 있는 통로가 되는 것입니다.

그러므로 '상처'는 '화', '분노', '미움'이라는 죄를 짓게 만들고, 그 죄들은 더러운 귀신들이 우리들의 몸과 마음에 들어올 수 있는 통로가 되어 상처 준 사람들을 '용서하지 못하게' 만들기 때문에, 효과적으로 귀신들을 쫓아내고 치유 받기 위해서는 '화', '분노', '미움'이라는 죄를 철저히 회개하고, 더 나아가 나에게 상처 준 사람들을 '의지적으로 용서'해야 합니다. '죄(특히 우상숭배)'가 많은 사람일수록, '상처'가 많은 사람일수록, '분노'와 '미움'이 많은 사람일수록, '남들을 용서하지 않는' 사람일수록 그 안에 있는 귀신들의 세력은 강해서 쫓아내기가 힘들고 어렵습니다. 귀신들이 '죄', '상처', '분노', '미움', '남들을 용서하지 않는 마음'들과 강하게 결합 되어 있기 때문입니다.

하지만 '회개'와 '의지적 용서'는 귀신들을 쉽게 떠나게 만듭니다. 아무리 강력한 '용' 마귀가 들어 있다 하더라도 '철저한 회개'와 '상처 준 사람들에 대한 용서'만 있다면 '용' 마귀도 힘을 잃고 쫓겨날 수밖에 없습니다.

제가 쓴 「주님 오시리 곧 오시리」 104쪽에 나오는 '목사님, 귀신 좀 쫓아주세요'라는 글을 올려드립니다.

어느 날 선교회에서 활동하고 있는 한 자매에게서 전화가 왔다. 어머니가 간질 증세를 일으키고 있으니 와서 기도해달라는 것이었다. '간질이라고? 성경을 보면 간질은 귀신의 역사(마17:15-18)인데 그렇다면 그 자매의 어머니가 귀신에게 시달림을 받고 있단 말인가?' 그 자매에게 언제부터 그랬느냐고 물어보니 그런 증상이 자주 나타났다고 한다. 나는 그 자매 집에 간다고 말하고 선교회 센터(Center)를 나

섰다. 얼마 후 그 자매 집에 도착하니 그 자매의 어머니가 대뜸 말하기를 "목사님, 저기 보이는 귀신 좀 쫓아내 주세요!"

"네? 귀신이 보인다구요?"

"예, 저기 저 위에 있어요!"

나는 그 집사님이 가리키는 곳을 아무리 둘러보아도 귀신이 보이지 않았다.

그런데 그 집사님은 귀신이 보인다는 것이었다. 비록 귀신이 공중에 돌아다닌다 하더라도 우리들의 눈에 보이지 않는 것이 정상인데 그분에게는 보인다니 이는 둘 중의 하나였다.

첫째, 그분에게 성령께서 충만하게 임하셔서 그분의 영안이 열려서 귀신들이 보이거나

둘째, 그분에게 귀신이 임하여서, 귀신은 귀신끼리 통하므로, 같은 귀신들이 보이거나 둘 중의 하나였다.

그런데 그 집사님은 성령이 충만하게 보이지도 않을 뿐 아니라 귀신의 역사 중의 하나인 간질 증세가 나타나는 것을 볼 때 후자에 속한 것이었다. 그리고 공중에서 돌아다니는 귀신은 별로 문제가 안 된다. 귀신이 없는 곳이 이 세상에서 어디가 있을까? 어느 곳에서나, 심지어 예배당에도 귀신들이 있는데, 문제는 그러한 귀신이 사람의 마음과 몸속에 있는 것이 문제인 것이다.

"집사님, 저기에 있는 귀신이 문제가 아니라 집사님 마음속에 있는 귀신이 문제입니다. 저 거실에 있는 귀신은 제가 나가면 다시 들어옵니다. 집사님 안에 있는 귀신을 쫓아내야 합니다!"

"아니에요! 저기 있는 귀신을 좀 쫓아주세요!"

그 집사님은 자신의 마음속에 귀신이 있다는 것은 알지 못하고 자

꾸만 거실에 있는 귀신만 쫓아 달라고 했다. 나는 참으로 답답하였다. 자신 안에 있는 귀신을 쫓아내야 거실에 있다는 귀신이 안 보이게 되는데…

그런데 귀신이 사람 몸 안에 들어간 것은 반드시 이유가 있다. 원인이 있다. 이러한 원인을 알아야 쉽게 귀신을 쫓아낼 수 있으므로 나는 그 집사님과의 대화를 통하여 그 원인을 찾으려고 애썼다. 그 결과 이유를 알게 되었다.

그 집사님은 생선 가게를 하시면서 7년 동안 돈을 아끼고 아끼면서 저축을 하여 1,000만 원을 모았다. 그런데 그 돈을 어느 친척이 빌려 달라고 하기에 선뜻 빌려주었다. 그런데 문제는 돈을 돌려주기로 한 기간이 지났음에도 불구하고 그 친척이 돈을 갚지 않는다는 것이었다. 집사님은 돈을 돌려줄 것을 몇 번 이야기했지만 그 친척은 도무지 돈을 돌려주려고 하지 않았다. 그러자 그 집사님은 자신이 어렵게 모은 돈을 돌려주지 않는 친척에 대하여 분노하기 시작하였고, 그 분노는 미워하는 마음으로 자라서 그 집사님 마음에 자리잡고 있었다. 자신이 7년 동안 안 먹고, 안 입고, 안 쓰고 모은 돈이니 얼마나 애착이 가는 돈인가? 그렇게 모은 돈을 빌려줬는데, 돈을 빌려간 친척이 돈을 갚지 않으니 얼마나 화가 나고, 얼마나 밉겠는가? 집사님에게 그런 분노와 미움이 있는 것이 인간적으로 이해가 갔다. 그러나 그러한 분노와 미움이 귀신으로 하여금 그 집사님의 마음에 들어가는 통로를 열어준 것이다.

삼상18:7-10 말씀을 보면, 다윗이 골리앗을 죽임으로써 블레셋과의 전쟁에서 이긴 사울왕이 돌아올 때 여인들이 뛰놀며 노래하여 이르되 "사울이 죽인 자는 천천이요 다윗은 만만이로다"라고 하니 사울이 그 말을 듣고 "다윗에게는 만만을 돌리고 내게는 천천만 돌리니 그가 더 얻을 것이 나라 말고 무엇이냐" 하며 불쾌하여 심히 분노한 그 이튿날에 악령이 사울에게 강하게 임하였지 않은가…

삼상18:7 여인들이 뛰놀며 노래하여 이르되 사울이 죽인 자는 천천이요 다윗은 만만이로다 한지라

삼상18:8 사울이 그 말에 불쾌하여 심히 노하여 이르되 다윗에게는 만만을 돌리고 내게는 천천만 돌리니 그가 더 얻을 것이 나라 말고 무엇이냐 하고

삼상18:9 그 날 후로 사울이 다윗을 주목하였더라

삼상18:10 그 이튿날 하나님께서 부리시는 악령이 사울에게 힘 있게 내리매 그가 집 안에서 정신 없이 떠들어대므로 다윗이 평일과 같이 손으로 수금을 타는데 그 때에 사울의 손에 창이 있는지라

사울 왕이 심히 분노하고 다윗에 대하여 시기하고 질투하며 미워한 그 다음날 귀신이 강하게 임한 것을 볼 때 '분노, 시기, 질투, 미움'등이 귀신 들림의 주요 원인인 것이다(성도들도 얼마든지 귀신들릴 수 있음). 그래서 엡4:26-27에서 '분을 내어도 죄를 짓지 말며 해가 지도록 분을 품지 말고 마귀로 틈을 타지 못하게 하라'고 말씀하신 것이다. 사람들이 귀신 들리는 가장 보편적인 통로는 바로 '분노와 미움'인 것이다. 사람이 살아가는 데 있어서 때로는 미워하는 감정이 생길 수도 있지만 분노와 미움이 죄임을 깨닫고 즉시 회개해야만 귀신에 들리지 않게 되는 것이다. 그런데 그 집사님은 친척에 대한 분노와 미움이 귀신이 자신 안에 들어오게 하는 원인임을 몰랐던 것이다. 그러므로 분노와 미움을 회개하고 주님의 용서를 구하고 그 친척을 용서

해야만 귀신이 나가게 되는 것이다. 나는 집사님에게 이러한 사실을 설명하고 자신이 분노하고 미워한 죄를 회개하고, 친척을 용서해야만 귀신이 나갈 수 있음을 말하였으나 그 집사님은 막무가내로 거실에 있는 귀신을 쫓아내 달라고만 하였다. 내가 집사님에게 아무리 설명해도 받아들이지 않아서 "집사님, 제가 아무리 귀신에 대하여 선포하고 귀신에게 나가라고 명령해도 집사님 안에 있는 회개하지 않은 죄와 미움 때문에 귀신은 나가지 않습니다. 죄가 있는 한 귀신은 나갈 수가 없습니다. 그런데도 집사님은 제 말을 듣지 않고 귀신만 쫓아내 달라고 하니 어쩔 수가 없네요. 그 친척에 대한 미움은 그 친척보다도 집사님 자신을 더 고통스럽게 만들고 귀신이 계속해서 집사님 안에서 역사하게 만듭니다. 집사님이 치유되기 위해서라도 그 친척을 용서해야만 합니다. 의지적으로 용서하겠다고 결단을 내려야 합니다. 만약에 제 말대로 미워했던 마음을 하나님께 회개하고 그 친척을 용서하겠다고 마음먹으면 다시 연락을 주세요!"라고 말하고 안타까운 마음으로 돌아왔다. 죄가 있는 곳에서는 축사의 역사가 나타날 수 없으니 나도 어쩔 수 없는 것이다.

그런데 다음날 자매에게서 전화가 왔다.

"목사님, 어머니가 분노와 미움을 회개하시겠대요. 친척을 용서하시겠대요."

"그래? 그러면 네가 어머니에게 회개하시도록 기도를 인도해드려! 네가 먼저 기도를 한마디씩 하고 어머니에게 따라서 하시도록 해봐. 내가 지금 갈게."

하루 만에 미움을 회개하고 친척을 용서하겠다니 아마도 귀신에게 너무 시달려서 너무 고통스러우셨던가 보다. 잠도 도무지 못 주무셨던 모양이었나 보다.

나는 즉시 차를 타고 그 자매의 집으로 갔다. 가서 집사님의 얼굴을 보니 그다지 고통스러운 표정은 아니었다.

"어떠세요? 귀신이 지금도 보이나요?"

"아니요. 이제는 귀신이 안 보여요!"

"그래요? 잘 되었네요. 집사님이 회개하고 그 사람을 용서하겠다고 기도하니 귀신이 더 이상 있지 못하고 쫓겨 갔어요. 이제는 마음이 평안하시죠?"

"예!"

상황은 이미 종료되어 있었다. 내가 가서 귀신이 나가도록 명령할 필요도 없었다. 딸이 하는 대로 따라서 회개 기도를 하니 귀신이 쫓겨난 것이었다. 그날 이후로 그 집사님은 다시 간질 증세가 나타나지 않았다. 다시는 귀신이 보이지도 않았다. 할렐루야!

모든 죄, 특히 분노와 미움, 시기와 질투는 귀신들이 내 안에 거하도록 불러 모은다. 그러나 죄에 대한 철저한 회개와 사람들에 대한 용서는 귀신들이 더 이상 발붙일 곳이 없게 만든다.

그러므로 우리들은 죄에 대한 철저한 '회개'와 내게 상처를 준 사람들에 대한 '의지적 용서'를 통해서 어둠의 영들이 내 안에 자리잡지 못하도록 해야 합니다. '죄'와 '상처'를 통한 '분노', '용서하지 않는 마음'은 내 안에 더러운 귀신들이 어둠의 보좌를 만들고 그 어둠의 보좌에 앉아서 '빛'되신 주님 앞에 나아가지 못하게 하며, '빛'되신 주님의 은혜를 체험하지 못하게 만듭니다. 그러나 죄에 대한 철저한 '회개'와 상처 준 사람들에 대한 '의지적 용서'는 '축사와 치유'를 통해서 어둠의 보좌를 몰아내고, 내 안에 '빛'의 보좌가 임하도록 하므로 우리 모두 철저한 '회개'와 '용서'를 통해서 내 안에 빛의 보좌가 항상 세워지도록 해야 하겠습니다.

4. '마음'에서 '생각'을 통해 역사하는 악한 영들을 쫓아내라

1) '마음'으로 지은 죄를 회개하라

구약 시대의 죄의 기준과 신약 시대의 죄의 기준은 다릅니다. 구약 시대의 죄의 기준은 하나님께서 주신 율법을 범한 '행동'에 있었습니다.

> 레4:27 만일 평민의 한 사람이 여호와의 계명 중 하나라도 부지중에 '범하여' 허물이 있었는데
> 레4:28 그가 범한 죄를 누가 그에게 깨우쳐 주면 그는 흠 없는 암염소를 끌고 와서 그 범한 죄로 말미암아 그것을 예물로 삼아
> 레4:29 그 속죄제물의 머리에 안수하고 그 제물을 번제물을 잡는 곳에서 잡을 것이요

레4:27 말씀의 '범하여'의 히브리어는 '하타'로서 '잘못 행하다'라는 의미입니다. 구약 시대의 죄의 기준은 잘못한 '행위' 즉, '행동'에 있었습니다. 제사장이든, 족장이든, 일반 평민이든 하나님께서 주신 율법을 잘못 '행하였을 때' 죄가 되는 것입니다.

그러나 예수님께서 이 땅에 오셨을 때 죄의 기준을 '마음'에 두셨습니다.

마5:27 또 간음하지 말라 하였다는 것을 너희가 들었으나

마5:28 나는 너희에게 이르노니 음욕을 품고 여자를 보는 자마다 '마음에 이미 간음'하였느니라

구약 시대의 간음죄가 간음하는 '행위'에 있었다면, 예수님께서는 음욕을 품은 '마음'과 '생각'만으로도 '간음죄'라고 말씀하신 것입니다. 구약 시대에는 아무리 '마음'에 음욕을 품었어도 육체적으로 간음하지 않았다면 간음죄가 성립되지 않았습니다. 하지만 예수님께서는 아무리 육체적으로 간음하지 않았어도 음란한 '마음'을 품었다면 이미 '간음죄'를 지은 것이라고 말씀하신 것입니다.

마찬가지로 구약 시대에는 실제로 사람을 죽이는 '행위'가 있어야 '살인죄'가 성립되었습니다. 하지만 신약 시대에는 누군가를 '미워하는 마음'만 있어도 그 자체가 '살인죄'라고 하였습니다.

요일3:15 그 형제를 '미워하는 자마다 살인하는 자'니 살인하는 자마다 영생이 그 속에 거하지 아니하는 것을 너희가 아는 바라

그러므로 '말'과 '행동'으로 나타내지 않았어도 '분노하는 마음'만 있어도 이미 '살인죄'를 지은 것이 되고, 무엇인가를 훔치지 않았어도 '탐심'만 있어도 이미 '도둑질'을 한 것이 되고, 교만한 말과 행동을 하지 않았어도 '교만한 마음'만 있어도 교만 죄를 지은 것이 되고, 거짓말을 하지 않았어도 거짓말하려는 '마음'만 있었어도 거짓말한 죄가 되고, 질투하는 말이나 행동이 없었어도 질투하는 '마음'만 있었어도 질투한 죄가 되고, 다른 사람들을 정죄하는 말을 하지 않았

어도 정죄하는 '마음'만 있었어도 남을 정죄한 죄를 지은 것입니다.

그래서 우리가 회개해야 할 죄는, '말'과 '행동'으로 지은 죄들 뿐만 아니라, '마음'으로 지은 죄까지 다 회개해야 합니다.

2) '마음'이란?

예수님께서는 '죄'의 기준을 '마음'에 두셨는데 '마음'이란 무엇을 의미할까요?

'마음'을 헬라어로는 '카르디아'라고 하고, 히브리어로는 '레브'라고 하는데

① '생각과 상상력의 자리(知)'

② '감정과 열정의 자리(情)'

③ '의지와 결심의 자리(意)' 등을 의미합니다. 다시 말하면 '생각'과 '감정(느낌)'과 '의지'가 '마음'에 있는 것입니다.

그러므로 '마음'으로 죄를 지었다는 말은

① '생각'으로 죄를 죄었다는 말이며,

② '감정'으로 죄를 지었다는 말이며,

③ 의지적으로 죄 지을 '결심'을 한 것이 죄라는 말입니다.

그래서 '간음죄'란,

① 음란한 것을 '생각'하거나 '상상'하는 것이며,

② 성적 쾌락을 '감정'으로 느끼려고 한 것이며,

③ 음란한 행동을 하려고 결심한 것입니다.

그리므로

① 음란한 것을 '생각'하거나 '상상'한 것을 회개해야 하며,

② 성적 쾌락을 '감정'으로 느끼려고 한 것을 회개해야 하며,

③ 음란한 행동을 하려고 마음에 결심한 것을 회개해야 합니다.

마찬가지로 '살인죄'란,

① 누군가를 '미워하는 생각'하는 것이며,

② 누군가에 대하여 '미워하는 감정'이나, '분노하는 감정'이며,

③ 미움이나 분노를 마음에 품고 어떤 행동하려고 '결심'한 것이므로 '살인죄'를 회개한다는 것은

① 누군가를 미워하는 '생각'한 것을 회개해야 하며,

② 누군가에 대하여 미워하는 '감정'이나, 분노하는 '감정'이 있는 것을 회개해야 하며,

③ 움이나 분노를 마음에 품고 어떤 행동하려고 '결심'한 것을 회개해야 합니다.

3) '마음'에서 역사하는 악한 영들

악한 영들은 주로 사람들의 '마음'에 들어가서 역사합니다. 사울 왕을 보면 확실히 알 수 있습니다. '악한 영'은 사울 왕의 '마음'에 들어가서 '번뇌'를 주었습니다.

삼상16:14 여호와의 영이 사울에게서 떠나고 여호와께서 부리시는 '악령'이 그를 번뇌'하게 한지라

'그를 번뇌하게 한지라'의 히브리어는 '바아트'로서 '두렵게 하다'라는 의미입니다. '악한 영'이 사울 왕의 '마음'에 들어가서 '두려운 마음'을 준 것입니다.

사울 왕의 마음에 '여호와의 영'이 계셨을 때는 '평안'한 마음이 있었습니다. 하지만 사울 왕의 마음에서 '여호와의 영'이 떠나고 '악령'이 마음에 들어왔을 때 '두려운' 마음이 생겼습니다.

마음이 평안한 상태 = 마음에 '여호와의 영'이 계신 상태
마음이 두려운 상태 = 마음에 '악령'이 있는 상태

그러므로 '마음의 상태'가 곧 '영의 상태'임을 알 수 있습니다. 사도 바울은 디모데에게 하나님께서 우리에게 주시는 것은 두려워하는 '마음'이 아니라고 말하였습니다.

딤후1:7 하나님이 우리에게 주신 것은 두려워하는 마음이 아니요 오직 능력과 사랑과 절제하는 마음이니

그런데 딤후1:7에서 말하는 '마음'은 헬라어 '프뉴마'로서 '영', '성령', '호흡', '바람' 등을 의미합니다.

요3:6 육으로 난 것은 육이요 '영(프뉴마)'으로 난 것은 '영(프뉴마)'이니

그러므로 딤후1:7의 '마음'을 '영'으로 바꾸어 다음과 같이 말할 수도 있습니다.

딤후1:7 하나님이 우리에게 주신 것은 두려워하는 '영'이 아니요 오직 능력과 사랑과 절제하는 마음이니

두려워하는 '마음' = 두려워하는 '영'이 되므로 '마음'이 곧 '영'이라고 말할 수 있습니다. 내 '마음의 상태'가 곧 '영적인 상태'입니다.

사울 왕은 자신의 마음에 '번뇌(두려움)'가 있는 것이 마음에 '악령'이 들어왔기 때문인 것을 알지 못하였으나, 사울 왕의 신하들은 '영적 통찰력'이 있어서 사울 왕의 '마음'에 '악령'이 들어간 것을 알았습니다.

> **삼상16:15** 사울의 신하들이 그에게 이르되 보소서 하나님께서 부리시는 <u>악령</u>이 왕을 <u>번뇌</u>하게 하온즉

'영적 통찰력'이 있는 사울 왕의 신하들은 '음악(찬양) 치료사'의 시조인 다윗을 불러서 수금을 타게 함으로써 악령이 떠나 사울 왕이 치유되도록 간언(諫言)하였고, 다윗이 수금을 연주하자 악령은 떠났습니다.

> **삼상16:16** 원하건대 우리 주께서는 당신 앞에서 모시는 신하들에게 명령하여 수금을 잘 타는 사람을 구하게 하소서 하나님께서 부리시는 악령이 왕에게 이를 때에 그가 손으로 타면 왕이 나으시리이다 하는지라
> **삼상16:23** 하나님께서 부리시는 악령이 사울에게 이를 때에 다윗이 수금을 들고 와서 손으로 탄즉 사울이 상쾌하여 낫고 악령이 그에게서 떠나더라

우리들도 사울 왕의 신하들과 같은 '영적 통찰력(분별력)'이 있어야

합니다. 그리고 다윗처럼 찬양을 통하여 악한 영들을 쫓아내고 사람들을 치유할 수 있도록 성령의 기름 부음이 있어야 합니다.

삼상16:13 사무엘이 기름 뿔병을 가져다가 그의 형제 중에서 그에게 부었더니 이 날 이후로 다윗이 여호와의 영에게 크게 감동되니라

그 후 이스라엘과 블레셋과의 전쟁에서 다윗이 골리앗을 죽이고 전쟁에서 돌아오자 여인들이 성읍에서 나와서 "사울이 죽인 자는 천천이요 다윗은 만만이로다"라고 노래하였는데, 사울 왕은 여인들의 노래를 듣고 심히 불쾌하여 분노하였습니다.

삼상18:6 무리가 돌아올 때 곧 다윗이 블레셋 사람을 죽이고 돌아올 때에 여인들이 이스라엘 모든 성읍에서 나와서 노래하며 춤추며 소고와 경쇠를 가지고 왕 사울을 환영하는데

삼상18:7 여인들이 뛰놀며 노래하여 이르되 사울이 죽인 자는 천천이요 다윗은 만만이로다 한지라

삼상18:8 사울이 그 말에 불쾌하여 심히 노하여 이르되 다윗에게는 만만을 돌리고 내게는 천천만 돌리니 그가 더 얻을 것이 나라 말고 무엇이냐 하고

삼상18:9 그 날 후로 사울이 다윗을 주목하였더라

여인들의 노래에 상처 받은 사울 왕의 마음을 타고 '분노의 영'이 들어왔습니다. 그런데 사울 왕은 자신 안에 있는 분노가 '분노의 영'으로부터 온 것임을 알지 못한 채 '하루'가 지나자 분노의 영이 더 강력하게 임하여 자신을 치유하려고 하는 다윗을 죽이려고 창을 두 번이나 던졌습니다.

삼상18:10 그 이튿날 하나님께서 부리시는 '악령이 사울에게 힘 있게 내리매' 그가 집 안에서 정신 없이 떠들어대므로 다윗이 평일과 같이 손으로 수금을 타는데 그 때에 사울의 손에 창이 있는지라

삼상18:11 그가 스스로 이르기를 내가 다윗을 벽에 박으리라 하고 사울이 그 창을 던졌으나 다윗이 그의 앞에서 두 번 피하였더라

사울 왕이 분노의 마음을 품은 채 '하루'를 보내자 분노의 영은 그의 마음에 자리를 잡아 버린 것입니다. 그래서 성경은 '해가 지도록 분을 품지 말라'고 말합니다.

엡4:26 분을 내어도 죄를 짓지 말며 해가 지도록 분을 품지 말고 마귀로 틈을 타지 못하게 하라

내적치유의 전문가이신 데이빗 시멘즈 목사님은 그의 저서 『상한 감정의 치유』에서 마귀가 틈을 타기 쉬운 7가지 마음을 다음과 같이 말하고 있습니다.

분노 / 두려움 / 열등감 / 적대감 / 죄책감 / 의심 / 염려

그는 이 7가지 마음이 있을 때 악한 영이 틈타기 좋다고 하는 것을 상담 결과 밝혀내었습니다. 베드로 사도도 '지나치게 염려하는' 마음도 악한 영이 틈타기 좋다고 말했습니다.

벧전5:7 너희 염려를 다 주께 맡기라 이는 그가 너희를 돌보심이라

벧전5:8 근신하라 깨어라 너희 대적 마귀가 우는 사자 같이 두루 다니며 삼킬 자를 찾나니

이처럼 악한 영들의 주 활동 무대는 우리들의 마음입니다.

4) '생각'을 통해서도 역사하는 악한 영들

(1) 가룟 유다의 '생각'을 통해서 역사한 마귀

가룟 유다가 예수님을 팔게 된 이유는 마귀가 가룟 유다의 '마음'에 예수님을 팔려는 '생각'을 넣어주었기 때문입니다.

요13:2 마귀가 벌써 시몬의 아들 가룟 유다의 '마음'에 예수를 팔려는 '생각' 을 넣었더라

그런데 '생각'이라는 것이 스스로 움직이며 돌아다닐 수 있나요? 그렇지 않습니다. 위에서 말씀드린 대로 '생각'은 '마음'에 자리하고 있고, '마음'은 한 '인격체' 안에 존재하기 때문에 마귀가 가룟 유다의 마음에 한 인격체를 집어넣은 것입니다.

그러면 예수님을 팔게 하는 '생각을 주는 인격체'가 무엇일까요?

그것은 다름 아닌 '귀신'입니다. '귀신들'의 '가장 일반적인 활동'은 사람의 '마음'속에 들어가서 '생각'을 주는 것입니다.

눅11:24 더러운 귀신이 사람에게서 나갔을 때 물 없는 곳으로 다니며 쉬기 를 구하되 얻지 못하고 이에 이르되 내가 나온 내 집으로 돌아가리 라 하고
눅11:25 가서 보니 그 집이 청소되고 수리되었거늘
눅11:26 이에 가서 저보다 더 악한 귀신 일곱을 데리고 들어가서 거하니 그 사 람의 나중 형편이 전보다 더 심하게 되느니라

눅11:24에서 '더러운 귀신이 사람에게서 나갔다'고 말하고 있습니다. 그런데 이 귀신은 스스로 나간 것이 아닙니다. 쫓겨난 것입니다. 축사를 해보신 분들은 알겠지만 귀신들은 사람에게서 '절대로' 안 나가려고 합니다. 왜냐하면 '사람의 몸'이 '귀신의 집'이기 때문입니다. 눅11:24에서도 귀신이 '내가 나온 내 집으로 돌아가리라'고 말하고 있지 않습니까? 그래서 귀신들이 사람의 몸에서 절대로 안 나가려고 합니다.

그런데 인간의 몸에서 쫓겨난 귀신은 '물'이 없는 곳, 즉 '물이 없는 사람'에게 들어가려고 하였습니다. 왜 '물'이 없는 사람에게 들어가려고 할까요? '물'이 없는 사람이 귀신이 살기에 최적의 조건을 갖추었기 때문입니다.

그렇다면 '물'이 없는 사람이란 어떤 사람을 말할까요?

첫째, 성경에서 '물'은 '하나님의 말씀'을 상징합니다.

엡5:26 이는 곧 물로 씻어 말씀으로 깨끗하게 하사 거룩하게 하시고

물이 육체를 깨끗하게 하듯 하나님 말씀은 영혼을 깨끗하게 하기 때문에 하나님의 말씀을 물로 비유한 것입니다.

두 번째, 성경에서 '물'은 '성령'을 상징합니다.

요7:37 명절 끝날 곧 큰 날에 예수께서 서서 외쳐 이르시되 누구든지 목마르거든 내게로 와서 마시라

요7:38 나를 믿는 자는 성경에 이름과 같이 그 배에서 생수의 강이 흘러나오리라 하시니

요7:39 이는 그를 믿는 자들이 받을 성령을 가리켜 말씀하신 것이라

귀신은 '물' 즉, '하나님의 말씀'이 없고 '성령 충만'이 없는 사람들의 마음에 들어가려고 합니다. '하나님의 말씀'이 없고 '성령 충만'하지 않은 사람들을 귀신들은 아주 좋아합니다. 왜냐하면 귀신들이 살기에 가장 좋은 환경이기 때문입니다.

예를 들어 '하나님의 말씀'과 '성령 충만'이 마음에 100% 가득 찬 성도들에게는 귀신들이 들어갈 틈이 없지만, 성도의 마음에 '하나님의 말씀'과 '성령 충만'이 80% 채워져 있으면 귀신이 들어가서 20%는 역사할 수 있고, 성도의 마음에 '하나님의 말씀'과 '성령 충만'이 50% 채워져 있으면 귀신이 들어가서 50%는 영향력을 행사할 수 있으며, 성도의 마음에 '하나님의 말씀'과 '성령 충만'이 20%만 채워져 있으면 귀신이 들어가서 80%는 역사할 수 있을 것이며, 성도의 마음이 '하나님의 말씀'과 '성령 충만'이 전혀 없는 사람들에게는 귀신이 100% 장악하여 역사할 수 있기에 '말씀'과 '성령 충만'이 없는 사람들은 귀신들에게 사로잡혀 살기 쉽습니다. 그래서 성도들이 말씀과 성령으로 100% 충만을 받는 것이 중요합니다.

그런데 그 사람에게서 나온 귀신이 '내가 나온 내 집으로 돌아가리라' 하고 그 사람에게로 가서 보니 그 집이 청소되고 수리되었기 때문에 '일곱 귀신을 더 데리고 들어갔다'라고 말하고 있습니다.

눅11:25 가서 보니 그 집이 청소되고 수리되었거늘
눅11:26 이에 가서 저보다 더 악한 귀신 일곱을 데리고 들어가서 거하니 그 사람의 나중 형편이 전보다 더 심하게 되느니라

'그 집이 청소되고 수리되었다'는 말은 그 사람에게서 '더러운' 귀신이 나갔기 때문에 '일시적'으로 '깨끗하게 되었고 수리' 되었지만 '하나

님의 말씀'과 '성령'으로 안 채워진 상태라는 의미입니다. 그래서 귀신이 다시 들어오게 된 것입니다.

제가 많은 축사 사역을 하면서 수없이 경험한 것이 이것입니다. 많은 성도들이 축사를 받는데 어떤 성도들에게는 귀신들이 또 들어 있는 것을 보았습니다. 힘들게 축사 사역을 해주었는데 귀신들이 또 들어 있어서 다시 축사 사역을 해줘야 할 때 힘이 빠집니다.

이런 일들이 반복되어서 그 이유를 알아보았더니 축사를 받은 성도들이 기도와 말씀으로 자신의 마음을 충만하게 채워서 영적으로 무장해야 하는데 성경 말씀을 읽고 기도하는 데 게으르다 보니 마음이 영적으로 '빈 상태'가 되어 귀신들이 또 들어간 것입니다. 그러면 저는 또 힘을 다해서 축사 사역을 해서 영적으로 깨끗하게 해주었는데 축사 받은 사람이 '말씀'과 '기도'에 게으르다 보니 마음이 또 영적으로 '빈 상태'가 되어 귀신들이 또 들어가고… 그러면서도 계속해서 귀신을 쫓아내달라고 하고… 이런 일이 반복되다 보니 영적으로 힘들고 지치게 되어서 나중에는 성도들이 기도와 말씀으로 무장되는데 힘쓰도록 하였습니다.

그런데 성경은 '귀신'들을 말할 때 '더러운' 귀신이라고 말합니다.

마10:1 예수께서 그의 열두 제자를 부르사 <u>더러운 귀신</u>을 쫓아내며 모든 병과 모든 약한 것을 고치는 권능을 주시니라

막1:23 마침 그들의 회당에 <u>더러운 귀신</u> 들린 사람이 있어 소리 질러 이르되

막5:2 배에서 나오시매 곧 <u>더러운 귀신</u> 들린 사람이 무덤 사이에서 나와 예수를 만나니라

막7:25 이에 <u>더러운 귀신</u> 들린 어린 딸을 둔 한 여자가 예수의 소문을 듣고 곧 와서 그 발 아래에 엎드리니

그렇습니다. '깨끗한' 귀신은 하나도 없으며, 이 '더러운' 귀신들이 하는 일은 사람에게 들어가서 '더러운' 생각을 주고, '더러운' 질병들을 일으키는 것입니다.

그런데 눅11:24에서 말하는 '더러운' 귀신을 눅11:26에서는 '악한' 귀신이라고도 말합니다.

> 눅11:24 더러운 귀신이 사람에게서 나갔을 때에 물 없는 곳으로 다니며 쉬기를 구하되 얻지 못하고 이에 이르되 내가 나온 내 집으로 돌아가리라 하고
> 눅11:25 가서 보니 그 집이 청소되고 수리되었거늘
> 눅11:26 이에 가서 저보다 더 악한 귀신 일곱을 데리고 들어가서 거하니 그 사람의 나중 형편이 전보다 더 심하게 되느니라

사람에게서 나간 '더러운' 귀신이 다시 사람에게 들어갈 때 저보다 '더 악한' 귀신 일곱을 데리고 들어갔으므로 '더러운' 귀신 = '악한' 귀신입니다. '더러운' 귀신들이 '악한' 귀신인 이유는 '더러운' 귀신들이 하는 일들 가운데 하나가 사람의 '마음속'에 들어가서 여러 가지 '악한 생각'들을 주기 때문입니다.

(2) '생각'을 통해 역사하는 '악한' 귀신들

> 막7:20 또 이르시되 사람에게서 나오는 그것이 사람을 더럽게 하느니라
> 막7:21 속에서 곧 사람의 마음에서 나오는 것은 악한 생각 곧 음란과 도둑질과 살인과
> 막7:22 간음과 탐욕과 악독과 속임과 음탕과 질투와 비방과 교만과 우매함이니
> 막7:23 이 모든 악한 것이 다 속에서 나와서 사람을 더럽게 하느니라

'더러운' 귀신들이 사람들에게 들어가서 '악한' 생각들을 주는데 그 '악한' 생각들은 곧 '음란한' 생각들, '도둑질'하고 싶은 생각들, '미워하는' 생각들, '탐욕'의 생각들, '악하고 독한' 생각들, '속이거나 거짓말'하고 싶은 생각들, '질투'하는 생각들, 다른 사람들을 '비방'하려는 생각들, '교만'한 생각들, '자기 자랑'하고 싶은 생각들 등인데, 이런 생각들은 내 마음속에 '더러운' 귀신들이 이미 들어와서 주는 것들입니다. 그런데 사람들은 이런 생각들이 '더러운' 귀신이 주는 것임을 깨닫지 못하고 '자신의 생각'인 줄 알고 있습니다.

예수님께서는 '마음'으로 지은 죄가 죄이므로 회개해야 한다고 했기 때문에 이런 '생각'들이 떠올랐을 때 '생각'의 죄를 회개해야 합니다. 가롯 유다는 예수님을 팔려는 '생각'이 떠올랐을 때, 마음으로 지은 죄를 회개해야 한다는 예수님의 말씀을 기억하고, '생각의 죄'를 회개했어야 합니다. 그렇지 않으면 '생각'을 통해서 역사하는 '악한 영'들이 내 마음에 자리잡기 때문입니다.

(3) '생각'을 통해서 역사하는 '악한 영'들을 쫓아내라

'생각'의 주요 근원은 '영'입니다.

'음란한 생각'이 떠오르는 이유는 '음란의 영'이 내 마음에 들어와서 '음란한 생각'을 주기 때문입니다.

'교만한 생각'이 떠오르는 이유는 '교만의 영'이 내 마음에 들어와서 '교만한 생각'을 주기 때문입니다.

'열등감의 생각'이 떠오르는 이유는 '열등감의 영'이 내 마음에 들어와서 '열등감의 생각'을 주기 때문입니다.

'분노의 생각'이 떠오르는 이유는 '분노의 영'이 내 마음에 들어와서 '분노의 생각'을 주기 때문입니다.

'거짓말하려는 생각'이 떠오르는 이유는 '거짓말의 영'이 내 마음에 들어와서 '거짓말하려는 생각'을 주기 때문입니다(왕상22:20-23).

이와 반대로,

'기도하고 싶은 생각'이 떠오르는 이유는 '성령'이 내 마음에 '기도하고 싶은 생각'을 주시기 때문입니다.

'찬양하고 싶은 생각'이 떠오르는 이유는 '성령'이 내 마음에 '찬양하고 싶은 생각'을 주시기 때문입니다.

'예배드리고 싶은 생각'이 떠오르는 이유는 '성령'이 내 마음에 '예배드리고 싶은 생각'을 주시기 때문입니다.

'봉사하고 싶은 생각'이 떠오르는 이유는 '성령'이 내 마음에 '봉사하고 싶은 생각'을 주시기 때문입니다.

'헌금하고 싶은 생각'이 떠오르는 이유는 '성령'이 내 마음에 '헌금하고 싶은 생각'을 주시기 때문입니다.

'전도하고 싶은 생각'이 떠오르는 이유는 '성령'이 내 마음에 '전도하고 싶은 생각'을 주시기 때문입니다.

'헌신하고 싶은 생각'이 떠오르는 이유는 '성령'이 내 마음에 '헌신하고 싶은 생각'을 주시기 때문입니다.

그러므로 내게서 어떤 '생각'이 떠오르느냐가 곧 내게서 어떤 '영'이 역사하고 있느냐를 나타내는 것입니다.

그런데 마음에서 '음란한 생각'이 떠올랐을 때 마음으로 간음한 죄를 '자백'하기만 하면 '음란한 생각'에서 완전히 자유케 될까요? 그렇지 않습니다. 대부분의 사람들은 같은 죄를 반복해서 짓습니다. 죄를 자백하면서 '다시는 죄를 짓지 않겠다'고 마음을 굳게 먹지만 다음에 또 반복하여 죄를 짓습니다. 그러면 다음에 또 회개하며 또 결심하지만 또 반복해서 죄를 짓습니다.

왜 자백한 죄를 반복할까요? 죄의 '뿌리'를 안 뽑아냈기 때문입니다. 몸에 '뾰루지'가 있었던 사람들이 대부분 경험하는 것은, '뾰루지'를 살짝 짜내거나 대충 제거하면 '뾰루지'가 없는 듯이 보이지만 시간이 지나면 그 '뾰루지'가 다시 생깁니다. 뾰루지 '뿌리'를 안 뽑았기 때문입니다. 뾰루지가 완전히 사라지게 하려면 뾰루지의 '뿌리'를 뽑아내야 합니다. 그래야 그 뾰루지가 다시는 안 생깁니다.

마찬가지로 우리들이 같은 죄를 반복하는 이유는 같은 죄를 짓게 하는 '뿌리'가 안 빠졌기 때문입니다.

그렇다면 우리들로 하여금 같은 죄를 계속해서 짓게 하는 '죄의 뿌리'는 무엇일까요? 그것은 '악한 영'들입니다. '악한 영'들이 우리들의 몸과 마음에 '뿌리'를 내려 자리잡고 있기 때문입니다.

예를 들면 음란한 죄의 뿌리는 우리 안에 있는 음란의 영들입니다. 음란한 죄를 자백하고 다시는 죄를 짓지 않겠다고 굳게 결심하지만 다음에 또 죄를 반복합니다. 왜냐하면 음란한 죄의 뿌리인 음란의 영을 안 뽑아냈기 때문입니다.

'분노'라는 '죄의 뿌리'는 우리 안에 있는 '분노의 영'들입니다. 분노한 죄를 자백하고 다시는 죄를 짓지 않겠다고 굳게 결심하지만 다음에 또 분노의 죄를 짓습니다. 왜냐하면 '분노'라는 죄의 뿌리인 '분노의 영'을 안 뽑아냈기 때문입니다.

5) 죄의 '뿌리'를 뽑아내야 합니다.

양결 목사님이 3일 금식 기도할 때 있었던 일입니다.

교회를 위해서 기도하고, 부흥을 위해서 기도하는데 목사님 입에서 갑자기 "내 죄를 뿌리 뽑아주세요."하는 말이 나왔답니다. 그래서 '무슨 이런 소리가 나오나…' 싶어서 그냥 몇 번 기도하고 다른 기도로 넘어가려 하는데 희한하게도 방지턱에 걸린 차처럼 다른 기도가 안 나오고 계속 "내 죄를 뿌리 뽑아주세요." 이 말이 나왔답니다. 그래서 '하나님께서 이 기도를 하라고 하시나 보다' 이런 생각이 들어서 계속 그 기도를 했답니다.

"내 죄를 뿌리 뽑아주세요."

처음에는 아무 생각 없이 했는데 점점 말이 더 강해지더랍니다.

"내 죄를 뿌리 뽑아주세요. 내 죄를 뿌리 뽑아주세요."

계속 이렇게 기도하는데 갑자기 뭐가 "윅"하고 올라오더랍니다. 그리고 또 "내 죄를 뿌리 뽑아주세요"하면 또 "윅"하고 올라오고 또 "윅"하고 올라오고…

"내 죄를 뿌리 뽑아주세요"하고 말만 하면 하루종일 이렇게 올라오는데 점점 심해지고 점점 올라왔답니다.

이런 현상은 '악한' 영이 빠져나가는 현상인데, "내 죄를 뿌리 뽑아주세요"라고 기도해도 '악한' 영이 안 올라올 즈음에 방언이 터졌고, 그 이후부터 성령의 음성이 들리기 시작하더랍니다.

양결 목사님이 "내 죄를 뿌리 뽑아주세요"라고 기도했는데 "윅"하며 '악한' 영들이 빠져나가는 현상을 통해서 '내 죄의 뿌리가 내 안에 있는 악한 영'임을 추측할 수 있습니다.

대도(大盜)라고 불린 조○○이란 사람이 있습니다. 그는 고아 출신으로 어려서부터 어려운 환경에서 자랐습니다. 15세 때부터 먹고 살기 위해 도둑질을 시작하여 38세 이전까지 11차례 감옥에 갇혔습니다. 그는 경제부총리 등 유명 인사들이 거주하는 지역을 골라 털었는데, 한국 최고 재벌인 이** 집을 털다가 한 시민에 의해 발각되었고 결국 경찰에게 잡혀서 징역 15년과 보호감호 10년을 선고받아 청송 교도소에서 수감 생활을 하던 중 개신교에 귀의한 조○○은 옥중에서 뒷바라지를 한 여성과 결혼하고 목사 안수를 받았습니다. 그러한 그에게 많은 교회들이 신앙 간증을 요청하였고, 그는 많은 교회들을 다니며 신앙 간증하며 늘빛 선교회를 설립하여 가난한 사람들에게 봉사하였고, 일본의 노숙자들을 구원하기 위해 일본을 자주 방문했습니다.

이런 그가 2000년 11월에는 도쿄에서 주택 3곳을 털다가 총에 맞고 잡혀 법정에서 징역 3년 6개월을 선고받아 복역했습니다. 2004년 3월에 출소한 후 귀국했으나, 2005년 3월에는 서울에서 또 다른 범행으로 징역 2년을 선고받아 복역했으며, 2010년에는 4인조 금은방 강도들의 사건에 연루돼 장물아비로 걸려 3년을 선고받았고, 2013년 4월에는 강남에서 다시 범행으로 법정에서 징역 3년을 선고받아 복역했습니다. 2015년 10월에는 또 다른 범행으로 구속되었고, 2016년에는 징역 3년을 선고받았습니다. 그리고 만기출소 후에도 2019년 6월에는 광진구에서 저금통을 훔치는 사건으로 다시 체포되었고, 2019년 8월에 1심에서 징역 2년 6개월을 선고받았습니다.

그는 청송 교도소에서 회심하여 목사 안수까지 받고 많은 교회들을 다니며 간증 집회도 하였는데 왜 다시 도둑이 되었을까요? 죄의 '뿌리'를 안 뽑았기 때문입니다. 도둑질의 뿌리인 '탐심의 영'을 뿌리 뽑지 않아서 그런 것입니다. '죄의 뿌리'인 '악한 영'을 뽑지 않으면 '악한 영'에게 끌려서 다시 옛 생활로 돌아가게 됩니다.

음란의 죄를 자백했지만 음란의 죄의 뿌리인 '음란의 영'을 뿌리 뽑지 않으면 다시 음란의 영에게 끌려서 음란의 죄를 반복해서 짓게 됩니다.

분노의 죄를 자백했지만 분노의 죄의 뿌리인 '분노의 영'을 뿌리 뽑지 않으면 다시 분노의 영에게 끌려서 분노의 죄를 반복해서 짓게 됩니다.

탐심의 죄를 자백했지만 탐심의 죄의 뿌리인 탐심의 영을 뿌리 뽑지 않으면 다시 탐심의 영에게 끌려서 탐심의 죄를 반복해서 짓게 됩니다.

거짓말한 죄를 자백했지만 거짓말의 죄의 뿌리인 '거짓말의 영'을 뿌리 뽑지 않으면 다시 거짓말의 영에게 끌려서 거짓말하는 죄를 반복해서 짓게 됩니다.

각 사람들이 습관적으로 반복해서 죄를 짓는 이유는 바로 죄의 뿌리인 악한 영이 뿌리 뽑히지 않아서 그렇습니다.

음란을 끊으려면 음란의 죄를 자백하고 음란의 죄의 뿌리인 음란의 영을 내 마음에서 뽑아낸 후 거룩의 영으로 채워야 음란이 사라지게 됩니다.

교만을 끊으려면 교만한 죄를 자백하고 교만의 죄의 뿌리인 교만의 영을 내 마음에서 뽑아낸 후 겸손의 영으로 채워야 교만이 사라지게 됩니다.

분노와 혈기를 끊으려면 분노와 혈기의 죄를 자백하고 분노와 혈기

의 죄의 뿌리인 분노와 혈기의 영을 내 마음에서 뽑아낸 후 온유의 영
으로 채워야 분노와 혈기에서 자유케 됩니다.

물론 한두 번의 기도로 되는 것은 않지만 반복해서 할 때 나의 내면
이 변화될 것입니다.

이렇게 죄의 자백과 함께 죄의 뿌리인 악한 영들을 쫓아버릴 때 악
한 영들에게 묶였던 마음과 생각들이 자유케 되고 성령님께서 주시
는 생각과 마음이 자리잡게 될 것입니다.

6) 마음과 생각에서 역사하는 귀신들을 쫓아내야 하는 이유

각 사람들의 마음과 생각에서 역사하는 더러운 귀신들이 얼마나 많
은지 아무도 모릅니다. 하지만 위에서 말씀드린 내용을 근거로 우리
자신의 '마음'과 '생각'을 돌아보면 셀 수 없을 정도로 많습니다. 그
러면 셀 수 없을 정도로 많은 귀신들을 '꼭' 다 쫓아내면서 살아야 할
까요?

예수님께서는 '천국 복음'을 전하시고 '하나님의 나라'를 이루시기
위하여 오셨습니다. '하나님의 나라'라는 단어는 사복음서에서 무려
46번이나 사용되었습니다. 예수님께서는 "사람이 물과 성령으로 나
지 아니하면 '하나님의 나라'에 들어갈 수 없다"고 말씀하셨고, '하
나님의 나라'가 가까이 왔으니 회개하고 복음을 믿으라고 말씀하셨
습니다.

**요3:5 예수께서 대답하시되 진실로 진실로 네게 이르노니 사람이 물과 성령
으로 나지 아니하면 하나님의 나라에 들어갈 수 없느니라**

막1:15 이르시되 때가 찼고 하나님의 나라가 가까이 왔으니 회개하고 복음을 믿으라 하시더라

이처럼 '하나님의 나라'는 예수님의 사역의 비전이요, 목표이며, 초대교회 사도들이 전하는 내용의 핵심이었으며, 우리의 신앙생활의 궁극적 목표는 '하나님의 나라'에 들어가서 유업을 얻는 것이기 때문에 철저히 회개를 해야 하고, 많은 환난을 받아야 한다고까지 성경은 말하고 있습니다.

행28:23 그들이 날짜를 정하고 그가 유숙하는 집에 많이 오니 바울이 아침부터 저녁까지 강론하여 하나님의 나라를 증언하고 모세의 율법과 선지자의 말을 가지고 예수에 대하여 권하더라

행 28:31 하나님의 나라를 전파하며 주 예수 그리스도에 관한 모든 것을 담대하게 거침없이 가르치더라

행14:22 제자들의 마음을 굳게 하여 이 믿음에 머물러 있으라 권하고 또 우리가 하나님의 나라에 들어가려면 많은 환난을 겪어야 할 것이라 하고

그런데 예수님께서는 '하나님의 나라'가 임하기 위해서는 '귀신을 쫓아내야 한다'고 말씀하셨습니다.

마12:28 그러나 내가 하나님의 성령을 힘입어 귀신을 쫓아내는 것이면 하나님의 나라가 이미 너희에게 임하였느니라

'왜' 귀신을 쫓아내야 하나님의 나라가 임할까요?

'하나님의 나라'는 '하나님께서 왕으로 다스리시는 나라'입니다. 우리가 예수님을 영접하면 예수님께서 성령으로 우리의 '영(spirit)' 안

에 들어오십니다. 우리의 '영(spirit)' 안에 들어오신 예수님께서는 우리의 '영(spirit)'을 다스리시므로 우리의 '영(spirit)'에 '하나님의 나라'가 임한 것이고, 우리의 '영(spirit)'에 임하신 성령님께서 우리들의 '마음'과 '생각', 그리고 '육체(body)'까지도 다스리시고 통치하셔서 '영'과 '혼'과 '육' 모두가 하나님의 지배를 받아 온전한 '하나님의 나라'가 이루어지길 원하십니다.

하지만 우리의 '마음'과 '생각'과 '육체'에는 많은 귀신들이 왕 노릇 하려고 하고 있습니다. 그래서 우리의 '마음'과 '생각'에서 수많은 부정적인 생각들, 음란한 생각들, 미움과 분노의 생각들, 교만한 생각들, 하나님의 능력을 불신하는 생각들, 천국보다 이 세상을 바라보게 하는 생각들, 하나님께 순종하지 않고 자신의 마음과 뜻과 생각대로 살려는 마음 등과 같은 수많은 죄들로 유혹하며 하나님의 통치가 임하지 못하게, 하나님의 나라가 임하지 못하게 역사합니다.

그렇게 되면 성도들이 신분으로는 분명히 하나님의 자녀이고, '영(spirit)'에 '하나님의 나라'가 임하였지만 혼(soul)인 '마음'과 '생각', 그리고 '육체(body)'는 마귀가 주도권을 잡고 마귀의 종노릇 하며 살게 하려고 합니다. 그렇게 되면 성도들의 '마음'과 '생각'은 성령님의 역사와 마귀의 역사가 공존하는 '영적 전쟁터'가 됩니다. '신앙 생활은 곧 영적 전투다'라고 말하는데 '마음'이 영적 전투의 장소이고, 성령님과 악한 영들이 서로 '마음'과 '생각'을 지배하려고 하는 것입니다. '마음'이 '영적 전쟁터'인 것을 깨달은 사도 바울은 다음과 같이 고백했습니다.

롬7:21 그러므로 내가 한 법을 깨달았노니 곧 선을 행하기 원하는 나에게 악이 함께 있는 것이로다

롬7:22 내 속사람으로는 하나님의 법을 즐거워하되

롬7:23 내 지체 속에서 한 다른 법이 내 마음의 법과 싸워 내 지체 속에 있는 죄의 법으로 나를 사로잡는 것을 보는도다

롬7:24 오호라 나는 곤고한 사람이로다 이 사망의 몸에서 누가 나를 건져내랴

'선을 행하기 원하는 마음'은 사도 바울 안에 계시는 '성령'께서 주시는 마음이고, '악'은 사도 바울의 '마음'과 '생각'에서 역사하는 '더러운 귀신'이 주는 마음입니다. 사도 바울 마음에서 '성령'의 역사와 '악한 영'의 역사가 공존하는데 강력하게 역사하는 악한 영의 세력에 굴복하다 보니 마음이 곤고해지는 것입니다.

그런데 만약에 '마음과 생각'에서 역사하는 '더러운 귀신'들을 내쫓으면 어떻게 될까요? 그렇게 되면 '마음과 생각'에서 방해하는 세력들이 없게 되므로 성령의 역사에 순종하기 쉽게 될 것이고, 성령께서 '마음과 생각'을 지배하게 되므로 '마음과 생각'에도 하나님의 나라가 임하게 되는 것입니다.

그러므로 '마음과 생각'에서 역사하고 있는 '더러운 귀신'을 쫓아내야 성령께서 '마음과 생각'도 지배하게 되므로, '귀신을 쫓아내야 하나님의 나라가 임한다'고 말씀하신 것입니다.

눅11:20 그러나 내가 만일 하나님의 손을 힘입어 <u>귀신을 쫓아낸다면 하나님의 나라가 이미 너희에게 임하였느니라</u>

그러므로 '예수 그리스도' 이름의 권세로 '마음과 생각'에서 역사하는 '더러운 귀신'들을 쫓아냄으로서 '마음과 생각'에 '하나님의 나라'가 임하도록 하고, 더 나아가 '육체'에 깃들어 있는 '더러운' 귀신들까

지 쫓아내어서 '영'과 '혼'과 '육' 모두에 '하나님의 나라'가 임하도록 해야 할 것입니다.

> 살전5:23 평강의 하나님이 친히 너희를 온전히 거룩하게 하시고 또 너희의 온 영과 혼과 몸이 우리 주 예수 그리스도께서 강림하실 때에 흠 없게 보전되기를 원하노라

제7장
옆구리가 창에 찔리셨을 때 흘리신 보혈의 능력

십자가에 달리신 예수님의 옆구리를 한 군인이 찌르자 피와 물이 흘러나왔습니다.

> 요19:32 군인들이 가서 예수와 함께 못 박힌 첫째 사람과 또 그 다른 사람의
> 다리를 꺾고
> 요19:33 예수께 이르러서는 이미 죽으신 것을 보고 다리를 꺾지 아니하고
> 요19:34 그 중 한 군인이 창으로 옆구리를 찌르니 곧 <u>피와 물이 나오더라</u>

산 사람의 옆구리를 창으로 찌르면 물은 나오지 않고 피만 나오는데, 예수님의 옆구리에서 피와 물이 나왔다는 사실은 예수님께서 확실하게 죽으셨다는 것을 의미합니다.

은퇴한 심장 흉부 외과 의사인 안토니 드 보노 박사는 '피와 물'이 쏟아지는 이유를 의학적으로 다음과 같이 설명하였습니다.[16]

자동차 사고나 심한 타박상과 같은 외상으로 인해 심장, 큰 혈관, 늑

---

16) cf.https://aleteia.org/2019/06/22/a-doctor-on-why-blood-and-water-
gushed-from-jesus-heart/

간 동맥과 같은 흉곽 내 중요한 혈관이 파열되면 폐와 가슴벽 사이의 공간에 혈액이 고이게 되는 현상을 혈흉(hemothrax)이라고 하는데, 예수님은 고문 중에 심한 채찍질을 당하셨기에 혈흉(hemothrax)이 있었고, 흉막강(늑막강, 가슴막안)에 혈액이 고인 상태로 예수님께서 사망하시게 되자 흉막강에 고였던 혈액이 분리되어 상대적으로 무거운 혈구(적혈구로 인해 붉은 피색)는 아래쪽에 위치하며, 대부분 물로 이루어진 가벼운 혈장(밝은 노란색)이 상단에 위치하게 되는데, 그 상태에서 흉막강 아래쪽, 즉 옆구리 쪽을 창으로 찌르자 먼저 아래에 고여 있던 피(혈구)가 먼저 쏟아져 나오고 그 다음에 물(혈장)이 쏟아져 나오게 되는 것입니다.

이는 예수님께서 확실히 돌아가셨다는 것을 단순히 의학적으로 설명한 것만이 아니라 영적인 메시지를 주고 있습니다.

십자가에서 돌아가신 예수님에게서 흘러나온 '피'가 강같이 흘러서 온 인류에게 쏟아 부어진 것처럼, 예수님에게서 흘러나온 '물'도 강같이 흘러서 온 인류에게 쏟아 부어진 것입니다.

예수님에게서 '피'만 흘러나온 것이 아니라, 창에 찔리셨을 때 '물'도 흘러나왔다는 것은 무엇을 의미할까요?

1. 성경에서 '물'의 의미

출17장을 보면 출애굽한 이스라엘 백성들이 르비딤에 장막을 쳤으나 마실 물이 없어 불평하는 장면이 나옵니다.

출17:1 이스라엘 자손의 온 회중이 여호와의 명령대로 신 광야에서 떠나 그 노정대로 행하여 르비딤에 장막을 쳤으나 백성이 마실 물이 없는지라

출17:3 거기서 백성이 목이 말라 물을 찾으매 그들이 모세에게 대하여 원망하여 이르되 당신이 어찌하여 우리를 애굽에서 인도해 내어서 우리와 우리 자녀와 우리 가축이 목말라 죽게 하느냐

그러자 모세가 하나님께 부르짖자 하나님께서는 호렙산에 있는 "그 반석을 치라"고 말씀하셨고, 모세가 하나님의 말씀에 순종하여 그 반석을 치자 그 반석에서 물이 흘러나와서 이스라엘 백성들이 물을 마음껏 마시게 되었습니다.

출17:4 모세가 여호와께 부르짖어 이르되 내가 이 백성에게 어떻게 하리이까 그들이 조금 있으면 내게 돌을 던지겠나이다
출17:6 내가 호렙 산에 있는 그 반석 위 거기서 네 앞에 서리니 너는 그 반석을 치라 그것에서 물이 나오리니 백성이 마시리라 모세가 이스라엘 장로들의 목전에서 그대로 행하니라

고전10:4에서는 모세가 친 '이 반석'이 '예수 그리스도'를 상징한다고 해석해주었습니다.

고전10:4 다 같은 신령한 음료를 마셨으니 이는 그들을 따르는 신령한 반석으로부터 마셨으매 그 반석은 곧 그리스도시라

'그 반석'이 '예수 그리스도'를 상징한다면, '그 반석을 치라'는 말씀은 무슨 의미일까요? 그것은 바로 이 땅에 오신 예수님께서 고난받으심을 상징한다고 할 수 있습니다. 그럼 '그 반석'에서 흘러나온 '물'은 무엇을 의미할까요? 예수님께서는 '그 물'이 예수님을 믿는 성도들이 받을 '성령'을 의미한다고 말씀하셨습니다.

요7:37 명절 끝날 곧 큰 날에 예수께서 서서 외쳐 가라사대 <u>누구든지 목마르</u>
<u>거든 내게로 와서 마시라</u>

요7:38 나를 <u>믿는 자는</u> 성경에 이름과 같이 그 <u>배에서 생수의 강이 흘러나</u>
<u>리라</u> 하시니

요7:39 이는 그를 <u>믿는 자들이 받을 성령을 가리켜 말씀하신 것이라</u> (예수께
서 아직 영광을 받지 않으셨으므로 성령이 아직 그들에게 계시지 아
니하시더라)

모세가 '그 반석'을 쳤을 때 그 반석에서 흘러나온 '물'이 강같이 흘
러서 모든 이스라엘 민족의 목마름을 해소해주었듯이, 예수님께서 흘
리신 '물', 즉 '성령'이 강같이 흘러서 모든 성도들의 영적인 목마름을
해결해 주신다는 메시지입니다.

구약 시대에는 하나님께서 특별히 선택하신 사람들인 왕, 제사장,
선지자, 혹은 사사들이나 특별한 임무를 받은 일부 사람들(예를 들면
성막 기술자인 브살렐와 오홀리압과 같은 사람들)만이 성령 충만을
받을 수 있었다면, 신약 시대에는 '모든' 성도들이 '성령 충만'을 받
을 수 있게 됨을 의미하는 것입니다. 그래서 베드로 사도는 요엘 선지
자의 예언을 인용하여 다음과 같이 말했습니다.

행2:16 이는 곧 선지자 요엘을 통하여 말씀하신 것이니 일렀으되

행2:17 하나님이 말씀하시기를 말세에 내가 내 영을 <u>'모든'</u> 육체에 부어 주리
니 너희의 자녀들은 예언할 것이요 너희의 젊은이들은 환상을 보고 너
희의 늙은이들은 꿈을 꾸리라

행2:18 그 때에 내가 내 영을 내 남종과 여종들에게 부어 주리니 그들이 예
언할 것이요

행2:19 또 내가 위로 하늘에서는 기사를 아래로 땅에서는 징조를 베풀리니

그렇다면 왜 모든 성도들이 '성령 충만'을 받아야 할까요?

2. 모든 성도들이 성령 충만을 받아야 하는 이유

1) 지금은 성령님의 시대이기 때문입니다.

부족한 제가 하나님의 은혜로 예수님을 두 번째 만났을 때, 예수님께서는 저에게 "아들아, 지금은 성령의 시대이니 모든 성도들이 성령충만 받게 만들어라"고 말씀하셨습니다.

이 간증은 『주님 오시리 곧 오시리』책에 썼는데, 다시 한번 말씀드립니다.[17]

40일 금식 기도를 통해서 방언이 바뀌고, 축사, 환상, 예언 등의 여러 가지 성령의 은사들이 나타나자 나는 케네스 헤긴 목사님 등과 같이 영성 사역을 한 분들의 책들을 읽으면서 영성 사역에 대하여 지식을 넓혀 갔다. 그런데 혼자서 책을 읽으며 공부한다는 것에 한계를 느낀 나는 영성 사역에 대하여 전문적으로 공부를 해야겠다는 생각이 들어서 영성 사역을 전문으로 하는 ○○○신학원에 박사과정으로 등록을 하고 공부하였다. ○○○신학원에서는 해외의 기름부음이 강한 목사님들을 모셔다가 대형집회를 하기도 하고, 목회자들을 대상으로 세미나를 하기도 했으며, 국내에서 활동하는 분들 가운데 지성과 영성의 기름부음이 강한 분들을 모셔다가 세미나를 하며 공부할

---

17) 『주님 오시리 곧 오시리』, 박요셉, 하늘빛 출판사, P.230-238

수 있도록 해주었다.

○○○신학원에서 공부하며 영성 사역에 대하여 공부하던 중, 대전 침신대 목회상담학 교수였던 안태길 교수님의 〈내적 치유의 이론과 실제〉라는 강의를 듣게 되었다. 안태길 교수님은 학문적으로도 탁월 하시고 영적으로도 기름부음이 충만한 분이라는 것을 이미 들었기 때문에 언젠가 그분의 강의를 듣고 싶은 마음이 있었는데 학교에서 안 교수님을 모셔다가 세미나를 한다니 많이 기대되었다.

안 교수님께서는 〈내적 치유의 이론과 실제〉에 대하여 첫째 날 강의를 하신 뒤 세미나에 참석한 목사님들에게 통성으로 기도하라고 하시며 당신은 목사님들을 위해서 기도해주시겠다고 하셨다. 나는 다른 목사님들과 같이 큰 소리로 간절히 기도하며 안 교수님의 기름 부음이 내 안에 흘러들어오기를 기도하였다. 한참 동안 기도를 하고 있는데 안 교수님이 두 손을 들고 기도하는 내 손을 잡고 기도해주셨다. 안 교수님이 내 손을 잡고 기도해주는 순간 그분의 기름 부음이 내 안에 흘러들어오면서 갑자기 나의 영 안이 열렸는데 갑자기 주님의 보좌가 보였다. 그러자 내 영이 크게 외쳤다. "아, 주님의 보좌가 보인다! 주님의 보좌가 보인다!" 그런데 잠시 후에 황소의 옆얼굴이 보이는 것이었다. 그러자 내 영이 또 "아, 황소의 옆얼굴이 보인다! 황소의 옆얼굴이 보인다!"고 크게 외쳤다. 그런 상태에서 한동안 기도를 하였고 첫날 세미나가 끝났다. 그런데 나에게 한 가지 의문이 생겼다.

'주님의 보좌가 보였는데 왜 황소의 옆얼굴이 보였지?'

'주님의 보좌와 황소의 얼굴과 무슨 상관이 있지?'

골똘히 생각을 하였는데 문득 에스겔1장이 떠올랐다. 그래서 급히 성경을 열고 보았다.

겔1:1 "제삼십년 사월 오일에 내가 그발 강가 사로잡힌 자 중에 있더니 하늘이 열리며 하나님의 이상을 내게 보이시니… 10그 얼굴들의 모양은 넷의 앞은 사람의 얼굴이요 넷의 우편은 사자의 얼굴이요 넷의 좌편은 소의 얼굴이요 넷의 뒤는 독수리의 얼굴이니"

아, 내가 본 환상은 에스겔이 보았던 환상과 같은 것이었다. 에스겔의 영안이 열렸을 때 그는 하나님의 보좌를 보았고, 주님의 보좌 앞에 있는 네 생물 즉, 사람의 얼굴, 사자의 얼굴, 소의 얼굴, 독수리의 얼굴을 가진 생물을 보았듯이, 주님께서는 나의 영안을 열어주셔서 주님의 보좌를 보게 하셨고, 주님의 보좌 앞에 있는 네 생물 중 소의 얼굴을 보게 하신 것이었다.

그런데 주님은 왜 네 생물들 중 소가 내게 보이게 하셨을까…

하나님께서 성령으로 기름 부으셔서 영성 사역을 하게 하신 몇 년 동안 나는 J국에 다니면서 집회를 하였다. 그런데 나를 초대한 선교사님의 사모님께서 나에 관한 꿈을 네 번을 꾸었는데, 그 꿈 네 번 중 세 번에서 내가 '소'의 형상으로 나왔었다고 말하였다. 그 사모님이 메일로 보내준 내용을 그대로 적어본다.

5월 26일(월)

목사님께서 작년 11월에 여기 오신 후에 제가 지금까지 목사님에 관한 꿈을 네 번 꾸었는데 목사님이 꿈에 나타나실 때는 '소'의 모습으로 나타났습니다. 네 번 중 세 번은 '소'의 모습이셨고 한 번은 목사님 모습이었습니다.

첫 번째 꿈은 소가 활활 타는 장작불 위에 서있었습니다. 소의 온몸이 불길에 휩싸여 있어서 저는 너무 놀라 가까이 가서 소를 쳐다봤는데 소는 아무 소리도 안 내고 놀라지도 않고 고통스러워하지도 않고 가만히 서 있는 것이었습니다. 근데 소가 하나도 타지 않았습니다. 그 소가 목사님인지 어떻게 알았는지는 저도 모르겠지만 보는 순간 목사님이란 생각이 들었습니다.

두 번째 꿈은 소가 어느 시골 마당에 매여 있었습니다. 한 자리에 아주 오랫동안 매여 있었던 거 같은데, 소가 서 있던 자리가 패이고 패여 소의 키만큼 땅이 패여 버렸습니다. 근데 어디선가 건장한 청년 네 명 정도가 오더니 소를 그 패인 땅속에서 꺼내 주었습니다. 구덩이에서 나온 소는 청년처럼 아주 건강하고 힘이 있어 보였고 온몸에 기름이 흐르고 환하게 빛이 났습니다. 소를 매고 있던 고삐가 없어서 소는 어디든지 갈 수 있게 되었고 무슨 일이든 할 수 있을 것 같은 큰 능력이 있어 보였습니다. 그 소가 목사님인 것을 어떻게 알았는지는 저도 모르겠지만 보는 순간 목사님이란 생각이 들었습니다.

세 번째 꿈은 그 꿈이 아직 완전히 이뤄지지 않았기에 다 이뤄지면 말씀드리겠습니다.

네 번째 꿈은 이번 5월 1일 집회를 위해 기도하던 중에 꾸었습니다. 아주 힘 있고 건강한 소가 저 있는 쪽으로 오더니 그 소가 해산을 하는 것이었습니다. 힘든 해산의 고통을 다 한 후에 아주 예쁜 송아지를 낳았는데, 그 소가 목사님인 것을 어떻게 알았는지 저도 모르겠습니다. 그런데 그 꿈대로 이번 집회를 통해 물과 성령으로 거듭난 영혼들이 얼마나 예쁜지… 이제 실제로 소를 보면 목사님 생각 날 것 같습니다.

5. 29(목)

제가 꾼 첫 번째 꿈 이야기 중에 장작불이라고 말씀드렸는데 자세히 다시 생각해보니 그 장면은 창22:9에 나오는

"이에 아브라함이 그 곳에 제단을 쌓고 나무를 벌여 놓고 그의 아들 이삭을 결박하여 제단 나무 위에 놓고"와 같은 상황인데 그 소가 번제단 같은 곳 위에 있었고 소 밑의 나무는 불이 타는 게 아니고 다 타고 빨간 숯불의 상태였는데 소는 활활 타고 있었습니다. 소 주위에 타고 있던 불은 일반 불과는 다른 거룩한 불이란 느낌이 들었습니다.

말씀드리지 않은 세 번째 꿈은 목사님이 섬기는 교회 홈페이지에 보면 목사님에 대한 여러 예언들이 있는데 그 예언 중의 하나를 보여 주신 것입니다. 그 예언의 성취를 위해 중보 기도 하라는 하나님의 뜻으로 알고 기도하겠습니다.

이처럼 하나님께서는 그 선교사님 사모님에게도 나를 '소'의 형상으로 보여주셨다. 아마도 생각건대 "박목사는 소와 같은 종이다"라는 의미인 것 같다. 소가 인간에게 순종하고 충성하듯이, 나는 하나님의 말씀에 순종하고 죽도록 충성하려는 마음이 있기 때문이었다.

아무튼 첫째 날의 세미나를 통하여 하나님께서는 영 안을 열어서 주님의 보좌와 주님의 보좌 앞에 있는 네 생물 가운데 '소'를 볼 수 있도록 하셨다.

안 교수님의 강의는 두 번째 날에도 계속되었다. 안 교수님의 강의는 빈들의 마른 풀에 단비가 내리듯 내 심령을 촉촉이 적셨다. 강의를 마친 안 교수님은 목사님들과 같이 찬양을 하고 기도하는 시간을 갖자고 하셨다. 그래서 찬양을 하는 시간에 내가 앞으로 나가서 찬양을

인도하였다. 목사님들과 같이 "할렐루야, 할렐루야 할렐루야, 할렐루야…" 찬양을 할 때 나는 데스칸트(Descant)를 넣어 부르기도 하고 방언으로 찬양을 하기도 하면서 영적으로 깊은 지성소까지 가서 주님을 만나고 주님의 음성을 듣고 싶은 마음으로 찬양에 몰두하였다. 사모함과 간절함 가운데 찬양하고 있는데 갑자기 안 교수님이 나에게 "목사님, 무릎을 꿇고 두 손 들고 기도하세요!"라고 하셨다. 그래서 무릎 꿇고 기도하기 시작하는데 안 교수님이 내 손을 잡고 기도해주시기 시작했다. 그러자 안 교수님의 기름부음이 내 안에 흘러들어오기 시작하였고, 나는 강력한 기름 부음의 능력에 압도되어서 쓰러져 버리고 말았다. 그리고 또 영안이 열렸다. 그런데 이게 웬일인가… 세미나를 한 그곳에 천사들이 좌우로 도열을 하고 있는 것이 보였고, 좌우로 서 있는 천사들 가운데로 예수님께서 발에 끌리시는 옷을 입고 걸어오시는 것이 보였다. 그러자 내 영이 나도 모르게 크게 외쳤다.

"오, 주님께서 수많은 천사들과 함께 이곳에 오셨다!"

그런데 그 주님께서 내 앞에 오셨다. 그리고는 눈물을 흘리시면서 말씀하셨다.

"영혼 구원과 선교로 이어지지 않는 영성은 사치다! 영혼 구원과 선교로 이어지지 않는 영성은 사치다!"

이는 무슨 말씀이신가…

예수님께서 성령의 권능을 주신 것은 행1:8에 나와 있는 대로 영혼 구원과 세계 선교를 위함이다. 그런데 영성 집회에 오는 많은 목회자, 성도들이 성령의 임재, 임파테이션(Impartation), 성령의 기름 부음 등을 좋아하고, 성령의 은사를 사모하기는 하나 그러한 은사와 능력을 복음 전하며 영혼을 구원하는 것으로 연결시키기 보다는 기름 부음 그 자체를 좋아한다.

사도행전 2장에서 성령의 권능을 받은 사도와 제자들은 '밖으로' 나가서 전도했다. 성전에 올라가다가 나면서부터 앉은뱅이 된 자를 일으키며 복음을 전하자 수많은 사람들이 구원을 받았는데 남자의 수만 5,000여명이었다(행4:4). 이렇듯 초대교회 영성은 영혼들을 치유하며 복음을 전하는 영성이었다. 주님은, 좋은 강사 모셔다가 좋은 강의 듣고 단순히 기름부음 받고 즐기는(?) 귀족 영성이 아니라, 세상에 나가서 기사와 표적을 일으키며 복음을 전하는 영성을 갖길 원하시는 것이었다.

"제자들이 나가 두루 전파할 새 주께서 함께 역사하사 그 따르는 표적으로 말씀을 확실히 증거하시니라"(막16:20)

"영혼 구원과 선교로 이어지지 않는 영성은 사치다! 영혼 구원과 선교로 이어지지 않는 영성은 사치다!" 라고 말씀하신 주님은 "누가 나를 위하여 십자가를 질꼬…"라고 말씀하시면서 내 앞에서 울고 계셨다. 그 모습을 보는 내 눈에서 눈물이 나왔고, 나는 주님께 고백하였다.

"주님, 제가 여기 있나이다! 저를 사용하옵소서! 제가 주님의 십자가를 지고 가겠습니다! 저의 생명을 드리겠습니다."

그러자 주님께서는

"아들아, 말세는 말씀과 함께 성령의 시대이다. 그러므로 말씀과 함께 성령 충만한 기름 부음이 넘치는 영성이 있는 성도들, 사역자들이 되도록 훈련시켜서 그들로 하여금 복음을 증거하게 하라!"고 말씀하

셨다. 그래서 나는

"주님, 알겠습니다! 저의 생명을 다 바쳐서 주님의 뜻이 이루어지도록 하겠습니다!"라고 고백하였다.

나의 고백을 들으신 주님은 떠나가셨고, 나의 영 안은 다시 닫혔다.

안 교수님의 내적 치유 세미나를 통해서 주님은 내게 두 번째 나타나주셨으며, 40일 금식 기도를 통해서 새로운 차원의 영성에 도달하게 하시고, 축사의 기름 부음을 통해서 귀신이 쫓겨나게 하시고, 영안을 열어서 환상을 보게도 하시고, 예언하게도 하신 것은 베드로 사도가 행2:16-21에 말한 대로 요엘 선지자 예언의 성취이며, 마지막 시대에 성도들이 슬기로운 다섯 처녀들처럼 성령의 기름 부음이 충만한 가운데 신랑 되신 예수님을 맞을 준비를 하게 하시기 위함인 것이다.

구약이 성부 하나님의 시대이고, 예수 그리스도께서 이 땅에 오셔서 복음을 전하시고 십자가에서 돌아가시고 부활하시고 승천하시기까지 성자 예수님의 시대라면, 지금은 성령의 시대임을 모두가 알고 있습니다. 그러므로 성령의 시대에 성령의 충만함을 받는 것은 '절대적'으로 중요합니다.

성령 충만을 받아야 내가 변화될 수 있습니다(삼상10:6). 성령 충만을 받아야 하나님의 깊은 임재를 느끼며 살 수 있습니다. 성령 충만을 받아야 성령의 인도를 잘 받을 수 있습니다(롬8:14). 성령 충만을 받아야 하나님과 동행하는 삶을 살 수 있습니다(행10:38). 성령 충만을 받아야 고난을 이길 수 있습니다. 성령 충만을 받아야 마귀를 이길 수 있습니다. 성령 충만을 받아야 죄를 이길 수 있습니다. 성령 충만 받아야 권능을 받고 예수님의 증인이 됩니다(행1:8). '성령'이 충만하지 않으면 '성질'이 충만하게 됩니다. 서양에서 목사에 대한 가장 안 좋은 말이 "성령(충만) 받지 말고 목회하라"는 말이라고 합니다. 신앙생활은 나의 힘으로도 안 되고 나의 능력으로도 안 되고 오직 성령의 도우심과 인도하심과 역사하심에 따라서 가능하기 때문입니다(슥4:6). 그래서 엡5:18에서는 "오직 성령으로 충만함을 받으라"라고 말하는 것입니다.

성령 충만은 1년에 몇 번, 부흥회 할 때 잠시 받는 것이 아닙니다. 한 달에 한 번 받는 것도 아닙니다. 일주일에 한 번 받는 것도 아닙니다. 매일, 성령 충만함을 받도록 해야 합니다. 그래서 저는 살전 5:16-18 말씀을 '성령 충만'과 관련하여 다음과 같이 자주 말합니다.

살전5:16 '항상' 성령 충만하라
살전5:17 '쉬지 말고' 성령 충만하라
살전5:18 '범사에' 성령 충만하라 이것이 그리스도 예수 안에서 너희를 향하신 하나님의 뜻이니라

지금 시대가 성령님이 역사하시는 시대이기 때문에 성령 충만을 받아서 '성령의 파도'를 타며 성령님의 인도하심 가운데 신앙생활을 해야 하나님의 뜻을 온전히 이루며 하나님을 기쁘시게 하는 삶을 살 수 있기에 '반드시' 성령 충만을 받아야 합니다.

2) 예수님의 증인이 되어야 하기 때문입니다.

잘 알고 계시듯이 예수님께서 마지막으로 말씀하신 지상 명령은 행 1:8입니다.

행1:8 오직 성령이 너희에게 임하시면 너희가 권능을 받고 예루살렘과 온 유대와 사마리아와 땅 끝까지 이르러 내 증인이 되리라 하시니라

이 말씀을 통해서 예수님의 증인이 되기 위해서는 '반드시 성령의 권능을 받아야 한다'고 말씀하셨습니다. 이 말씀을 자세히 풀어보면 성령께서 임하심으로써 '성령의 권능을 받으면 예수님의 증인이 되어진다'라는 의미입니다. 예수님의 증인이 스스로 되려고 노력하는 것도 중요하지만 성령의 권능을 받으면, 성령님의 역사로 인해서, 예수님의 증인이 '되어지는' 것입니다.

마가 다락방에서 기도하던 제자들에게 성령님께서 불과 바람처럼 임하심으로써 그들은 권능을 받게 되었고, 마가 다락방에 임한 성령의 불을 보기 위하여 몰려온 사람들에게 예수님을 전함으로써 '증인이 되어졌습니다'. 그들은 복음을 전하기 위하여 사람들을 열심히 모은 것이 아니었습니다. 성령님께서 그들을 불러 모으신 것이고, 그들은 증인이 '되어진' 것입니다.

성전 문 앞에 있던 앉은뱅이를 고침으로써 오천명(남자들만의 수)을 구원받게 한 베드로와 요한도 마찬가지였습니다. 베드로와 요한에게 성령의 충만함과 권능이 임하자 그들은 나면서 못 걸었던 앉은뱅이 한 명을 '성령의 권능'으로 고치게 되었고, 그 일을 통하여 오천 명이 구원받게 된 것입니다. 겉으로 볼 때는 앉은뱅이를 고친 것이 베드로와 요한이요, 5천 명이 구원을 받도록 한 것도 베드로와 요한인 것 같이 보였으나, 사실은 앉은뱅이를 고치신 것도 성령님이셨고, 5천 명의 남자들이 구원받게 하신 분도 성령님이셨습니다.

선교도 마찬가지입니다. 전도와 선교의 주도권은 '사도들'에게 있었던 것이 아니라 '성령님'께서 주도권을 갖고 일하신 것입니다. 안디옥 교회에서 최초로 선교사를 파송할 때 바나바와 사울을 선교사로 파송한 것은 안디옥 교회가 아니라 성령님이셨습니다.

> 행13:2 주를 섬겨 금식할 때에 성령이 이르시되 내가 불러 시키는 일을 위하여 바나바와 사울을 따로 세우라 하시니
> 행13:3 이에 금식하며 기도하고 두 사람에게 안수하여 보내니라

사도행전 15장을 보면 유대로부터 내려온 어떤 사람들이 '모세의 율법대로 할례를 받아야 구원 받는다'고 주장하여 안디옥 교회에 큰 혼란을 주자 안디옥 교회는 바울과 바나바와 안디옥 교회에 속한 몇 사람의 성도를 예루살렘 교회의 사도와 장로들에게 보내어 이 문제에 대한 바른 지침을 내려달라고 하자 예루살렘 교회의 사도와 장로들이 이 문제로 회의한 뒤 "이방인 중에서 하나님께로 돌아오는 자들에게 '할례를 받아야 한다'고 괴롭게 하지 말고 다만 우상의 더러운 것과 음행과 목매어 죽인 것과 피를 멀리하라"고 편지하면서 이러한 것을 결정한 것은 그들이 아니라 '성령님'이셨음을 말하고 있습니다.

> 행15:28 성령과 우리는 이 요긴한 것들 외에는 아무 짐도 너희에게 지우지 아니하는 것이 옳은 줄 알았노니

이렇듯이 전도와 선교뿐만 아니라 회의의 결정권자도 성령님이십니다. 그래서 '사도행전'은 곧 '성령행전'입니다.

그러므로 우리는 모든 삶의 주도권을 '내'가 갖고 내 마음대로 사는 것이 아니라 '성령님'께서 주관하시도록 해드려야 합니다. 그래서 내

삶의 일들을 '성령님'께서 주관하시고, '성령님'께서 결정하시고, '성령님'의 인도를 받아야 진정 우리의 삶에서, 나 자신이 주인 된 '인본주의'가 사라지고, 성령 하나님께서 주인 되신 '신본주의'의 삶을 살게 됩니다. 그런데 이런 삶과 사역은 반드시 '성령의 충만'함을 받아서 '성령의 권능 아래'에 있어야 가능하게 됩니다.

하지만 성령의 충만함과 권능을 받지 못한 성도들은 자기 자신의 열심과 노력으로 예수님을 전하려고 합니다. 그러나 성령의 충만함과 권능이 없는 상태에서 전도의 열심은, 인간편에서 볼 때는 많은 감동을 줄 수 있으나, 영적으로 큰 역사를 일으키지 못합니다. 인간의 열심이 필요 없다는 말이 아닙니다. 성령의 충만함과 권능이 없는 인간의 열심은 마귀에게 큰 위협이 되지도 못하고, 열매를 많이 맺지도 못할 것이라는 말입니다. 사도 바울이 고백한 것과 같이 먼저 우리 자신 안에서 능력으로 역사하시는 성령의 역사를 따라서 힘을 다하여 수고할 때 많은 열매를 맺을 수 있습니다.

골1:29 이를 위하여 나도 내 속에서 능력으로 역사하시는 이의 역사를 따라 힘을 다하여 수고하노라

예수님의 증인이 된다는 것은 마귀에게 묶여 있는 영혼을 하나님의 자녀로 만드는 것이기 때문에 반드시 마귀와 영적 전투를 해야 하는데 성령의 권능 없이 어떻게 마귀를 물리칠 수 있을까요? 마귀와 그의 수하들이 내 열심을 보고 무서워 떨까요? 내 지식, 내 사회적 지위, 내 능력을 보고 무서워 떨까요? 전혀 그렇지 않습니다. 마귀는 오직 '성령의 능력'을 두려워합니다. 그렇기 때문에 예수님도 성령의 능력을 힘입어서 귀신들을 쫓아내시면서 하나님의 나라를 확장해가신 것입니다.

마12:28 그러나 내가 하나님의 성령을 힘입어 귀신을 쫓아내는 것이면 하나님의 나라가 이미 너희에게 임하였느니라

그러므로 영적 전투가 치열한 전도의 현장에서 예수님의 증인이 '되어지기' 위해서는 반드시 성령의 충만함과 권능을 받아야 합니다. 전도와 선교의 현장에서 승리하는 비결은 성령의 충만함과 권능을 받는 것임을 깨닫고 마가 다락방에 모여서 전혀 기도에 힘써서 성령 충만을 받았던 초대 성도들과 같이(행1:14) 기도에 힘씀으로써 성령의 충만함과 권능을 받아야 합니다.

3) 예수님의 공중 강림을 준비해야 하기 때문입니다.

지금 이 시대는 마지막 때로서 요한계시록이 성취되는 시대요, 에녹과 엘리야와 같이 거룩함과 정결함 가운데 주님과 동행하며 살다가 예수님께서 공중에 강림하실 때 휴거(攜擧)할 준비하며 살아야 할 때입니다. 이러한 때에 '신부 단장'을 하기 위해서는 반드시 '성령 충만'을 받아야 합니다.

마25장을 보면 '슬기로운' 다섯 처녀들은 등과 함께 '기름'을 잘 준비하여 신랑이신 예수님께서 공중 강림하셨을 때 혼인 잔치에 참여하기 위하여 휴거 하였으나, '미련한' 다섯 처녀들은 '기름'을 잘 준비하지 못하여 들림 받지 못하였습니다.

'슬기로운' 처녀들은 신랑 되신 예수님의 오심을 사모하였고, '미련한' 처녀들은 예수님의 오심을 사모하지 않았기 때문에 들림 받지 못한 것이 아닙니다. '슬기로운' 처녀들과 '미련한' 처녀들 모두 '등불을 들고' 신랑 되신 예수님을 '맞으러' 나갔습니다.

마25:1 그 때에 천국은 마치 등을 들고 신랑을 맞으러 나간 열 처녀와 같다 하리니

'미련한' 처녀들도 예수님의 오심을 사모하며 등을 들고 신랑 되신 예수님을 맞으러 나갔기 때문에 예수님께서 오시면 '당연히' 자기들을 신부로 맞아주실 줄 믿었습니다.

그런데 이게 웬일입니까? 자신들은 혼인 잔치에 참여하지 못하고 문이 닫혀버렸습니다. 다시 말하면 예수님께서 공중 강림하셨을 때 신부로 휴거 하지 못했다는 말입니다. 왜 그렇게 되었을까요?

'미련한' 처녀들은 눈에 보이는 '등'은 준비하였지만, 눈에 보이지 않는 등 안의 '기름'은 준비하지 않았습니다. 눈에 보이는 '등'이란 외적인 신앙생활의 모습입니다. 예수님의 공중 강림과 신부 단장에 대한 말씀을 듣는 것, 예수님 오심과 신부 단장과 관련된 찬양을 부르는 것, 예수님 오심과 신부 단장 집회에 참석하는 것, 예수님 오심과 관련된 세계 정세를 눈여겨보는 것… 이런 것들이 '등'과 같은 것들입니다. 물론 이런 것들이 중요하기는 하나 이런 삶들이 있다고 해서 100% 휴거 되는 것은 아닙니다.

'슬기로운' 처녀들과 '미련한' 처녀들 모두가 신랑 되신 예수님을 사모하여 예수님의 강림을 맞으러 등을 들고 나갔지만 그들 가운데 50%인 5명만 혼인 잔치에 들어가지 않았습니까? 예수님의 말씀대로라면 예수님의 오심을 사모하며 기다리는 성도들 가운데 50%만 휴거 되어 혼인 잔치에 들어가게 된다는 것입니다.

중요한 것은 '기름'을 준비하는 것입니다. '슬기로운' 처녀들은 '기름'이 준비되어 있었기 때문에 혼인 잔치에 들어갈 수 있었습니다. 다시 말하면 예수님께서 공중 강림하셨을 때 '기름'이 준비된 성도들만 휴거되어 혼인 잔치에 들어갈 수 있습니다.

그렇다면 '기름'은 무엇일까요?

성경에서 '기름'은 '성령님'을 상징하며, '기름 부음'은 '성령 충만'을 상징합니다.

> **삼상16:13** 사무엘이 기름 뿔병을 가져다가 그의 형제 중에서 그에게 부었더니 이 날 이후로 다윗이 <u>여호와의 영에게 크게 감동되니라</u> 사무엘이 떠나서 라마로 가니라

사무엘이 다윗에게 기름을 붓자 다윗이 여호와의 영에게 크게 감동되었다고 했습니다. '한글 킹 제임스 성경'은 사무엘이 다윗에게 '기름'을 부었더니 다윗에게 '주의 영'이 임하였다고 말하고 있습니다.

> **삼상16:13** 러자 사무엘이 기름 뿔을 가지고 그의 형제들 가운데서 그에게 <u>기름을 부으니 주의 영이 그 날로부터 다윗에게 임하시더라.</u> 그리하여 사무엘이 일어나서 라마로 가니라

그러므로 '슬기로운' 다섯 처녀들이 '성령충만'함 가운데 있었기 때문에 휴거되었다는 말이고, '미련한' 다섯 처녀들은 성령 충만한 상태에 있지 않았기 때문에 휴거되지 않았다는 말입니다.

하나님께서는 성령을 '이른 비와 늦은 비'로 비유하셨는데, 지금은 '늦은 비 성령'의 시대입니다.

이스라엘은 우기와 건기가 있는데, 우기는 가을과 봄이 시작되는 시점인 10월경에서 이듬해 4월경까지이고, 그 나머지 기간은 건기입니다. 그런데 우기는 이른 비, 겨울비, 늦은 비가 내리는 세 시기로 나눕니다.

'이른 비'를 히브리어로 '요레'라고 하는데 '메말랐던 땅을 경작하기 쉽도록 도와주는 비'를 의미합니다. '이른 비'는 10~11월경에 내리는데, 여름철 건기 동안 비가 내리지 않아서 땅이 메말라 있는 상태이기 때문에, 이때 비가 내려서 땅을 잘 경작할 수 있도록 도와줍니다. 그래서 농부는 농사지을 준비를 해놓고 메마른 땅을 보며 '이른 비'가 내리기를 간절히 기다리는 것입니다.

> **약5:7 그러므로 형제들아 주께서 강림하시기까지 길이 참으라 보라 농부가 땅에서 나는 귀한 열매를 바라고 길이 참아 이른 비와 늦은 비를 기다리나니**

'이른 비'가 내리기 시작해서 2~3주가 지나면 이스라엘 농부들은 이때 밭을 갈고 파종하고, '겨울비'는 본격적인 장맛비로서 12~2월경에 내립니다. 그리고 '늦은 비'는 히브리어로 '말코쉬'라고 하는데 '수확을 하는데 도움이 되는 비'를 의미합니다. 겨울이 끝나고 봄이 시작되는 3~4월경에 내리는 비라서 '봄비'라고도 불리는데 그야말로 단비입니다(슥10:1). 왜냐하면 겨울 동안 자란 농작물 결실에 절대적인 역할을 하기 때문입니다. 추수하기 전에 비가 부족하면 농작물이 무르익지 않아서 큰 문제가 생기게 되므로 성경에서는 '이른 비'와 '늦은 비'가 적당한 때에 내리는 것을 축복으로 여겼으며(신11:13-14),

'늦은 비'가 제때 오지 않는 것을 저주로 간주하기도 했습니다(아모스 4:7).

> 슥10:1 봄비가 올 때에 여호와 곧 구름을 일게 하시는 여호와께 비를 구하라 무리에게 소낙비를 내려서 밭의 채소를 각 사람에게 주시리라

> 신11:13 내가 오늘 너희에게 명하는 내 명령을 너희가 만일 청종하고 너희의 하나님 여호와를 사랑하여 마음을 다하고 뜻을 다하여 섬기면
> 신11:14 여호와께서 너희의 땅에 이른 비, 늦은 비를 적당한 때에 내리시리니 너희가 곡식과 포도주와 기름을 얻을 것이요

> 암4:7 또 추수하기 석 달 전에 내가 너희에게 비를 멈추게 하여 어떤 성읍에는 내리고 어떤 성읍에는 내리지 않게 하였더니 땅 한 부분은 비를 얻고 한 부분은 비를 얻지 못하여 말랐으매

예수님께서는 '씨뿌리는 비유' 등과 같은 말씀을 통하여 영혼 구원 사역을 농사와 관련해서 말씀하셨습니다. '땅'은 '사람들의 마음'을 상징하며, '씨'는 '복음'을 의미하고, '씨를 뿌리는 것'은 '복음을 전파하는 것'이요,' 농작물을 추수하여 저장하는 것'은 '영혼을 추수하여 천국에 들어가도록 하는 것'을 의미합니다. 그러므로 이스라엘에서 씨를 뿌리기 전에 내리는 '이른 비'는 영적으로 복음의 씨앗을 뿌리기 전에 내리시는 '이른 비 성령'을 의미합니다. 그렇다면 광야와 같이 메마르고 단단한 사람들의 마음이 복음을 잘 받아들일 수 있도록 내리는 '이른 비 성령'은 언제 내렸을까요?

바로 오순절에 마가 다락방에 불과 바람처럼 임하신 성령이 '이른 비 성령'입니다. '이른 비 성령'이 임하심으로써 성령 충만함을 받은

120여 명의 성도들이 방언을 하였고, 이들을 보러 온 수많은 사람들에게도 '이른 비 성령'이 임하심으로써 3,000명이 회개하고 예수님을 믿었으며, 베드로와 요한을 통해서 앉은뱅이를 일으키신 성령님께서 성전 안에 있던 사람들의 마음에도 내리셔서 남자들만 5,000명이나 예수님을 믿는 놀라운 역사가 나타난 것입니다. 할렐루야!

그리고 농작물들을 추수할 수 있도록 3-4월경에 '늦은 비'가 내리듯이, 말세에 예수님께서 영혼들을 추수하실 수 있도록 내리는 것이 '늦은 비 성령'인데, 이 '늦은 비 성령'에 대해서는 베드로 사도는 욜 2:28-32 말씀을 인용하여 다음과 같이 말했습니다.

> 행2:16 이는 곧 선지자 요엘을 통하여 말씀하신 것이니 일렀으되
> 행2:17 하나님이 말씀하시기를 말세에 내가 내 영을 모든 육체에 부어 주리니 너희의 자녀들은 예언할 것이요 너희의 젊은이들은 환상을 보고 너희의 늙은이들은 꿈을 꾸리라
> 행2:18 그 때에 내가 내 영을 내 남종과 여종들에게 부어 주리니 그들이 예언할 것이요
> 행2:19 또 내가 위로 하늘에서는 기사를 아래로 땅에서는 징조를 베풀리니 곧 피와 불과 연기로다
> 행2:20 주의 크고 영화로운 날이 이르기 전에 해가 변하여 어두워지고 달이 변하여 피가 되리라
> 행2:21 누구든지 주의 이름을 부르는 자는 구원을 받으리라 하였느니라

그런데 자세히 보니 요엘 선지자가 2:28에서 '그 후에'라고 한 말을 베드로 사도는 '말세에'라는 말로 바꿔서 말했습니다. 그러므로 하나님께서 모든 육체에 성령을 부어주신다는 예언은 '말세' 때 성취되는 예언입니다. 그렇다면 베드로가 말한 '말세'는 어느 때를 말하는가

요? 예수님의 공중 강림 직전입니다. 하나님께서 예수님의 공중 강림 직전에 왜 성령을 부어주실까요? 그것은 다름 아닌 말세에 부어주시는 성령이 '늦은 비 성령'이시기 때문입니다. '늦은 비'가 농작물에 내려야 농작물이 쑥쑥 자라서 추수할 수 있듯이, 성도들이 '늦은 비 성령'을 받아야 영혼이 쑥쑥 자라서 슬기로운 다섯 처녀들과 같이 성령 충만의 등불을 들고 신랑 되신 예수님을 맞이할 수 있기 때문입니다. 만약 성령 충만을 받지 못하면 미련한 다섯 처녀들과 같이 이 땅에 남아서 적그리스도가 다스리는 '대 환난'을 맞이해야 합니다. 그래서 예수님의 오심이 임박한 지금 하나님께서는 성도들이 신부 단장 할 수 있도록 '늦은 비 성령'을 내려주고 계십니다.

그러므로 슬기로운 다섯 처녀들과 같이 신랑 되신 예수님이 공중 강림하실 때 휴거되어서 혼인 잔치에 참여하기 위해서 반드시 성령 충만의 기름 부음을 받아야 하므로 이 글을 읽는 모든 분들이 '슬기로운' 다섯 처녀들과 같이 성령 충만 받아서 그리스도의 혼인 잔치에 참여하길 바랍니다.

3. 성령 충만 받는 방법

1) 먼저 예수님 영접하여 하나님의 자녀가 되어야 합니다

하나님께서 주시는 '성령 충만'이라는 선물은 이미 예수님을 '믿은' 성도들이 받는 것입니다. 예수님께서는 요7:39 말씀을 통해서 '성령(성령 충만)'은 예수님을 '믿는 자들이 받는 것'이라고 말씀하셨습니다.

요7:39 이는 그를 '믿는' 자들이 받을 성령을 가리켜 말씀하신 것이라

물론 예수님을 영접하면 '성령'께서 마음에 들어오셔서 '내주'하십니다. 그런데 성경은 성령님이 '내주'하시는 것을 '성령 받았다'라고 말하지 않습니다. '성령 받았다'는 말은 '성령 충만을 받았다'는 의미입니다.

> **행19:1** 아볼로가 고린도에 있을 때에 바울이 윗지방으로 다녀 에베소에 와서 어떤 제자들을 만나
> **행19:2** 이르되 너희가 믿을 때에 '성령을 받았느냐' 이르되 아니라 우리는 성령이 계심도 듣지 못하였노라
> **행19:3** 바울이 이르되 그러면 너희가 무슨 세례를 받았느냐 대답하되 요한의 세례니라
> **행19:4** 울이 이르되 요한이 회개의 세례를 베풀며 백성에게 말하되 내 뒤에 오시는 이를 믿으라 하였으니 이는 곧 예수라 하거늘
> **행19:5** 그들이 듣고 주 예수의 이름으로 세례를 받으니
> **행19:6** 바울이 그들에게 안수하매 성령이 그들에게 임하시므로 방언도 하고 예언도 하니
> **행19:7** 모두 열두 사람쯤 되니라

그러므로 '성령 충만'을 받기 위해서는 반드시 예수님을 마음에 영접하여 구원을 먼저 받아야 합니다.

2) 사모해야 합니다

하나님께서는, 목마른 사슴이 시냇물을 찾기에 갈급하듯이 성령 충만을 '사모'하는 성도들에게 주십니다

시42:1 하나님이여 사슴이 시냇물을 찾기에 갈급함 같이 내 영혼이 주를 찾기에 갈급하니이다

시42:1에 나오는 '갈급하니이다'의 히브리어 원어는 '아라그'인데 구약성경에서 총 세 번 사용된 단어입니다. '아라그'는 시42:1에서 두 번, 그리고 욜1:20에서 지독한 가뭄 때 '헐떡거리는' 들짐승들의 모습을 묘사하는 데 사용되었습니다.

욜1:20 들짐승도 주를 향하여 헐떡거리오니(아라그) 시내가 다 말랐고 들의 풀이 불에 탔음이니이다

이처럼 목마른 사슴이 시냇물을 찾기에 갈급함 같이, 가뭄 때 물을 향하여 '헐떡거리는' 들짐승과 같이, 성령 충만을 간절히 사모해야 합니다.

마5장을 보면 예수님께서 '8복'에 대하여 말씀하셨는데, '의에 주리고 목마른 사람'이 복이 있다고 말씀하셨습니다.

마5:6 의에 주리고 목마른 자는 복이 있나니 그들이 배부를 것임이요

마5:6에서 말하는 '의'가 무엇일까요? '의'라는 것이 추상적이고, 막연하지 않은가요? 저는 '의'라는 것이 무엇인지 좀 더 구체적으로 알고 싶어서 여러 성경 번역본들을 찾아보았습니다. 그러다가 〈Good News Bible〉을 보고 깨달음이 왔습니다. 〈Good News Bible〉에서는 마5:6의 '의'를 'what God wants for'라고 표현하였습니다. 'what God wants for'를 한글로 표현하면 '하나님께서 원하시는 것'

이라는 의미입니다. 그러므로 '의에 주리고 목마르다'라는 것은 '하나님께서 원하시는 것(뜻)을 알고 행하는 데 간절한 마음이 있는 사람은 복이 있다. 왜냐하면 하나님께서 그러한 영적인 갈증을 채워주시기 때문이다'라는 의미입니다.

그렇다면 '하나님께서 원하시는 것', 즉 '하나님의 뜻'에는 어떤 것들이 있을까요?

하나님께서 원하시는 것은 '예수님을 보고 믿는 자마다 영생을 얻는 것'입니다.

> 요6:40 내 아버지의 뜻은 아들을 보고 믿는 자마다 영생을 얻는 이것이니 마지막 날에 내가 이를 다시 살리리라 하시니라

그리고 하나님께서 원하시는 것은 성도들이 '거룩하게 사는 것'입니다.

> 살전4:3 하나님의 뜻은 이것이니 너희의 거룩함이라 곧 음란을 버리고

또한 하나님께서 원하시는 것은 우리가 '항상 기뻐하고, 쉬지 말고 기도하며, 범사에 감사하는 것'입니다.

> 살전5:16 항상 기뻐하라 17 쉬지 말고 기도하라
> 살전5:18 범사에 감사하라 이것이 그리스도 예수 안에서 너희를 향하신 하나님의 뜻이니라

그런데 엡5:18 말씀에서도 '하나님께서 원하시는 것'에 대하여 말하고 있습니다.

엡5:18 술 취하지 말라 이는 방탕한 것이니 오직 성령으로 충만함을 받으라

엡5:18에서 말하고 있는 하나님의 뜻은 무엇입니까?

첫째, 술 취하지 않는 것입니다. 예수님을 믿는 사람들 가운데 여전히 술에 취하는 사람들이 많은데, '술에 취하는 것'은 분명히 하나님의 뜻이 아닙니다. 어떤 사람들은 '나는 술은 마시지만 취하게 마시지는 않는다. 그러니까 괜찮다'고 말하는 사람들이 있는데 잠언에서는 포도주(술)를 마시는 것 자체가 '왕들에게 마땅치 않다'고 말하고 있으며, 술을 '쳐다보지도 말라'고까지 말하고 있습니다. 그러므로 예수님을 믿는 성도들은 '반드시' 술을 끊어야만 할 것입니다.

> 잠31:4 르무엘아 포도주를 마시는 것이 왕들에게 마땅하지 아니하고 왕들에게 마땅하지 아니하며 독주를 찾는 것이 주권자들에게 마땅하지 않도다
> 잠 20:1 포도주는 거만하게 하는 것이요 독주는 떠들게 하는 것이라 이에 미혹되는 자마다 지혜가 없느니라
> 잠 23:31 포도주는 붉고 잔에서 번쩍이며 순하게 내려가나니 너는 그것을 보지도 말지어다

둘째, '오직 성령으로 충만함을 받으라'고 말하고 있습니다. 그러므로 우리들이 '성령 충만함'을 받는 것도 '하나님께서 원하시는 것(what God wants for)'입니다. 그러므로 '성령 충만에 주리고 목마른 사람'은 '의에 주리고 목마른 사람'이요, '성령 충만에 주리고 목마른 사람'은 복이 있습니다. 왜냐하면 하나님께서 그에게 성령 충만을 부어주셔서 배부르게 해주실 것이기 때문입니다.

그러므로 '성령 충만'에 주리고 목마른 사람이 되어서 '성령 충만'을 받는 모든 성도들이 되어야 합니다.

그리고 예수님께서는 마7장에서 기도에 대하여 다음과 같이 말씀하셨습니다.

> 마7:7 구하라 그리하면 너희에게 주실 것이요 찾으라 그리하면 찾아낼 것이요 문을 두드리라 그리하면 너희에게 열릴 것이니
>
> 마7:8 구하는 이마다 받을 것이요 찾는 이는 찾아낼 것이요 두드리는 이에게는 열릴 것이니라
>
> 마7:9 너희 중에 누가 아들이 떡을 달라 하는데 돌을 주며
>
> 마7:10 생선을 달라 하는데 뱀을 줄 사람이 있겠느냐
>
> 마7:11 너희가 악한 자라도 좋은 것으로 자식에게 줄 줄 알거든 하물며 하늘에 계신 너희 아버지께서 구하는 자에게 좋은 것으로 주시지 않겠느냐

그런데 무엇을 그토록 '구하고', '찾고', '두드려야' 할까요?

예수님께서는 눅11:9-13 말씀을 통해서 '성령', 즉 '성령 충만'을 간절히 '구하고', '찾고', '두드리라'고 말씀하신 것입니다.

> 눅11:9 내가 또 너희에게 이르노니 구하라 그러면 너희에게 주실 것이요 찾으라 그러면 찾아낼 것이요 문을 두드리라 그러면 너희에게 열릴 것이니
>
> 눅11:10 구하는 이마다 받을 것이요 찾는 이는 찾아낼 것이요 두드리는 이에게는 열릴 것이니라
>
> 눅11:11 너희 중에 아버지 된 자로서 누가 아들이 생선을 달라 하는데 생선 대신에 뱀을 주며
>
> 눅11:12 알을 달라 하는데 전갈을 주겠느냐
>
> 눅11:13 너희가 악할지라도 좋은 것을 자식에게 줄 줄 알거든 하물며 너희 하늘 아버지께서 구하는 자에게 '성령'을 주시지 않겠느냐 하시니라

성령 충만을 '사모'하지 않으면 구하고, 찾고, 두드리기까지 하는 '열정'이 나올 수 있을까요?

그러므로 '성령 충만'을 사모하며 간절히 구하고, 찾고, 두드림으로써 우리 모두가 '성령 충만' 받고 성령 충만으로 배부르게 되어야 할 것입니다.

3) 철저히 회개해야 합니다

행2:38 베드로가 가로되 너희가 <u>회개하여</u> 각각 예수 그리스도의 이름으로 세례를 받고 <u>죄 사함을 얻으라 그리하면 성령을 선물로 받으리니</u>

먼저 부족한 제가 쓴 『주님 오시리 곧 오시리』책에 '혈기로 잃은 성령 충만'이라는 제목으로 쓴 글을 인용합니다.[18]

어느 날 기도하려고 교회에 갔는데 그곳에 김 집사님이 계셨다.

"집사님, 안녕하세요? 요즘 어떻게 지내세요?"

그러자 김 집사님이 대답하셨다.

"요즘 이상하게 마음이 편치 않아요. 기도를 하는데도 충만해지지 않고⋯ 저를 위하여 기도 좀 해줘요.!"

"그러세요? 왜 그렇죠?"

김 집사님은 교회의 일을 아주 헌신적으로 하시는 분이셨다. 신앙생활을 위하여 멀리 있는 집을 처분하고 교회 가까이에 이사를 오셔서 매일 새벽 기도를 하며 하나님의 은혜를 사모하시는 분이신데 아

---

18) 『주님 오시리 곧 오시리』, 박요셉, 하늘빛 출판사, P.28-30

무리 기도해도 충만해지지 않다니… 이는 필경 무슨 이유가 있으리라고 생각하고 같이 기도하자고 하였다.

"하나님, 김 집사님이 아무리 기도를 해도 성령 충만함이 임하지 않으신다고 합니다. 그 이유를 말씀하여 주옵소서! 깨닫게 해 주옵소서!"

간절히 기도하는데 갑자기 '남편'이라는 단어가 떠올랐다. 아마도 '남편'과의 관계에 문제가 있는 듯하였다. 그래서 김 집사님에게 말하였다.

"집사님, 혹시 남편과 무슨 문제가 있나요?"

곰곰이 생각하신 집사님은

"없는데요…"

"그래요? 다시 잘 생각해보세요!"

집사님은 나와의 이야기를 마치고 나가셨다. 나는 그곳에 남아서 계속 기도를 하였다. 한참 동안 기도를 한 뒤 교회 사무실로 가니 김 집사님이 계셨다. 나를 본 집사님은

"아, 생각이 났어요! 내가 저번에 남편에게 화를 낸 적이 있었어요. 아마도 그때부터 충만함을 잃어버린 것 같아요."

김 집사님이 교회 일을 마치고 집에 가니 남편이 와 있었다. 그런데 욕실 문을 여니 와이셔츠가 락스를 푼 물에 담겨져 있는 것이 아닌가? 이것을 본 김 집사님은 남편에게 물었다.

"여보, 와이셔츠가 왜 락스 물에 담겨져 있어요?"

"아, 그거? 와이셔츠에 때가 묻어서 때를 없애려고 내가 담궈놨어!"

이 말은 들은 김 집사님은 남편에게 순간적으로

"아니, 잘 알지도 못하면 가만히나 있지, 왜 그랬어요!" 하고 화를 내었다. 남편은 아내를 도와주려다가 오히려 아내에게 책망을 들었다.

김 집사님은 남편이 잘못한 것을 보고 순간적으로 '욱'하여 하나님께서 가정의 머리로 세우신 남편에게 혈기를 낸 것으로 인해 성령 충만함이 소멸된 것이다. 성령님은 사소한 혈기에도 민감하게 반응하셨다. 이것을 깨닫지 못하고 회개하지 않은 김 집사님은 아무리 기도해도 성령 충만함을 회복할 수 없었던 것이다. 회개하지 않은 죄가 성령 충만의 회복을 가로막고 있었던 것이다.

이 사실을 깨달은 김 집사님은 혈기를 부린 것에 대하여 하나님께 회개하였고, 집에 가서 남편에게 용서를 구한 뒤 성령 충만함을 위하여 간절히 기도했을 때, 하나님께서는 김 집사님에게 성령 충만함이 회복되도록 해 주셨다. 할렐루야!

> 딤전2:8 그러므로 각처에서 남자들이 분노와 다툼 없이 거룩한 손을 들어 기도하기를 원하노라!
>
> 엡4:30-31 하나님의 성령을 근심하게 하지 말라 그 안에서 너희가 구속의 날까지 인치심을 받았느니라
> 엡4:31 너희는 모든 악독과 노함과 분냄과 떠드는 것과 훼방하는 것을 모든 악의와 함께 버리고"

이같이 회개하지 않은 '죄'는 성령 충만을 받지 못하게 하고, 성령 충만 받은 것을 소멸시키기도 합니다. 성령 충만을 받지 못하게 하거나, 성령 충만을 소멸시키는 죄가 꼭 '큰' 죄 때문인 것만은 아닙니다. '사소한' 죄 때문일 수도 있습니다. 마음에서 '생각'만으로 지은 죄가 성령 충만을 받지 못하게 하는 원인일 수도 있습니다.

성령 충만함을 받기 위해서는 철저히 회개해야 합니다. 왜냐하면 '성령 충만'이란 성령님께서, 내 '영' 뿐만 아니라, 나의 '혼'과 '몸'까지

충만하게 지배하고 다스리시는 것이기 때문입니다. 가룟 유다가 마음과 생각으로 죄를 지었을 때 마귀가 그의 마음에 들어가서 그의 마음과 생각에서 역사하였고(요13:2, 27), 그가 실제 몸(행동)으로 죄를 지었을 때 마귀가 그의 몸까지 장악하여서 결국은 자살하게 하여서 그의 영과 혼과 몸이 멸망에 이른 것처럼, 내가 '마음'과 '생각'으로 죄를 짓게 되면 어둠의 영들이 나의 '마음'과 '생각'에 들어와서 자리를 잡게 되고, 결국은 '육체'에까지 자리 잡게 됩니다.

성령 충만은 나의 '영'과 '혼'과 '육'을 성령께서 다스리시고 통치하는 삶입니다. 그렇게 되기 위해서는 내 안에 더러운 귀신들이 역사하지 못하게 해야 합니다. 그런데 내게서 역사하는 '대부분'의 더러운 귀신들은 주로 나의 '죄'와 '상처'를 타고 내 안에 들어오기 때문에, 죄를 철저히 회개하여 죄를 타고 들어 온 더러운 귀신들을 쫓아내야 하고, 상처들을 치유 받아서 상처들을 타고 들어 온 귀신들을 쫓아내야 성령님께서 내 안에서 온전히 나를 다스리시고 통치하시는 성령 충만의 상태에 도달할 수 있으며, 성령 충만한 삶을 유지하며 살 수 있습니다. 그래서 죄에 대한 철저한 '회개'와 받은 상처에 대한 '치유'와 상처를 준 사람들에 대한 '용서'는 성령 충만을 받는데 아주 중요합니다.

'회개'하는 만큼 성령은 충만해지고, '치유' 받은 만큼 성령 충만을 받을 수 있고, 다른 사람들을 '용서'한 만큼 성령 충만을 받을 수 있습니다. 다시 말씀드리면 '깊이' 회개하는 만큼 '깊이' 성령 충만해지고, '깊이' 치유 받은 만큼 '깊이' 성령 충만해지며, 다른 사람들을 '깊이' 용서하는 만큼 '깊이' 성령 충만 받게 됩니다.

깊은 회개를 위해서는 다음과 같은 단계를 거쳐야 합니다.

a. '번제단' 단계의 회개

성막이나 성전은 세 부분으로 나누어져 있습니다. 성막(혹은 성전) 문을 열고 들어가면 뜰이 있고, 뜰에는 '번제단'이 있으며, 그다음에는 '성소'가 있고, 그 다음에는 하나님께서 임재하시는 '지성소'가 있습니다. 인간에 비유하면 '번제단'은 인간의 '육체(몸,body)'에 해당하고, '성소'는 인간의 '혼(soul)'에 해당하며, 하나님께서 임재하신 '지성소'는 성령 하나님께서 내주하시는 인간의 '영(spirit)'에 해당합니다.

구약 시대에 이스라엘 백성들이 하나님께서 주신 계명을 범하였을 때 하나님께서는 성막이나 성전의 번제단에서 '속죄제'나 '속건제' 제사를 드림으로써 죄사함을 받도록 하셨습니다(손해 배상을 해줘야 할 죄를 범했을 때는 '속건제'를 드리며, 손해 배상을 할 필요가 없는 죄를 지었을 경우에는 '속죄제'를 드립니다).

레4:27 만일 평민의 한 사람이 여호와의 계명 중 하나라도 부지중에 범하여 허물이 있었는데

이스라엘 사람들은 모세오경을 연구하면서 하나님께서 이스라엘에 주신 계명들 가운데 '∞하라'고 명령하신 계명이 248가지, '∞하지 마라'고 명령하신 계명이 365가지, 도합 613가지인 것을 발견하였습니다. 하나님께서 '∞하라'고 명령하셨는데 내가 하지 않은 모든 것이 죄이고, '∞하지 마라'고 하셨는데 내가 행한 모든 것이 죄가 되기 때문에 그 613가지 계명 가운데 하나라도 '부지중에(실수나 부주의로 지은 죄)' 계명을 범하여 죄를 지었을 경우에는 '속죄제'나 '속건

제'를 드려서 죄사함을 받았습니다.

구약 시대에는 '행동'으로 죄를 범했을 경우에만 죄가 됩니다. 예를 들면 십계명 중 제6계명은 '살인하지 말라'인데, 내가 부지중에 살인했을 경우에는 율법을 범한 것이 되지만, 마음속으로 수십 번, 수백 번 미워하기만 했다면 죄가 되지 않았습니다. 마찬가지로 제4계명은 '안식일을 기억하여 거룩하게 지키라'인데, 안식일을 부지중에 범했을 경우에 죄가 됩니다. 마음으로는 안식일을 범하려는 생각을 수없이 했지만 안식일을 범하지 않았다면 죄가 되지 않았습니다.

이처럼 구약의 죄는 부지중에 '행동'한 것이 죄가 되는데, '번제단'은 인간의 '육체'에 해당하기 때문에, '번제단' 단계의 회개는 내가 '행동'으로 지은 죄를 회개하는 단계입니다. '행동'으로 지은 죄는 구체적으로 내가 '손'으로 지은 죄, '발'로 지은 죄, '눈'으로 지은 죄, '혀(말)'로 지은 죄 등 내 '육체'로 지은 모든 죄들을 회개하는 단계입니다.

제가 25세 때 말기암 환자이신 어머니를 모시고 기도원에 가서 부르짖으며 기도할 때, 하나님께서는 제가 태어나면서부터 기도원에 오기 전까지 지은 죄를 하나하나씩 보여주시면서 보름 동안 계속 회개시키셨는데, 그 죄들은 '번제단' 단계의 죄들이었습니다.

b. '성소' 단계의 회개

위에서 말씀드렸다시피 '번제단(Altar of Sacrifice)' 단계의 회개가 '육체(body)'로 지은 죄를 회개하는 단계라면, '성소(Holy Place)' 단계의 회개는 '혼(soul)'으로 지은 죄들을 회개하는 단계입니다. '혼(soul)'으로 지은 죄들은 '마음'과 '생각'으로 지은 죄들을 회개하는 단계입니다.

예수님께서는 '성소(Holy Place)' 단계의 죄, 즉 '혼' 단계의 죄에 대하여 다음과 같이 말씀하셨습니다.

마5:27 또 간음하지 말라 하였다는 것을 너희가 들었으나
마5:28 나는 너희에게 이르노니 음욕을 품고 여자를 보는 자마다 마음에 이미 간음하였느니라

구약 시대에는 육체적으로 간음해야 간음죄가 성립되지만 신약 시대에 와서 예수님께서는 '마음'과 '생각'으로 음란한 '생각'을 했다면 그것이 간음죄라고 하셨습니다. 이것이 바로 '성소' 단계의 회개입니다. '성소' 단계의 회개는 '마음'과 '생각'으로 지은 죄를 회개하는 단계입니다.

요일3:15은 살인죄에 대하여 다음과 같이 말을 합니다.

요일3:15 그 형제를 '미워하는 자마다 살인하는 자니' 살인하는 자마다 영생이 그 속에 거하지 아니하는 것을 너희가 아는 바라

구약 시대에는 사람을 죽여야만 '살인죄'였다면, 신약에 와서는 미워하는 '마음', 미워하는 '생각'이 곧 살인죄라고 합니다. 그렇다면 우리들은 얼마나 많은 사람들을 살인하며 살아왔을까요. 한 사람을 미워하면서 죽이고 또 죽이며, 수십 번씩 죽이며 살아오지 않았습니까?
우리가 '마음'과 '생각'으로 지은 죄들을 세어보면, '행동'으로 지은 죄들에 비해서, 수십 배, 수백 배, 수천 배가 될 것입니다. '성소' 단계의 죄들을 생각해보면 우리들이 살아오면서 하루라도 죄를 짓지 않고 살아 온 날이 없을 것입니다.

그러므로 성령 충만을 받기 위한 두 번째 단계의 회개는 '성소' 단계의 회개입니다. '마음'과 '생각'으로 지은 죄들을 깊이 회개하면 할수록 내 심령의 깊은 곳까지 성령 충만을 받을 수 있습니다. 그러므로 '깊이 감추어진 죄'까지, '마음'과 '생각'에 스쳐 지나가는 사소한 죄까지 회개함으로써 깊은 성령 충만을 받으시기 바랍니다.

＊'성소' 단계의 또 다른 회개

가. '떡상'과 관련된 죄의 회개

성소에 들어가면 오른쪽에 '떡상'이 놓여 있습니다(레24:5-9). 떡상 위에 놓인 떡은 안식일마다 이 떡을 여호와 앞에 항상 진설하였으며(레24:8), 이 떡은 제사장들이 먹었습니다(레24:9). 예수님을 믿는 성도들이 왕 같은 제사장들(벧전2:9)이므로, 오늘날 영적 제사장인 성도들이 먹어야 할 떡입니다. 그런데 이 떡은 '생명의 떡'이신 '예수 그리스도'를 상징하며(요6:35), 예수 그리스도는 말씀이 육신이 되신 분이시므로(요1:14) 떡상의 떡은 '말씀'을 상징하며, 제사장 된 성도들은 매일 생명의 양식인 하나님의 말씀을 먹어야 합니다. 그러므로 '떡상'과 관련된 회개는 '말씀'과 관련하여 회개하는 것이며, 다음과 같은 죄들을 회개하는 것도 '성소' 단계의 회개입니다.

- 육신의 양식은 매일 세 끼씩 꼬박꼬박 챙겨 먹으면서도 영의 양식인 하나님의 말씀을 먹지 않는 죄(수1:8-9)
- 하나님 말씀에 대하여 무지한 죄(롬10:2)
- 하나님의 말씀을 믿지 않은 죄(요20:27)
- 하나님의 말씀을 의심한 죄(마14:31)
- 하나님의 말씀을 들을 때 사람의 말로 들은 죄(살전2:13)

- 하나님의 말씀을 잘못 해석한 죄(벧후3;16)
- 설교자나 설교를 비판, 판단한 죄(고전4:5)
- 말씀보다 다른 것들, 다른 사람의 말을 더 믿는 죄
- 하나님의 말씀에 순종하지 않은 죄(삼상15:22-23)
- 하나님의 말씀에 사사로이 자기의 사상을 더하거나 뺀 죄(계 22:18-19) 등

나. '분향단'과 관련된 죄의 회개

성소 중앙에 보면 분향단이 있습니다(출30:1-8). 하나님께서는 매일 아침과 저녁에 향을 태워서 연기가 올라가도록 하셨습니다(출 30:7-8). 향을 태워서 연기가 올라가는 것을 계8:3-4에서는 성도들의 '기도'라고 말하고 있습니다. 그러므로 '분향단'과 관련된 회개는 '기도'와 관련된 회개입니다. '기도'와 관련된 회개는 다음과 같은 것들이 있습니다.

- 매일 향을 피우도록 했으므로 매일 기도해야 하는데 기도하지 않은 죄(출30:7-8)
- 기도할 때 중언부언하는 죄(마6:7)
- 사람들에게 보이려고 외식하며 기도하는 죄(마6:5)
- 진심으로 하지 않고 형식적으로 시간을 떼우며 하는 기도
- 믿음으로 하지 않는 기도(롬14:23)
- 기도하며 깨어 있어야 하는데 깨어 있지 않은 죄(마26:40)
- (중보)기도를 하기를 쉬는 죄(삼상12:23) 등

다. '금 등대(촛대)'와 관련된 죄의 회개

성소 왼쪽에 보면 금 등대가 있습니다(출25:31-40). 성소는 밀폐된 곳이므로 흑암과 같이 어둡습니다. 하지만 금 등대에서 나오는 빛이 성소 안을 비춰주기 때문에 제사장들이 성소 안에서 일을 할 수 있는 것입니다. 예수님께서는 "나는 세상의 빛이다(요8:12)"고 말씀하셨으므로 금 등대는 세상의 빛이신 예수 그리스도를 상징하는데 '금 등대(촛대)'와 관련된 죄는 두 종류입니다.

첫째, 예수님은, 성도들도 세상의 빛이기 때문에 사람들에게 빛을 비추라고 말씀하셨습니다.

> 마5:14 '너희는 세상의 빛이라' 산 위에 있는 동네가 숨겨지지 못할 것이요
> 마5:15 사람이 등불을 켜서 말 아래에 두지 아니하고 등경 위에 두나니 이러므로 집 안 모든 사람에게 비치느니라
> 마5:16 이같이 '너희 빛이 사람 앞에 비치게 하여'…

그렇다면 사람들 앞에 '빛을 비춘다'는 것은 무엇을 의미할까요?

예수님께서 5:16에서 말씀하시길 '빛을 비춘다'는 것은 '착한 행실을 하는 것'이라고 말씀하셨습니다.

> 마5:16 이같이 너희 '빛이 사람 앞에 비치게' 하여 그들로 '너희 착한 행실'을 보고 하늘에 계신 너희 아버지께 영광을 돌리게 하라

예수님을 믿는 성도들은 착해야 하며, 착한 행실을 할 때 사람들이 그것을 보고 하나님께 영광을 돌리게 된다는 것입니다. 그래서 엡5:8-9에서는 주 안에서 빛이 된 우리들이 맺어야 할 첫째 열매는 '착함'이라고 말합니다.

엡5:8 너희가 전에는 어둠이더니 이제는 주 안에서 빛이라 빛의 자녀들처럼 행하라

엡5:9 빛의 열매는 모든 '착함'과 의로움과 진실함에 있느니라

그러므로 '금 등대(촛대)'와 관련된 죄는 도덕, 윤리적으로 선하게 살지 않은 죄들입니다. 착한 행실로 살지 않음으로써 '예수 믿는 사람이 악하다', '예수를 믿는다면서 이기적이다', '예수 믿는 사람이 더 게으르다', '예수 믿는 사람이 직장에서 더 요령을 피운다', '예수 믿는다고 하면서 말을 함부로 한다', '예수 믿는다고 하면서 다른 사람들보다도 더 화를 잘 낸다', '예수 믿는다고 하면서 집안일을 등한히 한다', '예수 믿는다고 하면서 더 돈을 밝힌다', '예수 믿는다면서 부모에게 함부로 한다', '교회 일에만 미쳐서 집안일, 가족들은 돌보지 않는다'··· 이런 말들을 들어서 하나님의 영광을 가린 죄들을 하나하나 모두 회개하고 돌이키는 것이 '금 등대(촛대)'와 관련된 '성소' 단계의 회개입니다.

둘째, 예수님은 세상의 빛이기 때문에 영적 어두움 가운데 있는 사람들에게 복음의 빛을 비추어야(전해야) 합니다.

〈빛의 사자들이여〉라는 제목의 찬송가 502장의 가사는 다음과 같습니다.

1. 빛의 사자들이여 어서 가서 어둠을 물리치고
   주의 진리 모르는 백성에게 복음의 빛 비춰라
   빛의 사자들이여 복음의 빛 비춰라
   죄로 어둔 밤 밝게 비춰라 빛의 사자들이여

2. 선한 사역 위하여 힘을 내라 주 함께 하시겠네
   주의 크신 사랑을 전파하며 복음의 빛 비춰라
   빛의 사자들이여 복음의 빛 비춰라
   죄로 어둔 밤 밝게 비춰라 빛의 사자들이여

3. 주님 부탁하신 말 순종하여 이 진리 전파하라
   산을 넘고 물건너 힘을 다해 복음의 빛 비춰라
   빛의 사자들이여 복음의 빛 비춰라
   죄로 어둔 밤 밝게 비춰라 빛의 사자들이여

4. 동서 남북 어디나 땅 끝까지 주님만 의지하고
   눈 어두워 못보는 백성에게 복음의 빛 비춰라
   빛의 사자들이여 복음의 빛 비춰라
   죄로 어둔 밤 밝게 비춰라 빛의 사자들이여

'성소'단계의 '금 촛대'와 관련된 죄는 이 세상의 빛이신 예수님을
전하지 않은 죄를 회개하는 것입니다. 하나님께서는, 내가 빛 되신 예
수님을 전하도록 사람들을 붙여주셨는데 그 사람들에게 예수님을 전
하지 않아서 그들이 죄의 심판 받아서 지옥에 간다면 그 피 값을 내게
서 찾겠다고 말씀하셨습니다(겔3:17-18).

그런데 빛 되신 예수님을 전하기 위해서는 반드시 먼저 기도해야
합니다. 기도해야 하나님께서 사람들의 마음 문을 열어주시고, 복음
전할 기회를 주시므로 기도를 먼저 해야 하는 것입니다.

그러므로 '금 촛대'와 관련된 '성소'단계의 죄는 영혼 구원을 위해
기도하지 않은 죄도 포함하고 있습니다. 예수님을 믿지 않는 가족 한

사람 한 사람의 이름을 불러가며 기도해야 하는데 기도하지 않은 죄, 예수님을 믿지 않는 일가, 친척들 한 사람 한 사람 이름을 불러가며 기도해야 하는데 기도하지 않은 죄, 예수님을 믿지 않는 친구들 한 사람 한 사람 이름을 불러가며 기도해야 하는데 기도하지 않은 죄, 예수님을 믿지 않는, 나와 인간관계를 맺고 있는 모든 사람들 한 사람 한 사람 이름을 불러가며 기도해야 하는데 기도하지 않은 죄들을 회개하고 영혼들을 위해서 기도해야 합니다.

제가 25세, 교회를 다닌 지 7년 반 만에 거듭났을 때 저는 영혼 구원이 얼마나 중요한지 깨닫고 아버지, 형제들, 외가&친가 사람들, 대학교 교수님, 기타 사람들의 영혼 구원을 위해 매일 기도하였는데, 그 수가 100여 명 이상이 되었습니다. 그렇게 매일 수년 동안 기도하다 보니, 도저히 예수님을 믿을 것 같지 않았던 사람들이, 한 사람 한 사람 예수님을 믿고 교회를 다니면서 신앙생활 하는 것을 보았습니다.

그러므로 '금 촛대'와 관련된 '성소' 단계의 죄는 영혼 구원을 위해 기도하지 않은 죄와 '빛' 되신 예수님을 전하지 않은 죄를 회개하는 단계입니다.

c. '지성소' 단계의 회개

사6장에 보면 이사야 선지자가 성령의 깊은 임재 가운데 들어가자 그의 영안이 열려서 환상 가운데 하나님의 보좌를 보았고, 스랍 천사들이 '거룩하다 거룩하다 거룩하다 만군의 여호와여 그의 영광이 온 땅에 충만하도다' 외치며 거룩하신 하나님을 찬양하는 것을 보았습니다.

사6:1 웃시야 왕이 죽던 해에 내가 본즉 주께서 높이 들린 보좌에 앉으셨는데
그의 옷자락은 성전에 가득하였고

사6:2 스랍들이 모시고 섰는데 각기 여섯 날개가 있어 그 둘로는 자기의 얼굴
을 가리었고 그 둘로는 자기의 발을 가리었고 그 둘로는 날며

사6:3 서로 불러 이르되 거룩하다 거룩하다 거룩하다 만군의 여호와여 그의
영광이 온 땅에 충만하도다 하더라

사6:4 이같이 화답하는 자의 소리로 말미암아 문지방의 터가 요동하며 성전
에 연기가 충만한지라

이러한 영적 체험은 쉽게 할 수 없는 아주 드문 체험입니다. 대부분
의 성도들이 일생에 '한 번'도 경험하기 어려운 깊은 영적 체험입니
다. 부족한 저도 40일 금식 기도 후에 하나님의 보좌를 딱 한 번 보았
을 뿐입니다. 성령의 강한 임재, 혹은 성령의 깊은 충만한 상태로 들
어가야 체험할 수 있는 것입니다.

그런데 성령의 강한 임재 안에서 하나님의 보좌를 보았을 때 이사
야 선지자가 뭐라고 외쳤습니까?

사6:5 그 때에 내가 말하되 화로다 나여 망하게 되었도다 나는 입술이 부정한
사람이요 나는 입술이 부정한 백성 중에 거주하면서 만군의 여호와이
신 왕을 뵈었음이로다 하였더라

이사야 선지자는 자신이 '입술이 더러운 사람'이라는 것입니다. 자
신이 '입술로 ○○죄를 지었다'고 구체적인 죄를 말하지 않고 '입술이
부정한 사람'이라고 말합니다. 자신은 '죄인 그 자체'라는 것입니다.
하나님의 말씀을 대언하는 선지자들이 가장 조심해야 할 것이 무엇
일까요? '말'조심하는 것입니다. 이사야 선지자는 남을 비방하는 말,

저주하는 말, 저속한 말 등은 물론이고 허튼소리, 헛된 농담, 실없는 소리 등의 말도 하지 않도록 조심했을 것입니다. 그런데도 자신이 '입술이 더러운 사람'이라고 고백한 것입니다.

만약 우리가 영적으로 하나님의 깊은 임재 가운데 들어가면 우리는 영적으로 완전히 거룩하신 하나님 앞에 서게 되는 것입니다. 완전히 거룩하신 하나님 앞에 서게 되면 '나'라는 사람 '자체'가 '죄인'임을 깨닫게 됩니다. '인간의 실존이 죄인'임을 깨닫게 되는 것입니다. 이것이 무슨 의미인지 아시겠습니까? 번제단 단계의 회개와 성소 단계의 회개는 '구체적'으로 지은 죄에 대한 회개였습니다. 그런데 지성소 단계에서는 '구체적'인 죄를 깨닫는 것이 아니라 완전히 거룩하신 하나님 앞에서 '나'라는 사람 '자체'가 죄인, 즉 '인간의 실존 자체가 온통 부패한 죄인'임을 깨닫게 되어 고백하는 것입니다.

하나님께서는 성막에 있는 지성소의 두 그룹 천사 사이에 영으로 임재하고 계셨고, 그곳에서 모세를 만나주시고, 모세에게 말씀하셨습니다.

> **출25:22** 거기서 내가 너와 만나고 속죄소 위 곧 증거궤 위에 있는 <u>두 그룹 사이에서</u> 내가 이스라엘 자손을 위하여 네게 명령할 모든 일을 네게 이르리라

모세가 지성소에 들어갔을 때 그는 하나님 앞에 선 것입니다. 이사야 선지자는 환상 가운데 하나님의 보좌를 보았습니다. 아주 멀리서 본 것이 아니고 가까이에서 보았습니다. 이것은 이사야 선지자가 하나님 앞에 선 것과 같습니다. 모세가 지성소에 들어가야 하나님 앞에

서 있는 것처럼, 이사야 선지자가 하나님 앞에 서 있는 것은 이사야 선지자가 영적으로 '지성소'에 들어간 것과 같습니다.

이사야 선지자가 하나님 앞에 선 순간 그는 '인간의 본질'을 깨달은 것입니다. 인간의 본질은 '죄인'이라는 것입니다. 죄를 지어서 죄인인가요? 아니면 죄인이기 때문에 죄를 지은 것일까요? 인간의 본질이 죄인이기 때문에 죄를 짓는 것입니다.

제가 처음에 기도원에서 기도하다가 주님을 만났을 때, 주님께서는 제가 태어나면서부터 그곳에 오기 전까지 지었던 큰 죄들을 하나하나 보여주시면서 회개시키셨습니다. 기도원에서 회개하기 전까지 저는 제 자신이 '괜찮은 사람'이라고 생각했습니다. 어렸을 때부터 아버지로부터 도덕, 윤리적인 삶에 대하여 많은 가르침을 받으며 살아왔습니다. 그래서 악하게 살아오지 않았습니다. 누구와 크게 다툰 적도 없이 착하게 살아왔습니다. 다른 사람들로부터 '양심적이다'는 말을 들으며 살아왔습니다. 그런데 하나님께서는 기도원에서 제가 지은 죄들을 하나씩 보여주시면서 회개시키셨을 때 저는 '내가 이토록 많은 죄들을 지으며 살아왔구나…'하며 충격을 받았습니다.

저는 제가 25년 동안에 지은 죄들을 15일 동안 회개함으로써 과거에 지은 죄들을 다 회개한 줄 알았습니다. 그런데 그게 아니었습니다. 기도원에서 내려온 후 성경을 깊이 읽으며 묵상할 때 성령께서는 과거에 지었던 죄들을 계속 깨닫게 하셨고, 저는 계속 회개했습니다. 그뿐 아니라 기도를 깊이 할 때 성령께서는 제가 과거에 지었던 죄를 계속 깨닫게 하셨고, 저는 그때마다 회개하였습니다. 그러다 보니 저는 저 자신에 대하여 점점 다른 생각을 하게 되었습니다.

기도원에서 회개하기 전에는 '나는 내 삶의 90%는 착하게 살았고

10% 정도만 죄를 짓고 살았다'고 생각했습니다. 그런데 기도원에서 15일 동안 회개하면서 '나는 그래도 내 삶 가운데 40% 정도는 착하게 살았고 60% 정도 죄짓고 살았구나'하고 생각이 되었습니다.

그런데 성경을 깊이 읽고 묵상하면 할수록, 기도를 깊이 하면 할수록 성령께서는 점점 더 작고 사소한 죄들까지 깨닫게 하셔서 작고 사소한 죄들까지 회개하였습니다. 그러다 보니 제 자신의 선함에 대한 평가가 점점 낮아져 갔고, 계속 깊이 회개하다 보니 결국 깨닫게 된 것은 '나'라는 사람 자체가 죄인임을 깨닫게 되었고, '내 속에 선한 것이 하나도 없음을 깨닫게 되어, 하나님의 '전적인 은혜'가 아니면 나는 아무 소망이 없는 사람인 것을 깨달았습니다.

저는 제가 죄를 지어서 죄인인 줄 알았는데 그것이 아니었습니다. '저라는 인간 자체가 죄인'이기 때문에 죄를 짓고 살아온 것이었습니다. 칼빈의 5대 교리의 첫 번째인 '인간의 전적 타락'을, 신학 이론으로 공부해서 깨달은 것이 아니고, 계속 회개하다 보니 영적으로 깨닫게 된 것입니다. 깊은 말씀의 임재, 깊은 성령의 임재 가운데로 들어가다 보니 결국은 영적 지성소에 들어가게 된 것입니다.

그렇습니다. '번제단' 단계와 '성소'단계의 회개가 구체적이고, 실질적으로 지은 죄 하나하나를 자백하는 회개라면, '지성소' 단계의 회개는 자기 자신이 '죄인 그 자체'라는 것을 깨닫고 고백하는 단계의 회개입니다. 그래서 이사야 선지자가 '나는 입술이 더러운 사람'이라고 고백하는 것입니다.

베드로가 밤새도록 고기를 한 마리도 못 잡았지만 "깊은 곳에 가서 그물을 던지라"고 하신 예수님의 말씀에 순종함으로써 그물이 찢어지도록 고기가 많이 잡히자 예수님의 무릎 아래에 엎드려서 "주여 나를 떠나소서 나는 '죄인'이로소이다(눅5:8)"라고 고백한 이유는 놀라운 기적이 나타난 그곳이 바로 '지성소'와 같이 충만한 하나님의 임재와 영광과 능력이 있는 곳이기 때문에 "나는 죄인이로소이다"고 고백한 것입니다.

그래서 영적으로 '인간의 전적 타락'을 깨달은 사람은 '하나님의 전적인 은혜'가 아니면 자신이 살 수 없는 존재임을 깨닫게 되어서 삶의 모든 것이 100% 은혜임을 고백하게 되며, 성령의 도우심과 인도하심과 역사하심이 없으면 아무것도 할 수 없는 존재이므로 오직 성령 충만을 바랄 수밖에 없고, 오직 성령 충만을 구할 수밖에 없기 때문에 매일 성령 충만함을 구함으로써 성령 충만한 가운데 살게 되는 것입니다.

원하옵기는 이 책을 읽는 모든 분들이 '지성소' 단계의 회개까지 이르러 성령 충만함을 받고 성령 충만한 가운데 하나님의 영광을 나타내시길 바랍니다.

4) 기도할 때 성량 충만을 받습니다.

행1:14 여자들과 예수의 모친 마리아와 예수의 아우들로 더불어 마음을 같이 하여 전혀 기도에 힘쓰니라

마가 다락방에서 120명의 성도들이 기도했을 때 성령이 불과 바람으로 임하였고, 그곳에서 기도하고 있었던 모든 사람들이 성령의 충만함을 받고 방언하였습니다.

행2:1 오순절 날이 이미 이르매 그들이 다같이 한 곳에 모였더니

행2:2 홀연히 하늘로부터 급하고 강한 바람 같은 소리가 있어 그들이 앉은 온 집에 가득하며

행2:3 마치 불의 혀처럼 갈라지는 것들이 그들에게 보여 각 사람 위에 하나씩 임하여 있더니

행2:4 그들이 다 성령의 충만함을 받고 성령이 말하게 하심을 따라 다른 언어들로 말하기를 시작하니라

기도할 때 성령 충만을 받는 것은 성령 충만을 받는 가장 기본적이면서 핵심적인 방법입니다. 기도하지 않는 사람이 성령 충만을 받는 법은 거의 없습니다. 혹시 성령 충만한 사람으로부터 안수 기도를 받아서 성령 충만을 받을 수도 있으나, 본인이 기도하지 않으면 성령 충만이 소멸되기 때문에 성령 충만을 받거나 성령 충만을 유지하기 위해서는 늘 기도하기를 힘써야 합니다.

5) 안수 받을 때 성량 충만 받습니다

행9:17 아나니아가 떠나 그 집에 들어가서 그에게 안수하여 이르되 형제 사울아 주 곧 네가 오는 길에서 나타나셨던 예수께서 나를 보내어 너로 다시 보게 하시고 성령으로 충만하게 하신다 하니

예수님께서는 사울에게 아나니아를 보내셔서 안수하게 하심으로써 사울이 성령 충만함을 받게 하셨습니다. 그리고 사도 바울이 3차 전도 여행할 때 에베소에서 어떤 제자들을 만나 그들에게 '안수'했을 때 그들은 성령 충만을 받았습니다.

행19:6 바울이 그들에게 안수하매 성령이 그들에게 임하시므로 방언도 하고 예언도 하니

이처럼 안수를 통해서 성령 충만을 받는 것도 전통적인 방법입니다. 한국 교회 성도들은 성령 충만한 사역자들에게 안수 기도 받는 것을 좋아하는데, 다른 사람에게 안수 받을 때 조금 조심해야 할 것이 있습니다. 그것은 안수 기도 해주는 사역자들을 잘 분별해야 합니다. 사역자들에게 안수 기도를 받으면 성령의 충만함만 전이 되는 것이 아닙니다. 그 사역자 안에 있는 어둠의 영들, 세속적인 영들, 좋지 않은 성품들, 분노 등과 같이 좋지 않은 것들도 같이 전이 됩니다. 그러므로 '안수 기도해주는 사역자가 영적으로 깨끗하고 정결한가? 돈을 밝히는 사람은 아닌가?'를 잘 살펴봐야 합니다.

설교 말씀을 들을 때 영적으로 깨끗하지 않고, 돈을 밝히거나, 자기 자신을 과시하거나, 자신이 대단한 능력이 있는 것처럼 말을 한다면 안수 기도를 안 받는 것이 좋을 것입니다. 왜냐하면 그런 사역자들에게서 안수 기도를 받으면 자신도 모르게 '탐심의 영', '교만의 영', '세속의 영', '분노의 영', '음란의 영'들이 들어오기 때문입니다.

그리고 '안수 기도 해주는 사역자의 성품이 온유하고 겸손한가?'도 살펴봐야 합니다. 설교 말씀을 들을 때 남을 감정적으로 비판하거나, 분노의 말을 쏟아낸다면 안수 기도를 안 받는 것이 좋을 것입니다. 왜냐하면 그런 사역자들에게서 안수 기도를 받으면 자신도 모르게 '비판의 영', '분노의 영' 등이 같이 들어오기 때문입니다.

만약 안수 기도를 받았는데 내 안에서 탐심의 마음이 자꾸 생기거나, 세속적인 생각들이 자꾸 생기거나, 음란한 생각들이 자꾸 생기거나, 교만한 생각이 자꾸 생기거나, 남을 비판하고 싶은 마음이 자꾸 생기거나, 내 안에서 분노가 자꾸 올라온다면 아마도 사역자들 안에 있던 영들이 안수 기도를 받을 때 들어왔을 가능성이 많습니다.

그러나 온유하고, 겸손하고, 영적으로 정결하고, 깨끗하고, 하나님께 영광을 올려드리는 사역자들도 많으므로 그런 분들을 통하여 안수 기도를 받으면 성령 충만 받는 데 큰 유익이 됩니다.

만약 사역자들의 안수 기도를 받았는데 방언이 바뀌거나, 새로운 단어 방언이 나온다면 안수 기도를 통해서 성령 충만을 크게 받은 것입니다. 왜냐하면 영적으로 업그레이드(upgrade) 될 때 방언이 바뀌거나 새로운 단어 방언이 나오기 때문입니다. 저도 40일 금식 기도를 하던 중에 대전의 열린문 교회 영성 집회를 참석하게 되었는데, 그 교회 목사님의 안수 기도를 받자 갑자기 "샤마하"라는 단어가 튀어나오면서 '축사와 치유의 은사와 기름 부음'이 나타나게 하셨습니다. 그리고 수 년이 지난 후 케리 커크우드 목사님이 인도하시는 집회에서 기름 부음을 받고 새로운 방언이 터져 나오면서 영적으로 업그레이드(upgrade)되고 기름 부음이 증가되어 성령의 역사가 더 강하게 나타나는 것을 경험했습니다.

원하기는 영적으로도 깨끗하고, 성품적으로도 온유하고 겸손하면서 오직 하나님께 영광을 돌리는 성령 충만한 사역자들의 안수 기도를 통하여 성령 충만을 받는 은혜가 있기를 소원합니다.

6) 임파테이션(Impatation)을 통해서 성령 충만 받습니다

사도 바울은 로마에 있는 성도들에게 편지를 보내면서, 로마에 있는 성도들 보기를 간절히 원하는 것은 '어떤 신령한 은사를 나눠주기 위함'이라고 말했습니다.

롬1:11 내가 너희 보기를 간절히 원하는 것은 어떤 신령한 은사를 너희에게 나누어 주어 너희를 견고하게 하려 함이니

여기서 말하는 '어떤 신령한 은사'란 고전12:1에서 말하고 있는 '신령한 것'과 같은 의미입니다. 왜냐하면 사도 바울이 고전12:1에서 '신령한 것'에 대하여 말하면서 그 아래 말씀을 보면 '성령의 은사'들에 관하여 말고 있기 때문입니다.

> 고전12:1 형제들아 '신령한 것'에 대하여 나는 너희가 알지 못하기를 원하지 아니하노니
> 고전12:4 은사는 여러 가지나 성령은 같고
> 고전12:5 직분은 여러 가지나 주는 같으며
> 고전12:6 또 사역은 여러 가지나 모든 것을 모든 사람 가운데서 이루시는 하나님은 같으니
> 고전12:7 각 사람에게 성령을 나타내심은 유익하게 하려 하심이라
> 고전12:8 어떤 사람에게는 성령으로 말미암아 지혜의 말씀을, 어떤 사람에게는 같은 성령을 따라 지식의 말씀을,
> 고전12:9 다른 사람에게는 같은 성령으로 믿음을, 어떤 사람에게는 한 성령으로 병 고치는 은사를,
> 고전12:10 어떤 사람에게는 능력 행함을, 어떤 사람에게는 예언함을, 어떤 사람에게는 영들 분별함을, 다른 사람에게는 각종 방언 말함을, 어떤 사람에게는 방언들 통역함을 주시나니

그런데 사도 바울은 로마교회 성도들에게 '자신'이 신령한 은사를 '나눠주고 싶다'고 말했습니다. 아니, '자신'이 신령한 은사인 '성령의 은사'를 나눠주다니요. 이게 무슨 말입니까? '자신'이 무슨 하나님이라도 된다는 말입니까? '성령의 은사'는 '성령께서 각 사람에게 나누어 주신다'고 했는데 말입니다.

> 고전12:11 이 모든 일은 같은 한 성령이 행하사 그의 뜻대로 각 사람에게 나

누어 주시는 것이니라

그렇다면 사도 바울이 교만해서 그렇게 말한 것일까요? 아니면, 실수한 것일까요?

부족한 제가 하나님의 명령으로 40일 금식 기도를 하면서 여러 가지 영적 현상, 은사들이 나타나게 되어서 이런 영적인 것들에 대하여 전문적인 공부를 하며 많은 영성 집회를 참석하였을 때, 영성을 전문적으로 하는 분들이 '임파테이션한다'는 말을 자주 사용하였습니다.

그런데 이상하게도 축사의 은사가 있는 분들로부터 임파테이션을 받으면 제게서 축사의 은사가 더 강하게 나타났고, 예언의 은사가 있는 분들로부터 임파테이션을 받으면 제게도 예언의 은사가 임하였으며, 기도할 때 환상을 보는 은사가 있는 분들에게서 임파테이션을 받으니 저에게도 환상이 보이기 시작했습니다. 다시 말씀드리면 임파테이션 해주시는 사역자들에게 있는 성령의 은사가 제게 전이되는 것이었습니다. 이것이 영적인 원리입니다. 은사가 있는 분에게서 임파테이션을 받으면 그분에게 있었던 은사가 전이되는 것입니다.

그래서 제가 '임파테이션(impartation)'이란 단어의 의미가 무엇인가 궁금하여 영어 사전을 찾아보았더니, '임파테이션(impartation)'의 동사형이 'impart'이며, 이 단어가 롬1:11에서 사용되었음을 알게 되었습니다.

롬1:11 내가 너희 보기를 간절히 원하는 것은 어떤 '신령한 은사'를 너희에게 나누어 주어 너희를 견고하게 하려 함이니

롬1:11 I long to see you so that I may 'impart' to you some spiritual gift to make you strong

이 말씀은 바로 사도 바울이 로마 교회 성도들에게 무슨 영적인 은사(선물)를 '나눠주고 싶다'라고 한 말입니다. 이 말씀은 곧 사도 바울이 성령의 은사를 나눠주는 '하나님'은 아니지만, 그가 임파테이션 기도를 하면 사도 바울에게 있는 성령의 은사가 로마교회 성도들에게 '전이'되어서 로마 교회 성도들에게도 성령의 은사가 자연스럽게 나타난다는 것을 말하고 있는 것입니다. 특별히 '임파테이션'은 성령의 '은사'가 전이되는 것입니다. 방언을 비롯한 성령의 '은사'는 '성령 충만할 때' 나타나는 것이므로 '임파테이션'을 통해서도 성령 충만함을 받을 수 있는 것입니다.

그러므로 성령 충만한 지도자를 통하여 '임파테이션(impartation)'을 받는 것도 성령 충만을 받는 방법 가운데 하나입니다.

원하기는 이 책을 읽는 분들이 이런 영적인 원리를 깨닫고, 성령의 기름 부음이 충만한 사역자들의 '임파테이션'을 받음으로써 성령 충만함과 권능을 받아서 예수님의 증인이 되며 슬기로운 다섯 처녀들과 같이 항상 성령 충만한 가운데 영적으로 깨어서 신랑되신 예수님 맞을 준비하며 사시기 바랍니다.

제8장

결론

미국 텍사스주 타일러에 있는 펠로우십 교회의 담임 목사이시고 〈안디옥 오아시스 국제 선교회〉 네트워크 대표이신 케리 커크우드 목사님은 6권의 책을 집필하였는데, 그 가운데 『천국 화폐의 축복을 취하라』는 책에서 "피에도 목소리가 있다"라고 하며 다음과 같이 말하였습니다.[19]

하나님께서는 아벨을 죽인 가인에게 "네 아우의 피가 땅에서 내게 울부짖는다"고 하셨다(창4:9-10).

불순종으로 타락한 아담의 피에도 소리가 있을 정도면, 썩지 않는 예수님의 보혈은 얼마나 더 온 하늘에 울려 퍼지겠는가? 빛과 영광이 예수님의 보혈과 연결될 때 하늘이 움직이고, 어둠은 우리 앞에 굴복하게 된다.

그렇습니다. 타락한 아담의 후손인 아벨의 피에 하나님께 울부짖는

---

19) 『천국 화폐의 축복을 취하라』, 케리 커크우드 지음, 조슈아 김 옮김,
   순전한 나드 출판사, P.42

소리가 있을 정도면, 점도 없고 흠도 없는 거룩한 예수님의 보혈은 온 세상에 얼마나 더 울부짖겠습니까?

예수님께서 아무 죄 없이 채찍에 맞으셨을 때 예수님의 온몸에서 흘린 피가 "예수님께서 채찍에 맞으심으로 흘리신 피가 모든 질병의 저주를 씻으셨다. 회개하고 치유를 받으라!"라고 울부짖습니다.

예수님께서 아무 죄 없이 십자가에 못 박히셨을 때 예수님의 '손'에서 흘린 피가 "예수님의 손에서 흘리신 피가 모든 죄를 사하신다. 이 땅의 모든 영혼들아, 회개하고 죄 사함을 받으라!"라고 울부짖습니다.

예수님께서 가시 면류관 쓰셨을 때 예수님의 '머리'에서 흘린 피가 "예수님의 머리에서 흘리신 피가 모든 가난의 저주를 끊으셨다!"라고 울부짖습니다.

예수님께서 아무 죄 없이 십자가에 못 박히셨을 때 예수님의 '발'에서 흘린 피가 "예수님의 발에서 흘리신 피가 마귀를 이기는 권세를 주셨다. 예수님의 피 권세로 어둠의 영들과 싸워서 이겨라!"라고 울부짖습니다.

예수님께서 아무 죄 없이 십자가에 못 박히셨을 때 예수님의 옆구리에서 흘린 피가 "예수님의 옆구리에서 흘리신 피로 말미암아 모든 성도들이 성령 충만을 받게 되었다. 모두 다 성령 충만을 받으라!"라고 울부짖습니다.

여러분 안에서 부르짖는 예수님의 보혈의 음성을 들으십시오. 그리고 보혈의 권세와 능력으로 승리하십시오.

한국에 엄청난 부흥이 올 수 있었던 것은, 우상 숭배와 죄악으로 가득 찬 이 땅의 영혼들을 구원하기 위하여 우리나라에 선교하러 와서 순교한 토마스 선교사 부부와 같은 많은 선교사들의 피와 공산당에 의하여 죽임을 당한 김익두 목사, 주기철 목사, 남궁혁 목사, 양주삼 목사와 같은 순교자들의 피가 땅에서 울부짖었기 때문입니다.

죄로 인해서 죽은 사람들이 흘린 피는 아무 능력이 없습니다. 그러나 의를 위하여, 복음을 위하여 순교한 사람들이 흘린 피는 하나님께 울부짖습니다. 공의로우신 하나님께서는 그들의 피의 부르짖음을 들으시고 역사하십니다.

사람들은 죄 없는 예수님에게 누명을 씌워서 십자가에 못 박혀 죽게 하였지만, 하나님께서는 예수님의 '손'에서 흘린 피로 모든 사람의 '죄'가 씻겨지도록 하셨습니다.

사람들은 죄 없는 예수님에게 누명을 씌워서 온몸이 채찍에 맞게 하였지만, 하나님께서는 예수님께서 채찍에 맞으실 때 '온몸'에서 흘린 피로 '질병의 저주'를 씻으셨습니다.

병정들은 예수님을 모욕하기 위하여 '가시 면류관'을 씌웠지만, 하나님께서는 예수님께서 '가시 면류관'을 쓰셨을 때 머리에서 흘리신 피로 '가시'의 저주, 즉 '가난'의 저주를 씻으셨습니다.

병정들은 예수님을 십자가에 고정시키기 위하여 '발'에 못을 박았지만, 하나님께서는 예수님께서 '발'에서 흘리신 피로 '마귀의 종'된 저주를 씻으시고 '왕권'을 회복시켜 주셔서 마귀를 밟는 권세를 누리도록 하셨습니다.

십자가에 달리신 예수님이 정말로 돌아가셨는지 확인하기 위하여 한 군인이 창으로 예수님의 옆구리를 찔렀지만, 하나님께서는 예수님께서 창으로 찔렸을 때 '옆구리'에서 흘리신 피로 '하나님이 떠난' 저주를 씻으시고 '성령'께서 함께 하시는 복을 누리도록 하셨습니다.

이제 결론을 말씀드리겠습니다.

예수님께서 흘린 '피'에서 '복음'이 나왔습니다. 그래서 '피 복음'이라고 합니다.

1) 예수님이 십자가에 못 박히셨을 때 '손'에서 흘린 보혈에서 〈죄 사함의 복음〉이 나왔습니다.
2) 예수님이 채찍에 맞으셨을 때 온몸에서 흘리신 보혈에서 〈치료의 복음〉이 나왔습니다.
3) 예수님이 십자가에 못 박히셨을 때 '발'에서 흘린 보혈에서 〈승리의 복음〉이 나왔습니다.
4) 예수님이 십자가에 못 박히셨을 때 가시 면류관 쓰심으로 흘린 보혈에서 〈재정 축복의 복음〉이 나왔습니다.
5) 예수님이 십자가에 못 박히셨을 때 옆구리에서 흘린 보혈에서 〈성령 충만의 복음〉이 나왔습니다.

원하옵기는 이 마지막 때에 예수 그리스도의 보혈로 말미암아 우리에게 주신 5가지 복음을 모두 믿고, 귀한 보혈을 흘려주신 예수 그리스도를 위하여 '죽으면 죽으리라'고 생명까지 바칠 수 있는 순교적인 신앙으로써 '이기는 성도'들이 되어 새 예루살렘 성 안에 들어가는 여러분이 되시길 축원합니다.

계12:11 또 우리 형제들이 어린 양의 피와 자기들이 증언하는 말씀으로써 그를 이겼으니 그들은 죽기까지 자기들의 생명을 아끼지 아니하였도다

제9장
에필로그(Epilogue)

1. 뱀에게 손을 물리다

5월 25일.

목회자 사모 신문에서 〈하나님의 인〉에 대하여 기고를 해달라고 하면서 5월 25일(목)까지 원고를 보내달라고 하였다. 어떻게 글을 써서 보내야 할지 고민하고 또 고민하다 보니 벌써 25일이 되었다.

낮에는 모임이 있어서 글을 마무리 할 시간이 안 되어 밤에 마무리하기 위해 컴퓨터에서 글을 쓰다 보니 밤12시가 넘었는데, 피곤한 몸을 이끌고 계속 글을 쓰다 보니 나도 모르게 의자에 앉은 채로 잠이 들었다.

그런데 꿈속에서 나의 손이 계속해서 전기가 오듯 '찌릿찌릿' 하였다. 그래서 혼잣말로 중얼거리며

"왜 내 손에 전기가 오듯 '찌릿찌릿' 하지?" 하는데 누군가가

"손이 뱀에게 물렸는데, 뱀의 독이 들어와서 그래~"라고 말하였다. 자세히 보니 여름이 다가와서 풀들이 많이 자랐는데, 그 풀들 사이에서 뱀이 숨어 있다가 내 손을 물었는데, 나는 뱀에게 물린지 모르

고 손이 '찌릿찌릿' 하는 것만 느낀 것이었다. 그러다가 잠이 깨었다.

잠에서 깬 나는 방금 꾼 꿈이 생각나서 '뱀에게 물리는 꿈을 한 번도 꾼 적이 없는데, 왜 이런 꿈을 꾸었다냐…'하며 이상히 생각하고 내 자신의 카톡에 '꿈에서 뱀에게 물림'이라고 써놓고, 〈하나님의 인〉에 대하여 글을 마감하고 이메일로 원고를 보낸 뒤 잠을 자려고 시계를 보니 새벽 3시가 훨씬 넘었다. 이 시간에 잠을 잔 뒤 새벽 5:30에 새벽기도를 인도한다는 것은 불가능하게 여겨졌다. 그래서 사모에게 "좀 전에 글을 완성하여 신문사에게 보내고 이제 잠자려고 하니까 새벽 기도회 때 나를 깨우지 말라"라는 문자를 보내고 잠을 잤다.

26일 오전 10시.

아들 선○에게 닭볶음탕을 만들어주기 위해서 열심히 일하고 있는데, 갑자기 "악~~"하는 선○의 소리가 들렸다.

나는 "무슨 일이야?", "왜 그래?"하고 묻자, 욕실에 간 선○가 샤워한 뒤 몸을 닦기 위해서 한 발로 서서 수건을 잡으려고 했는데 수건을 걸어놓은 수건걸이가 갑자기 쑥 빠져 몸이 중심을 잃고 넘어지려고 하자 엉겁결에 다른 발을 내딛어 중심을 잡았는데, 하필 그 다리가 약 한 달 전쯤에 풋살 하다가 아킬레스건이 끊어져서 수술받은 다리였다. 그런데 완치 안 된 발을 갑자기 내딛었더니 수술받은 곳이 충격을 받아서 아킬레스건이 또 끊어진 듯이 아프다고 계속 "악", "악" 소리를 질렀다. 이런… 어쩐다… 나는 선○에게 "오후에 병원에 가서 사진 찍어보자"고 말했다. 선○는 한동안 그 통증 때문에 너무나 아프다면서 소리를 질러댔다. 얼마나 아팠으면 저럴까…

선○가 병원에 전화를 했더니 병원에서는 오후 4:30쯤 오라고 했다. 그런데 하필이면 오후4시에 교회에 손님이 오기로 해서 선○가 먼저 택시를 타고 병원에 가고, 나는 좀 늦게 병원에 가기로 했다. 내가 교회에서 손님과 이야기하는 동안에 진찰을 받은 선○에게서 전화가 왔는데, 저번에 수술받은 아킬레스건 아래쪽이 끊어졌다면서 다음 주 화요일에 또 아킬레스건 잇는 수술하기로 했다고 한다.

세상에… 남들은 일생에 한 번 끊어지기도 어렵고, 나도 축구를 수십 년 동안 하면서, 수없이 다쳤었지만, 아킬레스건이 끊어진 적이 한 번도 없었는데 한 달 만에 아킬레스건이 또 끊어지다니…

어떻게 이런 일이 생길 수 있단 말인가…

그런데 선○가 또 아킬레스건 잇는 수술받는다는 말을 듣는 순간, 새벽에 꾸었던 꿈이 생각났다. 이것이 바로 뱀 마귀에게 물린 사건이란 말인가…

내가 〈하나님의 인〉에 대하여 신문에 기고를 하자, 〈하나님의 인〉에 대하여 글을 쓰는 것을 극도로 싫어한 마귀가 선○를 공격하여 다치게 한 것 같았다.

하나님께서는 꿈을 통하여 마귀의 공격이 있을 것임을 미리 알려주시면서 영적으로 깨어 기도하라는 메시지를 주셨건만 나는 미련하게도 피곤하다는 이유로 잠을 자느라 대비하지 못한 것이다.

내가 〈하나님의 인〉에 대하여 기고하게 되면 많은 사람들이 글을 읽고 〈하나님의 인〉에 대하여 깨닫게 되고, 〈하나님의 인〉 받기를 위해서 힘써 기도하면 많은 사람들이 〈하나님의 인〉을 받게 될 것이고, 적그리스도가 다스리는 대 환난 때 〈하나님의 인〉을 받은 성도들이 〈사탄의 인〉인 짐승의 표 666(베리칩)을 안 받게 되니까, 마귀는 내가 〈하나님의 인〉에 대하여 글을 쓰는 것에 대하여 분노해서, 선○를 공격한 것이었다. 이 사건을 통해서 내가 〈하나님의 인〉에 대하여 글 쓰는 것을 마귀가 얼마나 싫어하는지를 알 것 같았다.

그리고 내가 피곤하다는 핑계로 새벽 기도를 안 해서 선○가 다쳤으니, 기도 안 한 내 죄가 크다.

30일 오전 10시, 선○가 수술받는 날.

수술실에 들어가기 전 선○에게 기도해주기 위해서 머리에 안수하면서 기도해주는데 성령님께서 선○에게 말씀을 주셨다.

"사랑하는 아들아, 내가 너를 사랑한다. 네가 받는 고난은 나를 위한 고난이므로 네가 천국에 오면 내가 상급으로 갚아 주리라. 내가 너와 함께 할 것이니 아무것도 염려하거나 두려워하지 말거라."

성령님께서 말씀하시는 대로 선○에게 말해주는데 갑자기 한 환상이 보였다. 의사가 수술을 하고 있는데 수술실 위쪽에서 누군가 수술하는 것을 보고 있는 장면이었다. 그래서 무슨 일인가 자세히 보는데 수술실 위쪽에서 수술하는 것을 보고 계신 분은 예수님이셨다. 예수님께서 그 수술실에 오셔서 선○가 수술하고 있는 것을 보고 계시는 것이었다. 주여…

내가 〈하나님의 인〉에 대하여 신문에 기고하는 것으로 인해서 선○가 마귀의 공격을 받으 아킬레스건이 끊어져 아킬레스건을 잇는 수술을 또 받게 되자 주님께서 친히 그 수술실에 오셔서 선○가 수술받는 것을 보실 것이라는 것을 환상으로 보여주신 것이었다. 주님으로 인해서 고난을 받아 수술을 받는 선○가 수술을 잘 받도록 지키고 보호하시기 위해서 친히 수술실에 오신 주님의 사랑이었다.

선○가 수술을 잘 받도록 기도해준 뒤 일이 있어서 잠시 병원에서 나와 운전을 하는데, 웃는 모습으로 수술받으려는 선○의 얼굴이 떠오르며 내 마음속에서는 통곡이 터져 나왔다. 주님을 위해서 고난 받는 것이 분명 축복이고 천국에서 상급 받는 일이지만, 수술받는 고통을 겪어야 하는 아들을 보는 아버지의 마음인 것이다. 나는 운전대를 붙잡고 눈물을 펑펑 흘리며, "주여, 선○와 함께 하여 주옵소서! 주여, 수술 받는 선○와 함께 하여 주옵소서!"라고 통곡하며 기도하고 또 기도하였다.

그때 예수님께서 십자가에 못 박혀서 피를 흘리며 이루 말할 수 없는 고통 가운데 있는 모습을 보신 하나님 아버지께서 피눈물을 흘리시며 통곡하시면서 우셨다는 감동이 왔다. '그렇구나… 예수님께서 십자가에서 마지막 피 한 방울까지 흘리며 처절한 고통 가운데 돌아가실 때 하나님 아버지께서 그 모습을 보시며 통곡하며 우셨구나…'

주님을 위한 고난의 자리는 또 다른 주님의 은혜들을 깊이 깨닫는 자리였다. 대부분의 성도들은 평탄한 가운데 큰 은혜를 받기 원하지만, 정말로 주님이 기뻐하시는 일을 위해서는 희생과 고난이라는 댓가를 치루어야 함을 다시 한번 깨닫게 된다.

"주여, 선○의 고난이 헛되지 않도록 계속해서 〈하나님의 인〉에 대하여 전하겠습니다. 많은 성도들이 〈하나님의 인〉에 대하여 깨닫고, 〈하나님의 인〉을 받기 위하여 간절히 기도하여 많은 사람들이 〈하나님의 인〉을 받고 이기는 자 반열에 들게 해 주옵소서!!"

(아멘)

2. 갑자기 허리가 끊어질 듯한 고통이 오다

새벽 기도를 하려고 눈을 떴는데, 갑자기 허리가 끊어질 듯 아프다. 자다가 더워서 새벽 2시 40분쯤 잠시 잠에서 깨었을 때에도 전혀 이상 없던 허리가 갑자기 끊어질 듯이 아픈 통증이 왔다.

상체를 왼쪽으로 틀어보고, 오른쪽으로도 틀어보고, 상체를 들어서 엎드려보기도 하고… 별별 자세로 해봐도 허리가 끊어질 듯 계속 아팠다. 그런데 허리 아픈 것이 점점 위로 올라오더니 나중에는 호흡하기가 힘들 정도까지 되었다. 그래서 아픈 부분을 주먹으로 뚜드리기도 하면서 하나님께 기도도 했지만 전혀 나아지지 않았다. 호흡하는 것이 너무 힘들어서 '이대로 죽는 건가…' 하는 생각까지도 들었다. 천국에 가는 것은 괜찮은데, 주님께서 쓰라고 하신『예수님의 보혈의 능력』책을 출판하지 못한 것이 가장 아쉬웠다.

끊어질 듯 아픈 허리를 부여잡고 거실에 나와서 안마 의자에 아픈 부분을 대고 두드리게 했다. 그러다가 '진통제를 먹어야겠다'는 생각이 들어서 외과에서 처방받은 진통제를 찾았는데 안 보였다. 그래서 급한 대로 타이레놀을 먹고 병원에서 처방받은 진통제를 계속 찾아보았는데 다행히 찾게 되어서 그 진통제를 또 먹었다.

안마 의자에 누워서 아픈 부분을 두드리도록 했지만 별 도움이 안 되었다. 누군가 내 허리를 힘있게 두드려주면 좋겠는데, 사모는 성도들과 함께 튀르키예에 단기 선교를 가서 집에 없고, 아들 선○는 밤늦게 들어와서 자고 있는데 아침에 출근해야 하니 깨울 수 없고, 동생 목사에게 전화해서 오라고 해야 하나… 이런 저런 생각을 하면서, 병원 문 여는 시간이 되면 즉시 통증의학과에 가서 치료받아야겠다고 생각하고 어디 통증의학과로 갈 것인가 생각을 하였다.

그런 가운데 '난생 처음 왜 이런 일이 갑자기 생겼지?' 원인에 대하여 생각해보았다. '잘못된 자세로 잠을 자서 그런가?' 생각해보았으나 그런 것 같지는 않았다. 영적으로 생각해보았다. 그런데 불현듯 〈목회자 사모 신문〉에 '하나님의 인'에 대한 기사를 쓰다가 아들 선○의 아킬레스건이 끊어졌던 사건이 생각났다.

'아, 바로 이것 때문이구나.'

이번에 출판되는 『예수님의 보혈의 능력』 책은 진즉 마무리되었는데, 마무리된 책을 출판해야겠다는 확신이 안 들어서 계속 차일피일 미루고 있었다. 서론에서도 말했듯이 『예수님의 보혈의 능력』 책을 쓰게 하신 분은 성령님이시므로 책을 마무리했을 때 당연히 출판하도록 감동을 주셔야 하는데 감동을 주지 않으셔서 지금까지 출판을 못하고 있었던 것이다. 그래서 '왜 주님께서 책을 출판하라고 말씀 안 하시지?' 하는 생각이 계속 있었다. 그런데 며칠 전에 '주님께서 보실 때 더 들어가야 할 내용이 있는데 내가 아직 그 내용을 안 넣어서 그런가?' 하는 생각이 들어 원고를 처음부터 다시 보았는데 제3장을 보면서 '더 추가해야겠다'는 마음이 들어서 며칠 전에 추가한 내용이 바로 '하나님의 인'에 대한 내용이었다.

가만히 생각해보니 '하나님의 인'은 〈목회자 사모 신문사〉에 기고할 때 마귀가 아들 선○의 아킬레스건을 끊는 사건을 일으킬 만큼 싫어하는 내용이었다. 내가 난생 처음 겪는 갑작스런 허리 통증의 사건의 원인이 이제야 깨달아졌다. 마귀는 내가 '하나님의 인'에 대하여 글을 쓰는 것을 극도로 싫어하는 것이다.

그렇다면 마귀는 왜 내가 '하나님의 인'에 대하여 글을 쓰는 것을 그렇게 싫어하는 것일까?

　반드시 '하나님의 인'을 받아야 하는 이유에 대하여 알아보면 답이 나온다.

1) '하나님의 인'을 받아야 하는 '가장' 중요한 이유

　단9:27을 보면 적그리스도가 많은 사람들과 더불어 한 이레(7년) 동안의 언약을 맺는데, 전 3년 반 동안에는 이스라엘이 구약의 제사를 드리게 하며 우호적인 관계 가운데 있으나 전 3년 반이 지나면 갑자기 돌변하여 제사와 예물을 금지한다고 말하고 있다.

> **단9:27** 그가 장차 많은 사람들과 더불어 한 이레 동안의 언약을 굳게 맺고 그가 그 이레의 절반에 제사와 예물을 금지할 것이며 또 포악하여 가증한 것이 날개를 의지하여 설 것이며 또 이미 정한 종말까지 진노가 황폐하게 하는 자에게 쏟아지리라 하였느니라 하니라

　제사와 예물을 금지한 적그리스도는 자기를 높이고 하나님의 성전에 앉아 자기를 하나님이라고 내세운다.

> **살후2:3** 가 어떻게 하여도 너희가 미혹되지 말라 먼저 배교하는 일이 있고 저 불법의 사람 곧 멸망의 아들이 나타나기 전에는 그 날이 이르지 아니하리니
> **살후2:4** 그는 대적하는 자라 신이라고 불리는 모든 것과 숭배함을 받는 것에 대항하여 그 위에 자기를 높이고 하나님의 성전에 앉아 자기를 하나님이라고 내세우느니라

이스라엘이 그런 적그리스도를 거부하자 적그리스도는 이스라엘을 핍박하고, 이스라엘은 광야로 도망하여 하나님께서 예비하신 곳에서 3년 반 동안 보호받는다.

> 계12:6 그 여자(이스라엘)가 광야로 도망하매 거기서 천이백육십 일 동안(3년 반) 그를 양육하기 위하여 하나님께서 예비하신 곳이 있더라
> 계12:14 그 여자가 큰 독수리의 두 날개를 받아 광야 자기 곳으로 날아가 거기서 그 뱀의 낯을 피하여 한 때와 두 때와 반 때(3년 반)를 양육 받으매

예수님께서는 위와 같은 일들이 나타날 것을 마24:15-20 말씀을 통하여 말씀하셨다.

> 마24:15 그러므로 너희가 선지자 다니엘이 말한 바 멸망의 가증한 것이 거룩한 곳에 선 것을 보거든 (읽는 자는 깨달을진저)
> 마24:16 그 때에 유대에 있는 자들은 산으로 도망할지어다
> 마24:17 지붕 위에 있는 자는 집 안에 있는 물건을 가지러 내려 가지 말며
> 마24:18 밭에 있는 자는 겉옷을 가지러 뒤로 돌이키지 말지어다
> 마24:19 그 날에는 아이 밴 자들과 젖 먹이는 자들에게 화가 있으리로다
> 마24:20 너희가 도망하는 일이 겨울에나 안식일에 되지 않도록 기도하라

이렇게 적그리스도가 이스라엘을 핍박하는 '후 3년 반'의 기간을 예수님께서는 '큰(대) 환난'이라고 하셨다.

> 마24:21 이는 그 때에 '큰 환난'이 있겠음이라 창세로부터 지금까지 이런 환난이 없었고 후에도 없으리라

① '큰 환난(혹은 대 환난)' 때란 다니엘이 예언한 대로 한 이레의 절반에 적그리스도가 제사와 예물을 금지하고 하나님의 성전에 자기를 우상으로 세우는 때이다

마24:15 그러므로 너희가 선지자 다니엘이 말한 바 멸망의 가증한 것이 거룩한 곳에 선 것을 보거든 (읽는 자는 깨달을진저)

단9:27 그가 장차 많은 사람들과 더불어 한 이레 동안의 언약을 굳게 맺고 그가 그 이레의 절반에 제사와 예물을 금지할 것이며 또 포악하여 가증한 것이 날개를 의지하여 설 것이며 또 이미 정한 종말까지 진노가 황폐하게 하는 자에게 쏟아지리라 하였느니라 하니라

② '큰 환난(혹은 대 환난)' 때란 이스라엘이 적그리스도의 핍박을 피하여 하나님께서 예비하신 곳으로 도망가서 1,260일(혹은 한때와 두 때와 반 때) 동안 보호받는 때이다.

마24:16 그 때에 유대에 있는 자들은 산으로 도망할지어다

계12:6 그 여자(이스라엘)가 광야로 도망하매 거기서 천이백육십 일 동안(3년 반) 그를 양육하기 위하여 하나님께서 예비하신 곳이 있더라
계12:14 그 여자가 큰 독수리의 두 날개를 받아 광야 자기 곳으로 날아가 거기서 그 뱀의 낯을 피하여 한 때와 두 때와 반 때(3년 반)를 양육 받으매

③ 그러므로 '7년 대 환난'이라는 말은 성경과 맞지 않으며, '대 환난'의 기간은 '3년 반'의 기간이다.

그런데 '대 환난' 때 이스라엘을 핍박하는 적그리스도는 전 세계 모든 사람들로 하여금 손이나 이마에 '666표(베리칩)'를 강제로 받게 만들어 표가 없으면 매매를 못하게 한다.

> 계13:16 그가 모든 자 곧 작은 자나 큰 자나 부자나 가난한 자나 자유인이나 종들에게 그 오른손에나 이마에 표를 받게 하고
> 계13:17 누구든지 이 표를 가진 자 외에는 매매를 못하게 하니 이 표는 곧 짐승의 이름이나 그 이름의 수라
> 계13:18 지혜가 여기 있으니 총명한 자는 그 짐승의 수를 세어 보라 그것은 사람의 수니 그의 수는 육백육십육이니라

그런데 계14:9-11에서는 '666표(베리칩)'를 받은 사람들은 모두 다 '불과 유황이 타는 곳', 즉 '지옥'에 가게 된다고 말하고 있다.

> 계14:9 또 다른 천사 곧 셋째가 그 뒤를 따라 큰 음성으로 이르되 만일 누구든지 짐승과 그의 우상에게 경배하고 이마에나 손에 표를 받으면
> 계14:10 그도 하나님의 진노의 포도주를 마시리니 그 진노의 잔에 섞인 것이 없이 부은 포도주라 거룩한 천사들 앞과 어린 양 앞에서 불과 유황으로 고난을 받으리니
> 계14:11 그 고난의 연기가 세세토록 올라가리로다 짐승과 그의 우상에게 경배하고 그의 이름 표를 받는 자는 누구든지 밤낮 쉼을 얻지 못하리라 하더라

그렇다면 '666표(베리칩)'를 절대로 받지 말아야 하는데, 어떻게 하면 '666표'를 안 받을 수 있을까?

천국을 수백 번 이상 다녀온 서사라 목사님이 쓴『하나님의 인』이라

는 책을 보았더니 그 책 여러 곳에서 '하나님의 인을 맞은 성도들은 666표를 받지 않는다'라고 말하고 있다.

"곧 베리칩의 시대가 올 것이다. 준비시켜야 한다. 인 맞은 자는 베리칩을 받지 않게 될 것이다."[20]
"인 사역을 이단이라고 말하는 자는 인을 맞지 못할 것이고, 그는 베리칩 즉 짐승의 표를 받게 될 것이다."[21]
"그러면 주님, 인 맞지 않는 자는 어떻게 되나요?"
"그들은 결국 짐승의 표를 받게 될 것이다."[22]

'하나님의 인을 맞은 자들은 사단의 인 즉 666을 받지 않고 순교하거나, 아니면 살아남은 자들은 구름 위에 앉은 이에 의하여 이한 낫으로 추수되어지는 것을 볼 수 있다.'[23]

몇 시간을 기도한 후에 천국에 올라갔다. 그런데 내가 입고 있는 드레스가 '청색'이라는 것을 발견하였다.
주님께서 왜 청색으로 된 드레스를 입혀주시는지 궁금한 나는 물었다.
"주님, 이 청색의 드레스가 무엇을 의미하는 것입니까?"
그리하였더니 주님께서 이렇게 대답하여 주시는 것이 알아졌다.
'그것은 변절하지 않는 마음을 뜻하는 것이란다.'

---

20) 『하나님의 인』, 서사라, 하늘빛 출판사, P.153
21) 『하나님의 인』, 서사라, 하늘빛 출판사, P.154
22) 『하나님의 인』, 서사라, 하늘빛 출판사, P.184
23) 『하나님의 인』, 서사라, 하늘빛 출판사, P.67

그리고 사람들의 이마에 인을 치는 것은 '너는 내 것이라'하는 변하지 않는 사항을 말한다는 것이 알아졌다.

그리고 또 하나님의 인을 맞는 자들은 결코 하나님을 믿는 믿음에 변심하지 않고 목숨을 버린다 하더라도 짐승의 표 666을 받지 않는 마음을 뜻한다고도 볼 수 있는 것이었다.[24]

이 내용이 사실이라면 모든 성도들은 반드시 '하나님의 인'을 받아야 하나님의 보호를 받아서 '666표'를 받지 않게 될 것이다. 사탄은 대 환난 때, 적그리스도를 통하여, 세상에 있는 모든 사람들이 '666표'를 받게 만듦으로써 모두를 불과 유황으로 타는 지옥에 끌고 가려고 한다(계14:9-11).

'대 환난'때 예수님을 믿지 않은 사람들은 100%가 666표를 받을 것이고, 예수님을 믿은 성도들 가운데에서도 많은 사람들이 666표를 받을 것이다. 그런데 유일하게 666표를 받지 않는 사람들이 있으니, 그들은 '이마'에 '하나님의 인'을 맞은 성도들이다. '이마'에 '하나님의 인'을 맞은 성도들은 죽임을 당하는 상황에서도 666표(베리칩)를 거부하고 절대로 받지 않을 것이다.

성경을 잘 알고 있는 마귀는 이 사실을 너무나도 잘 알고 있다. '이마'에 '하나님의 인'만 안 맞으면 마귀가 마음대로 666표를 받게 할 수 있는데, '하나님의 인'을 맞은 사람들만은 마귀가 어찌할 수 없다. 그래서 마귀는 어떻게 해서든지 사람들이 '하나님의 인'에 대하여 알지 못하게 하려고 하고, '하나님의 인'을 받(맞)지 않게 하려고 한다. 그래서 '하나님의 인'에 대하여 글을 쓰고 책을 쓰려는 나를 계속 공격하는 것이다.

24) 『하나님의 인』, 서사라, 하늘빛 출판사, P.238

2) 하나님께서 왜 '황충' 재앙을 주시는 것일까?

하나님께서는 왜 다섯 번째 나팔 재앙에 '황충 재앙'이 있게 하셨을까? 아시다시며 나팔 재앙의 특징은 '1/3' 재앙이다.

첫째 나팔 재앙은 땅의 삼분의 일이 타 버리고 수목의 삼분의 일도 타 버리리는 재앙이다(계8:7)

둘째 나팔 재앙은 바다의 삼분의 일이 피가 되고 바다 가운데 생명 가진 피조물들의 삼분의 일이 죽고 배들의 삼분의 일이 깨지는 재앙이다(계8:8)

셋째 나팔 재앙은 강의 삼분의 일이 쓴 쑥이 되는 재앙이다(계8:9)

넷째 나팔 재앙은 해 삼분의 일과 달 삼분의 일과 별들의 삼분의 일이 타격을 받아 그 삼분의 일이 어두워지는 재앙이다(계8:12)

여섯째 나팔 재앙은 큰 전쟁이 나서 지구 인류의 삼분의 일이 죽는 재앙이다(계9:13-15)

그런데 다섯째 나팔 재앙만, '삼 분의 일'재앙이 아니고, '황충' 재앙이다.

하나님께서 '왜' 갑자기 '황충 재앙'을 주시는 것일까?

여기에는 하나님의 크신 사랑이 역사하고 있다.

'하나님의 인'을 맞지 않은 사람들은 '대 환난' 때 모두 666표(베리칩)를 받게 될 것인데, 666표를 받은 사람들은 모두가 하나님의 진노의 포도주를 마셔서 '지옥'에서 영원토록 고통을 당하게 된다(계 14:9-11).

다시 말하면, '하나님의 인' 안 받은 사람들 = 모두 '666표'를 받는다 = 모두 '불과 유황이 타는 못'에서 영원토록 고통을 받는다.

그래서 사랑의 하나님께서는 '하나님의 인'을 맞지 않음으로써 '666표'를 받는 사람들이 불과 유황으로 타는 지옥에서 받는 고통을 '황충' 재앙을 통해서 경험하게 하심으로써 반드시 '하나님의 인'을 받아야 한다고 경고하시는 것이다.

하나님께서는, '하나님의 인'을 안 받은 사람들이 황충 재앙을 통해서 받는 '5개월 동안의 지옥 같은 체험'을 통하여, 반드시 '하나님의 인'을 받아야 한다는 것을 강력하게 말씀하시는 것이다.

그래서 필자의 견해로는 전 세계에 있는 성도들이 '황충 재앙'을 통해서 '하나님의 인'을 맞는 것이 얼마나 중요한지 깨닫게 될 것 같다. 그리고 '하나님의 인'을 맞기 위하여 수많은 성도들이 죄를 철저히 회개하여 예수 그리스도의 피로 정결함을 받고 '이마'에 '하나님의 인'을 맞게 될 것이다.

지금 이 시대에는 소수의 성도들만이 '하나님의 인'에 대하여 알고 있고, 소수의 성도들만이 '이마'에 '하나님의 인'을 받은 상태이다. 하지만 다섯 번째 나팔 재앙인 '황충 재앙'을 통하여서 수많은 성도들이 '하나님의 인'에 대하여 깨닫게 될 것이고, 죄를 철저히 회개하며 기도함으로써 각 나라와 족속과 백성과 방언 가운데에서 셀 수 없을 만큼 많은 성도들이 '이마'에 '하나님의 인'을 받고 대 환난 때 '이기는 자'가 되어 하나님의 보좌 앞에 서게 될 것이다(계7:9-14).

서사라 목사님이 쓴 『하나님의 인』이라는 책에 보면 '하나님의 인'을 맞을 조건은 다음과 같다고 한다.[25]

---

25) 『하나님의 인』, 서사라, 하늘빛 출판사, P.22

① 철저히 회개하는 성도

② 예수님을 위하여 죽을 각오가 된 성도

③ 노예 상태에서 벗어난 성도(술, 담배, 여자, 포르노 등등)

④ 세상에 대한 욕심을 버린 성도

⑤ 하나님만 바라보는 성도

그러므로 세상이라는 음녀를 바라보고, 즐기고, 헛된 영광을 구함으로써 지은 모든 죄들을 철저히 회개하여 예수 그리스도의 피로 정결함을 받고, 자기를 부인하고 자기 십자가를 지고 예수 그리스도를 따르며(마16:24), 오직 예수 그리스도를 바라보고, 오직 예수 그리스도를 사랑하고, 예수 그리스도를 위하여 죽으면 죽으리라는 각오로 '이마'에 '하나님의 인'을 맞아 이 마지막 때 '이기는' 성도가 되길 바란다.

"우리 형제들이 어린 양의 피와 자기들이 증언하는 말씀으로써 그를 이겼으니 그들은 죽기까지 자기들의 생명을 아끼지 아니하였도다"

(계12:11)

∞ 성령의 임재와 기름 부음이 있는 ∞

박요셉 작사/곡 CCM

나의 사랑 어여쁜 자야 내게 오라

(악보 포함)

아래 제목의 곡들은
박요셉 작사/곡 CCM
〈나의 사랑 어여쁜 자야 내게 오라〉라는 이름의 usb와
각 찬양의 제목으로 된 음원으로 제작되어 발매되며(2024년9월말 예정),
유튜브 채널 '박요셉ccm'에서 들을 수 있습니다.

1. 귀한 보혈 흘리신
2. 주의 보혈 의지하여 주께 나아갑니다
3. 거룩하신 성령님 우리에게 임하소서
4. 예수님을 보내신 하나님의 희생
5. 하나님은 우리 피난처가 되시며
6. 예수 보혈 능력 있도다
7. 나의 사랑 어여쁜 자야 내게 오라
8. 보좌 앞에 나아갑니다
9. 주의 보혈 부어주소서
10. 주께 기도할 때 귀를 기울이사
11. 주 성령이 오셨네
12. 정결케 하소서
13. 하늘 영광 버리시고
14. 주의 보혈 내 마음에 임하니
15. 예수 예수 예수
16. 하늘 위에 높이 계신 주
17. 나의 힘이 되신 여호와
18. 거룩하신 나의 하나님
19. 나의 사랑 예수
20. 주의 권능의 날에

이 책을 읽고 은혜를 받거나 감동받으신 분들이 계시면, 이 책이 더 많은 성도들에게 읽혀져서 죽은 영혼이 살아나고, 죄 가운데 있는 영혼들이 회개하며, 잠든 영혼들이 깨어나서 거룩한 행실과 경건함 가운데 주님 오심을 준비하게 하는 데 쓰임 받도록 후원해주시기 바랍니다.

후원해주신 물질은 이 책을 더 출판하여 한 영혼이라도 더 구원받고, 주님의 오심을 잘 준비할 수 있도록 전하는데 사용하겠습니다.

<후원 계좌>

＊예금주 : 온누리 비전
농협 351-0987-7591-93

예수님의 보혈의 능력

모든 죄와 모든 율법의 저주를 끊은 보혈의 능력

초판 인쇄 2024. 9. 09.
초판 발행 2023. 9. 20.

지은이   박요셉
펴낸이   최성열
펴낸곳   하늘빛출판사
등록   제 251-2011-38호
주소   충북 진천군 진천읍 중앙동로 16
전화   043-537-0307, 010-2284-3007
E-mail   kokoko1173@naver.com

ISBN   979-11-87175-41-4

가격 10,000원